Jiaoyan Lunwen
Xiezuo Yu Fabiao

教研论文写作与发表

——中小学教师如何给教育类期刊写稿投稿

Zhongxiaoxue Jiaoshi
Ruhe Gei Jiaoyulei Qikan
Xiegao Tougao

裴海安　著

山西出版传媒集团　山西教育出版社

图书在版编目（CIP）数据

教研论文写作与发表：中小学教师如何给教育类期刊写稿投稿 / 裴海安著. —太原：山西教育出版社，2022.8（2024.4 重印）
ISBN 978-7-5703-2603-7

Ⅰ. ①教… Ⅱ. ①裴… Ⅲ. ①中小学—教学研究—论文—写作 Ⅳ. ①H152.3

中国版本图书馆 CIP 数据核字（2022）第 099401 号

教研论文写作与发表：中小学教师如何给教育类期刊写稿投稿

责任编辑 刘晓露
复　　审 郭志强
终　　审 赵　玉
装帧设计 陈　晓
印装监制 蔡　洁

出版发行 山西出版传媒集团·山西教育出版社
（太原市水西门街馒头巷 7 号　电话：0351-4729801　邮编：030002）
印　　装 山西基因包装印刷科技股份有限公司
开　　本 720mm×1020mm　1/16
印　　张 19
字　　数 328 千字
版　　次 2022 年 8 月第 1 版　2024 年 4 月山西第 6 次印刷
书　　号 ISBN 978-7-5703-2603-7
定　　价 76.00 元

前　言

关于教研论文的写作与发表，关系到作者与编者两个方面，主要涉及七大问题。

对作者而言，主要是写稿与投稿的事情；对编者而言，主要是审稿与编稿的事情。

与写作相关的问题，主要有四个：教研论文为何写？教研论文写什么？教研论文怎么写？教研论文写得怎么样？与发表相关的问题，主要有三个：教研论文怎么投？教研论文怎么审？教研论文怎么编？

为帮助大家解决上述问题，我准备了十次讲座和八个附录。每次讲座均按三个小时左右的时长，对某个问题进行比较详细的讲解。十次讲座的主题，按照写作与发表的先后顺序，精心安排，层层推进。八个附录与讲座内容密切相关，或相互印证，或作为例证，或提供便利，或拓宽视野。

大家可依次阅读，通览全书；也可根据需要，自由选读。为使读者感到亲近，每次讲座我都采用了讲座笔录形式。为让大家提前了解讲座的主要内容，每次讲座我都写了四五百字的"讲座提要"，每个附录我都为大家简要交代了"选录意图"。

下面我就为大家简要介绍一下本书的主要内容：

一、教研论文为何写?

关于"教研论文为何写"，我为大家安排了一次讲座和一个附录：

第一讲　为何要写教研论文

讲座提要：老师们之所以要写教研论文，是因为写教研论文能带来"四大好处"：一是有助于提高教师的教学水平。教学水平的提高离不开经验总结与理论指导，经验总结离不开日常记录和分析，理论指导离不开专业阅读与思考，而写作能让理论学习与教学实践高度融合，从而更好地改进教学行为，提升教学水平。二是有助于提升科研能力。教师不需做理论研究或基础研究，但是需做实践研究或行动研究，教师研究的目的是提升教学水平，获得教学专业能力，从而促进教师、学生和学校发展，同时提升自身科研能力。三是有助于交流研究成果。

研究成果通过交流可以彰显价值、扩大影响，研究成果要交流就需要物化，研究成果的物化形式很多，教研论文是成果物化的高级形式之一，写好教研论文、发表教研论文是交流研究成果的重要手段和途径。四是有助于促进专业发展。一名普通教师，想成为优秀教师、卓越教师，甚至享誉全国的名师，离不开论文写作。换言之，论文写作与教师专业发展始终如影随形。从某种意义上说，教研论文就是促进教师专业发展的“助推器”。

附录1　写着写着，你就有水平了

选录意图：之所以让大家阅读管建刚老师写的这篇文章，目的是请特级教师“现身说法”，告诉大家“为何要写教研文章”。文中所谈虽不是教研论文，但教研文章包含教研论文，二者道理是相通的。文中管老师的话语质朴而睿智：不会写真的不要紧，不要让“不会写”成为“放弃写”的理由。不会写才要多写啊。写着写着你就会写了。不要总是想着写别人的东西，要写自己的东西。自己的东西，永远也写不完。没有多少理论也不要紧，教育写作的重心要转向你自己的故事和思考。写作能促进阅读，写了就知道你自己的不足，就知道你自己该读什么。真正的教育写作一定能促进你增强教育本领。这些话不仅印证了我讲座里的观点，而且与下面的“写什么”密切相关。

二、教研论文写什么?

关于“教研论文写什么”，我为大家安排了两次讲座和一个附录：

第二讲　教研论文选题的确定

讲座提要：确定选题是教研论文写作的首要问题。要想确定选题，先得了解选题意义。选题不但决定着论文的价值大小和难易程度，而且决定着论文的研究方向和成败得失。要想确定选题，还得明确选题标准，看它是否需要，看它有无可能，看它新颖与否，看它科学与否。要想确定选题，还要选择研究方向，教师研究要坚持以教学研究为主，以应用研究为主，以校本研究为主，以微观研究为主。要想确定选题，必须经历四个环节：发现问题、选择问题、确定选题、论证选题。发现问题是确定选题的前提，而有价值的问题大多藏在“九点”之中；选择问题时要注意区分问题与问题域，分辨真问题还是假问题；确定选题时要注意选题名称表述的科学与规范；论证选题时要坚持价值性、创新性、可行性、准确性四项基本原则。

第三讲　教研论文的论点论据

讲座提要：论点和论据是构成教研论文的两大要素，在论文中相辅相成，缺一不可。如果说论点担负着回答“是什么”的任务，那么论据则担负着回答“为什么”的任务。论点和论据是统率和被统率的关系。论点需要论据来证明，论据需要论点来统率。论点离开论据只是抽象的概念，构不成教研论文；论据若没有论点统率，就是一堆零散的材料。如果把论点比作灵魂，那么论据就是血肉。没有血肉之躯，生命就会完结；而如果没有生命，血肉之躯也毫无用处。论点的作用有四个：决定文章价值，规范文章取材，支配文章结构，驱动语言表达；论点的表达原则也有四个：观点要正确，观点要明确，观点要深刻，观点要集中。论据的主要类型有四个：事实材料，理论材料，直接材料，间接材料；论据的表达原则也有四个：材料要真实，材料要可用，材料要充分，材料要典型。

附录2　尽享“笔耕”的成功与快乐

选录意图：戴正兴先生创造了“传奇”，他写的教研文章居然“百发百中”。这位写作高手的选题诀窍，非常值得一线教师学习借鉴。戴先生退休后，专攻语文教学研究，撰写百余篇教研论文，无一篇废稿，全被刊物所用。为了避免“撞车”，平时他注意阅读最新语文教学论著，翻检中小学语文类期刊，做出索引，确定选题，力求做到：人无我有、人有我新、人新我特、人特我快。他说，撰写教研文章，要避免“撞车”，可以从下面几方面探究：找盲点、瞄热点、寻疑点、抓反思、取逆向、寻夹缝、拾边角、攻冷僻、捡芝麻、引争鸣。戴先生提出的“选题十招”，对一线教师选择研究课题非常管用。另外，他指出，一线教师要想搞教研，写点东西，经营好自己的“亮点”，要善于打“组合拳”：一是热切关注语文教育最前沿的理论成果；二是潜心研究语文界优师、名师的成长和发展规律，关注其具有个性特色的先锋理念和创新设计；三是通晓语文教育类期刊，熟悉其办刊宗旨、栏目设置、用稿需求；四是潜心学习，勤于读书，努力将自己的学识修养与时代同步。这些内容对一线教师如何写稿、如何投稿都有一定的指导价值。

三、教研论文怎么写？

关于“教研论文怎么写”，我为大家安排了两次讲座：

第四讲　教研论文的基本结构

讲座提要：教研论文的结构“大体须有，定体则无”。教研论文的结构规则与人的思维程序一致，一般会按照“提出问题、分析问题、解决问题”的顺序展开。这个思维程序展开的顺序外化为教研论文的结构，形成了绪论、本论和结论三大部分，这三大部分共同组成教研论文的基本结构。基本结构安排得当，能使文章论点突出、层次分明、逻辑严密，教研论文就会显得完整、严谨、顺畅、匀称。绪论部分要像“凤头”那样，小巧精彩、富有魅力。本论部分要像“猪肚”一样充实，有“分量”，既要内容丰富、论据充足，又要逻辑清晰、论证有力。本论部分的结构形式主要有并列式结构、递进式结构和混合式结构三种，论证方法多为正面论证与反面论证、事实论证与理论论证、归纳论证与演绎论证、类比论证与对比论证。结论部分犹如“豹尾”，其主要作用是对全文内容和论点做一个总结，用以强化作者的态度和读者的印象。具体到每篇论文，其作用特点又有所不同。

第五讲　教研论文的基本规范

讲座提要：为了统一学术论文的撰写格式，便于信息系统的收集、存储、交流和检索，加速学术信息资源的标准化建设，国家标准局先后制定了一系列国家标准和规范文件。教研论文的基本规范包括格式和书写两方面。一篇教研论文的完整格式，包括前置部分、主体部分和辅文部分。前置部分包括文章标题、作者署名、作者单位、摘要、关键词，有的期刊还需中图分类号和文献标识码；主体部分包括正文、参考文献等，而正文一般由绪论、本论、结论三部分组成；辅文部分包括项目说明、作者简介、通联信息等。教研论文的书写规范，包括语言文字规范、标点符号规范、数字用法规范、计量单位规范四种。对于教研论文的基本规范，我们必须全面了解、仔细领会、严格遵循，切不可一知半解、粗枝大叶、疏忽大意。

四、教研论文怎么样？

关于“教研论文怎么样”，我为大家安排了两次讲座和三个附录：

第六讲　教研论文的常见问题

讲座提要：失败的教研论文必然存在各种问题。搞清这些问题，避免这些问题，才能写好教研论文。教研论文的常见问题，主要体现在学术不端、选题观点、结构论证、语言表达四个方面。关于学术不端的问题，主要体现在两个方面：一是表现在科研态度方面的态度不端和哗众取宠，二是表现在科研道德方面的弄虚作假和抄袭剽窃。选题和立意决定着文章的价值，影响着文章的成败。所以，我们必须避免在选题与立意方面常见的问题。在选题上常见的问题主要是贪大求全和盲目跟风，而在立意上常见的问题主要是观点差错和标题失当。教研论文在论证方面存在的问题主要是理据不足和论证乏力，在结构上的问题主要是框架缺失和结构散乱。教研论文语言表达方面的问题，主要表现在四个方面：语言差错、格式差错、书写差错、文风问题。这些常见问题都值得我们警醒。

第七讲　教研论文的成功之道

讲座提要：成功的教研论文必有成功之道。面对一篇教研论文，我们会从内容与形式进行评判。先从内容上看，教研论文不仅要“言之有物”，还要“言之有理”；再从形式上看，教研论文不仅要“言之有序”，而且要“言之有文”。具体地讲，要想“言之有物”，材料得真实、新鲜，立意得明确、集中。要想“言之有理”，材料得切题、典型，立意得正确、深刻。要想“言之有序”，得考虑结构安排、层次段落、过渡照应和开头结尾。要想“言之有文”，得掌握好的语言表达。好的语言表达包括两个层面：第一个层面是把意思“说”清楚，体现在语言的准确、畅达和简洁上；第二个层面是把意思“说”漂亮，体现在语言的文采之美上。

附录3　基于教学设计寻找线上教学的支点

选录意图：教研论文的本体结构不外乎三种类型：纵向关系或递进式、横向关系或并列式、纵横交错关系或混合式。纵向关系类型，是按照客观事物各个发展阶段的先后顺序或客观事理的各个侧面层层深入的递进关系来安排文本内容的结构形态，在教研论文里表现为依据从现象到本质、从历史到现实等逻辑关系来安排结构层次。本文的结构安排就是纵向关系，作者按照客观事理的各个侧面层层深入安排结构。本文是浙江初中道德与法治教师李逸老师所写。

附录4　现代文阅读试题命制的五种错误倾向

选录意图：教研论文的本体结构的第二种类型是横向关系类型。横向关系类型，是根据文本思想表达的需要，从不同角度、侧面和范围选取材料或事件分别进行叙述或论证的结构形态。它的各个层次之间的关系一般来说是并列的。在教研论文里表现为把论证的中心论点分解成彼此并列的几个分论点分别论证，以求得认识的全面性。本文就是横向关系类型，作者罗列的五种错误倾向之间的关系属于并列关系。本文是西南大学教授魏小娜老师和陈静俏老师所写。

附录5　单元教学中习作训练体系的常态构建

选录意图：教研论文的本体结构的第三种类型就是纵横交错关系类型。纵横交错关系类型，是依据事物发展本身就具有的多样性和复杂性以及客观事理所包含的多侧面、多层次的性质，来安排文本层次的结构形态，一般有两种具体表现方式：一种是以“纵”为主、以“横”为辅，一种是以“横”为主、以“纵”为辅。本文的结构安排就是纵横交错关系类型。从一级标题的关系来看，属于递进关系、纵向关系，表现在由表及里地揭示“单元习作微训练”的基本表征、系统架构和操作策略。从二级标题的关系来看，既有并列关系的横向型结构，也有递进关系的纵向型结构。本文是江苏小学语文特级教师吴勇老师所写。

五、教研论文怎么投？

关于“教研论文怎么投”，我为大家安排了一次讲座和一个附录：

第八讲　教研论文的投稿诀窍

讲座提要：三十多年来，我一直从事编辑工作，目睹了不少作者由写作新手到写作高手的全过程，发现了一些行之有效的投稿诀窍。概括地讲，就是投稿前做到有的放矢、做好自查自纠，投稿后抓住退改机会、快速改好稿件，同时还要采纳良好建议，积极主动。具体来讲，投稿前一定要选择适合的期刊和栏目，量身定制，精准投稿；确定了具体的投稿目标后，还需根据具体期刊和栏目的要求，做好自查自纠，力争做到“尽善尽美”。稿件投出后，要抓住稿件退回修改的机会，认真领会审稿意见，精心完善教研论文，拿出自己的最高水平，争取早日顺利发表。

附录6　中小学教育类期刊名录

选录意图：为了方便中小学教师投稿，我查阅了相关资料，将与中小学教研论文关系较为密切的主要教育类刊物，分类整理出中小学教育类期刊名录，希望对大家有所帮助。

六、教研论文怎么审？

关于“教研论文怎么审”，我为大家安排了一次讲座：

第九讲　教研期刊的审稿流程

讲座提要：一般情况下，作者把稿件投到编辑部的信箱后，要经过严格的审稿流程，才能得到稿件处理的最终结果。而一般作者并不清楚教研期刊的审稿流程，这是造成盲目投稿又急于求成的主要原因。审稿是期刊编辑工作的关键一环，它直接决定着稿件的命运和期刊的质量。教研论文的审稿标准，体现在选题方向、立场观点、语言文字、学术规范四个方面。经过长期的期刊编辑实践活动，我国现代期刊已经建立了比较完善的“三审制”。所谓“三审制”，通常是指责任编辑初审、副主编或编辑部主任复审、主编终审。也有一些教研期刊的复审邀请学科专家担任，此类期刊的审稿程序是：责任编辑初审、学科专家与副主编复审、主编终审。无论是初审、复审，还是终审，都有各自的审稿主体、审稿流程、审稿重点和审稿责任。了解教研期刊的审稿流程，对于中小学教师写稿投稿很有帮助。

七、教研论文怎么编?

关于“教研论文怎么编”，我为大家安排了一次讲座和两个附录：

第十讲　教研期刊的编辑策划

讲座提要：教研期刊的编辑策划，如果按项目划分，可分为整体策划、栏目策划、选题策划、组稿策划，此外，还有经营策划、广告策划、发行策划、活动策划等。本讲主要讲解与作者密切相关的整体策划、栏目策划、选题策划、组稿策划，希望能对大家的写稿投稿有所帮助。期刊的整体策划，包括长期策划、中期策划、近期策划，长期策划主要指期刊定位和刊物特色，中期策划主要指期刊的全年整体规划，近期策划主要指刊物的某期整体计划。栏目设置和栏目内容具有系统性，栏目服务于期刊的办刊宗旨、读者对象、内容定位、刊物特色。教研期刊的栏目类型，可以分为常设栏目与临时栏目，也可以分为开放性栏目与封闭式栏目。常设栏目是体现办刊宗旨和办刊特色、保持期刊内容与风格稳定的主要栏目，一般情况下几乎每期都会安排常设栏目。临时栏目是为体现期刊创新性、适应期刊时效性而临时设置的栏目。选题策划是前期编辑工作的重要一环。了解编辑部为什么重视选题策划、如何进行选题策划，对于作者选择合适论题，具有不可低估的重要作用。在期刊的选题策划确定之后，期刊编辑就要根据选题要求从众多的自然来稿中选择合适的稿件，或者寻找合适的撰稿人约稿，以组成期刊所需的文章内容。

附录 7　办有品位的教研期刊

选录意图：本文选自我参与主编的《创造未来——纪念语文报社建社四十周年》，该书已由山西教育出版社 2018 年 8 月出版。这是我多年来主编教研期刊的心得体会，希望对作者和读者了解教研期刊的编辑工作能有帮助作用。

怎样才能办出有品位的教研期刊？我有三点体会，愿和大家分享：一是“为了读者：坚持问题导向，问道名师专家”。《语文教学通讯》（小学刊）的服务对象是全国小学语文教师。想小学语文教师之所想，急小学语文教师之所急，为小学语文教师释疑解惑，帮小学语文教师解决问题，是《语文教学通讯》（小学刊）义不容辞的责任和义务。基于这样的考量，我们将“坚持问题导向、问道名师专家”作为办好这份期刊的原则和策略。二是“作为编者：坚守学术精神，提升学术素养”。期刊编者对期刊品位起着相当重要的作用。有什么样的编者，就会有什么样的期刊。期刊编者的胸襟、眼界、学识、品行相当程度上决定了期刊的品位和高度。优秀的期刊离不开优秀的编者，而优秀的编者若想造就优秀期刊，必须坚守学术精神、提升学术素养。三是“高端作者：会聚小语论坛，引领小语教研”。没有一流的作者群，就不可能办出一流的学术期刊。丰富优质的稿源是学术期刊发展的根本条件，它能使学术期刊的发展充满生机活力。四十多年来，《语文教学通讯》非常注重发现、培养和团结一大批一流的作者。改革开放以来，我国中小学语文教学领域绝大多数杰出的语文名师都在《语文教学通讯》上发表过他们的文章。

附录8　答读者提出的九个问题

选录意图：本文选自我主编的《点亮梦想——百位名师和我们的故事》，该书已由山西教育出版社2020年12月出版。在书中我回答了读者提出的九个问题。

问题1：“封面人物”是《语文教学通讯》（小学刊）的固定栏目，从创刊到现在每期都会推出一位封面人物，特殊情况下还会同期推出四五位。许多语文教育工作者也以能成为封面人物而感到自豪和荣幸，请问什么样的人才有资格入选你们的封面人物，这些年来你们推出了多少位封面人物，他们发挥了什么作用？

问题2：“卷首”是《语文教学通讯》（小学刊）的固定栏目，为何要设置这个栏目，栏目对稿件有什么要求、由哪些人撰写，您印象最深的“卷首”作者是谁？

问题3：“访谈”是《语文教学通讯》（小学刊）的特色栏目。这个栏目最早开设于哪一年，为什么要开设这个栏目？发表“访谈”文章最多的又是哪一年，出于什么样的考量？

问题4：好多同类杂志并没有开设“综述”栏目，《语文教学通讯》（小学刊）为什么多年坚持开设“综述”栏目，这个栏目的主要作者和作品有哪些？

问题5：《语文教学通讯》（小学刊）一直非常重视发表评课方面的文章，这是为什么？你们刊登过哪些评课类文章，它们对提升刊物的实用性有什么作用？

问题6：帮助青年教师专业成长是教育教学类刊物应尽的义务，作为面向小学语文教育工作者的《语文教学通讯》（小学刊）在助力小学语文青年教师快速成长方面做了哪些努力？请以一个栏目为例加以说明。

问题7：我们注意到《语文教学通讯》（小学刊）发表了不少有关域外语文教育的文章，你们为什么要长期坚持发表这样的文章？

问题8："专辑"是以某一特定内容为中心编辑而成的刊物，二十年来，《语文教学通讯》（小学刊）出过多少专辑？它们有什么特点，为什么要出专辑呢？

问题9：活动策划越来越被各类报刊所看重，通过举办活动与刊物进行良性互动，刊物可以拓展市场，密切联系读者，提高刊物知名度，扩大刊物影响力。《语文教学通讯》（小学刊）创办以来举办过哪些活动，其中影响力最大的活动是什么？

从我对这九个问题的回答中，大家可以看到教研期刊在整体策划、栏目策划、选题策划、组稿策划方面的良苦用心和不懈努力，可以跟着我走进编辑部深度了解期刊的专业追求和编辑的精益求精。希望通过这样的问答，拉近编者与作者、读者的距离，让作者、读者更好地了解教研期刊，更好地撰写教研论文。

如果各位老师"听"完这些讲座之后，对教研论文的写作与发表，忧虑有所减轻，认识更加清楚，写稿更加自信，投稿更加得法，便是我莫大的欣慰。

目录

第一讲　为什么要写教研论文

本讲提纲

一、提高教学水平

（一）坚持记录

（二）分析记录

（三）改变行为

（四）不断写作

二、提升科研能力

（一）是否需要

（二）研究定位

（三）研究什么

（四）如何研究

三、交流研究成果

（一）成果物化

（二）论文写作

（三）论文发表

（四）交流价值

四、促进专业发展

（一）优秀教师

（二）卓越教师

（三）名师之梦

（四）论文之功

老师们，这一讲我想从教学、教研、发表、发展四个方面谈一谈为什么要写教研论文。概括地说，老师们之所以要写教研论文，是因为它会带来四大好处：一是有助于提高教学水平，二是有助于提升科研能力，三是有助于交流研究成果，四是有助于促进专业发展。

一、提高教学水平

写教研论文的第一个好处，就是有助于提高教学水平。

一方面，写教研论文离不开教学实践，教学实践是论文写作的基础和凭借，教研理论来自教学实践；另一方面，论文写作又反作用于教学实践，教学理论是教学实践的升华和结晶，教学理论对教学实践具有指导作用。经常写教研论文，可使教师跟着教育理论的“光亮”，走出教学实践的“迷雾”，走上教学改革的“坦途”，可以使教师看清教学实践中的“病症”，找到改进教学的“良方”，更加理性、更加清醒、更加明白地进行教学。反之，一个只满足于把课上好的老师，很有可能课也上不好。因为，缺少教学研究，缺少理论素养，缺少写作锤炼，教师发现问题、分析问题、解决问题的能力也会大打折扣。一句话，常写教研论文，必定有助于教师教学水平的提高。

讲到这个话题，我就想到了管建刚老师。对于小学语文教师来说，管老师可以说是家喻户晓，而对于其他学科和其他学段的老师来说，或许对管老师知之甚少。管老师的基本情况如下：

管建刚老师，国家“万人计划”教学名师，全国优秀教师，江苏省正高级教师、语文特级教师，苏州教育名家。2005 年出版《魔法作文营》，2006 年出版《不做教书匠》，2007 年出版《我的作文教学革命》，2009 年出版《一线教师》，2010 年出版“管建刚作文教学系列”之《我的作文教学故事》《我的作文教学革命》《我的作文教学主张》，2011 年出版《我的作文训练系统》，2012 年出版《我的作文教学课例》，2013 年出版《我的作文评改举隅》《教师成长的秘密》，2014 年出版《我的作文教学六讲》《一线表扬学》，2015 年出版《管建刚和他的阅读教学革命》，2016 年出版《和女儿谈》《我的全程带班录（四年级）》《我的全程带班录（五年级）》《我的全程带班录（六年级）》，2017 年 7 月出版《我不是班主任》《我的语文观》，2018 年出版《一线带班》《我的下水文》，2019 年 12 月出版《儿童作文与实话实说》，2020 年 6 月出版《胖头鼠之辣条迷踪案》。

可以这样说，管建刚老师是全国小学研究型教师的杰出代表。他从一名普普通通的小学语文教师成长为一名享有盛誉的全国语文名师，为全国中小学教师的专业发展树立了良好的榜样。我们从管老师的身上可以感受到教育写作的重要意义，可以体会到教育写作对提高教学水平的重要作用。和众多“管粉”一样，我也很爱读管老师的书，无论是他的作文教学系列书，还是他的班主任系列或教师成长方面的书，我都爱读。读管老师的书，你会发现他书中讲的多为自己亲历的教育故事，这些故事栩栩如生、历历在目、鲜活感人。读管老师的书，你会觉得他说的话多为自己内心的所思所想，这些话自然朴素、坦率真诚、睿智深刻。读管老师的书，你会觉得一点儿也不累，因为书中所写的许多故事很有意思、很有趣味，让人欲罢不能。读管老师的书，你会觉得一点儿也不难，因为书中所讲的道理通俗易懂，没有故作深沉的“高论”，他总是耐着性子，对读者娓娓道来，和读者平等交流。

说到教育写作对教学水平的影响，管老师在《教师成长的秘密》一书中做过十分精彩的阐释。为了让大家感受管老师的语言风格，我尽量保留管老师的原话来谈相关道理。

在管老师看来，没有研究，就没有真正的进步。而要研究，第一要坚持记录，第二要分析记录，第三要改变行为，第四要不断写作。

（一）坚持记录

打开《教师成长的秘密》一书，翻到关于“教育写作”的第五部分，我们可以读到管老师的一些精彩论述。他从自己的生活小事“买鞋”切入，谈到大众品牌与名牌的差距，并巧用乔恩·戈登的著名公式点题，揭示了许多行业共同的一个成功秘密。他说：

妻子劝我买一双耐克。耐克的价格比特步、李宁翻一番，耐克是要舒服一点，然而，为多一点的舒服，要付出两三倍的钱，我不干。

名牌是精致一点，舒服一点，这“一点”，不得了，为商家带来了五倍、十倍乃至百倍的利润。乔恩·戈登写过一本《再加10%：从平凡到卓越》。名牌比大众牌，按乔恩·戈登的算法，只多了10%。所谓的成功人士，只不过比平常的人，多做了10%，超前了10%，这10%，不得了，为他们赢得了一个卓越的人生。

每个行业都有那再加的10%。有些行业的10%，一眼能看出来。举重的，举到极限了，再加上1公斤、2公斤，那1公斤、2公斤，即乔恩所说的10%；登山的，登到极限了，再往前走5米、10米，那5米、10米，即乔恩所说的10%。有些行业的10%，一眼看不出来。营业员的10%是什么，护士的10%是什么，官员的10%是什么，作家的10%是什么，真不好说。

然后，他出人意料地指出，教育行业需要再加的10%就是两个字“记录”。这个惊人的发现具有十分重要的意义，它深刻揭示了许多名师之所以成为名师的“秘密”，同时，它为众多教师从“普通”走向“优秀”乃至“卓越”指出了一条“通途”。这个发现，不是未经证明的假设，而是他已实证的“真理”。他说：

一个老师要从“平凡”走向“卓越”，他的10%是什么？现在，我要清清楚楚、明明白白地告诉你，就两个字“记录”。一天工作以8小时计算，480分钟，你要能匀出10%的时间，或者多付出10%的时间，即48分钟，用在记录上，记录当天的教育喜悦、教育烦恼、教育小失败、教育小智慧，记上三年，你一定能从“平凡”走向“优秀”；再记五年，你一定能从“优秀”走向“卓越”。

早有专家断言，一个老师写三年教案，不可能走向优秀；一个写三年反思的教师，可能走向优秀。我只不过根据乔恩·戈登的公式，算出了每天记录的时间。就这么简单，只看你能不能沉住气，记录三年、五年。

24小时，8小时都在睡觉，8小时大家都在工作，还有那8小时，是人的区别所在。每天记录的48分钟，是工作、睡觉之外的，那就更了不起了。

是啊，没有记录，就没有真正的研究；而没有研究，也不会有真正的进步。所以，坚持记录既是研究的必须，也是教学的必须。坚持记录，既可以有助于研究，也可以有助于教学。

（二）分析记录

然而，对于研究而言，有了记录只是迈出了第一步，后面还有很长的路要走。管老师认为，研究的第二步，就是对记录进行分析。他说：

记录了一个又一个的故事，故事本身可以成为文章，可以投稿，可以发表。

当然，你会说，故事性的文章不算论文，派不上什么用场。我说，只要你做好了第一步，真实地记录你的教育故事，往下走就正了，容易了。

第一步走歪了，第二步、第三步会越来越离谱。记录是研究的第一步。研究的第二步，对记录的资料进行分析。没有分析的记录，是没有呼吸的。沃尔玛公司不对啤酒和尿片的销售数据进行分析，就不会得出“尿片和啤酒摆在一起”的销售金点子。数据躺在电脑里，那是死数据；死数据经过人的大脑的分析，它会变成“活”的精彩。

每天我们记录几句，一个学期下来，再对这些记录进行分析，同类合并，异类分项，你就能从自己实实在在的教育行为里，归纳出属于你的发现，属于你的规律性的东西。分析中你会发现，记录的若都是同质的，没有差异，记录便失去了分析的价值。看第一个记录和看第一百个记录是一回事，分析什么呢？只有从不同中找到相同，才有眼光，才有价值。教育分析，需要变化的、差异的记录。变化的、差异的记录，才是丰富的、活的记录。记录要忠于自己的教育行为，胡乱编造，那是害人害己。只有改变自己的教育行为，记录才会丰富、多元、鲜活。

对记录的资料进行科学的分析，同类合并，异类分项，从相同中找到不同，从不同中找到相同，用真实的“一手资料”印证教育原理，用鲜活的“教学案例”诠释教学方法，提出困惑的“疑难”向大家请教，摆出坦诚的“问题”向大家讨教，捧出成功的“经验”与大家分享，拿出失败的“教训”让大家借鉴。这些都是在分析记录的资料时应该考虑的目的和方向。

如果没有记录，这些真实的教学经验和教学思考就会“悄然流逝”；而如果没有分析，这些宝贵的教学经验和教学思考就会“珠玉蒙尘”。

（三）改变行为

但是，对于研究而言，仅仅坚持记录、分析记录还远远不够，要知道中小学教师研究的目的是改进教学方法、提高教学水平。所以，研究还必须继续推进，于是研究进入了第三步：改变自己的教学行为，产生良好的教学收益。管老师说：

对记录的材料做分析，发现一些规律，得出一点结论，这个规律、这个结论，就不是写在书上的，而是写在心头的，能实实在在地、随时随地指导以后的工作，改变以后的行为。分析了，得出规律和结论了，不一定要写成文章。分析的目的，研究的目的，是改变自己的行为，产生好的收益。

管老师的这段话，给我们几点启发：一是要始终牢记研究的目的“是改变自己的行为，产生好的收益”，不是为了写文章、做课题、博取功名；二是要始终坚持研究的价值取向，“能实实在在地、随时随地指导以后的工作，改变以后的行为”，不是“空来空去”“写在书上”的东西，而是“实实在在”“写在心头”的东西；三是要始终明白研究的定位是行动研究，不是为了构建完整的教育理论体系，而是为了解决教育教学实践中遇到的具体问题。

（四）不断写作

虽然说，研究的最后不一定都要写成文章，但是，如果能够写成文章，那么研究的意义就会成倍增大。许多卓越的教师，都把写成文章当作完成研究的“标志”，都把写成论文当作研究成功的“象征”。管老师也是这样认为的，他说：

分析了，得出规律和结论了，不一定要写成文章。然而走到这一步，写文章也只剩下水到渠成的最后一步，为什么不写出来呢？既能惠及他人，也能为自己赢一点学术资本，何乐而不为？

你记录了十个有意思的教育故事，一定能写出一篇有意思的论文。你记录了一百个有意思的教育故事，一定能写出一本有意思的专著来。你有了足够的原生态“记录”，再有针对性地看一些教育理论书，读着读着，你会发现，教育理论和自己的教育实践，有了相通点、共振点，理论专著的阅读，不枯燥，时有会心的发现嘛。

管老师是这样说的，也是这样做的。这些年来，他靠着辛勤的“记录”，科学的分析，不断的探索，不辍的写作，书写了三次属于自己的教学变革：第一次是影响甚大的“作文教学革命”，第二次是深思熟虑的“阅读教学革命”，第三次是全面推进的“语文教学革命”。尽管他说提出的教学主张，未必全是十分科学的，但是他以独特的方式推进当代小学语文教学改革的努力与贡献是不可磨灭的。这也说明，教育写作对学科教学的影响很大，教研论文的写作对学科教学水平的提高帮助很大。

教育研究、教育写作需要“咬定青山不放松”的韧劲，决不能“三天打鱼两天晒网”。记得有首歌叫《为你痴狂》，歌中有两句唱词：“春天一到我就心花怒放，爱情的火苗越烧越旺。想起我心中亲爱的姑娘，我就会为她痴来为她狂。”我想，管老师的心中一定常驻着一位“亲爱的姑娘”，让他二十多年“为她痴来为她狂”。这位“亲爱的姑娘”，就是他所钟爱的“教育写作”。他跟我们这样说：

记录一次两次三次，谁都能咬咬牙，扛下来。记录一个月、一个学期、一学年，打退堂鼓的多。教育研究、教育写作，要持续不断地记录。你天天记录，就有了一份“才下眉头，却上心头”的教育痴狂，没有牵肠挂肚的精神投入，就不可能有别人看起来“妙手偶得”的、刹那的智慧之光。

让我们也在自己的心中安放一位“亲爱的姑娘”吧，让我们也学着记录起来、记录下去，让我们也学着分析记录、改变行为，让我们也学着写写文章、写写论文，对教育研究和教育写作“牵肠挂肚”，心甘情愿“为她痴来为她狂”。

二、提升科研能力

写教研论文的第二个好处，就是有助于提升科研能力。

很显然，写教研论文可以提升教师的科研能力，这几乎是不言而喻的常识。然而，总有不少老师存在一些认识误区。他们认为中小学教师的中心任务就是把书教好、把课上好，没有必要搞什么研究，研究应该是教研员和专家、学者们的事情，跟一线教师没有什么关系。

那么，中小学教师需要做研究吗？如果需要做研究，应该做什么样的研究？应该研究什么？应该如何研究？带着这些问题，我查阅了许多相关研究文献。比较之后，我觉得鲍传友教授的专著《做研究型教师》很好地回答了上面这些问题。下面我就将摘要介绍给大家。

在介绍之前，先请大家了解一下作者的简要情况：

鲍传友，北京师范大学教授，教育管理学院院长、教育学部培训学院常务副院长。主要从事教育基本理论、教育管理与政策和教师教育研究。先后参与和主持多项国家重点课题和省部级课题研究。在核心期刊上发表文章数十篇，出版专著多本。

北京师范大学是我国高等师范教育的最高学府之一，鲍教授又是北京师范大学的权威专家，我们很有必要听听鲍教授的精彩观点。但是，由于该书较厚，有二十二万字，讲座时间又短，我只能择其精要略做介绍，希望大家随后细读。

（一）是否需要

1. 教学需要

鲍教授认为，中小学教师需要做研究，首先表现在教学上需要。他说：

无论是基于知识的本质，还是课程观念的革新，抑或是信息时代师生关系的微妙变化，教学过程的不确定性都是现代教学的一个主要特征。这种不确定性既使教学过程充满了变化和乐趣，也使教学过程变得日益复杂和难以控制。正如布鲁斯所言：没有预料不到的结果，教学也就不成为一种艺术了。教学过程的不确定性对教师的专业水平提出了更高的要求，教师仅仅依靠自身的知识积累已经很难应付多变的教学过程。课堂教学的不确定性作为一种客观的必然，需要教师重新构建课堂教学观，消除对教学不确定性的错误认识，摆正它在课堂教学中应有的位置，重视对不确定性的开发利用，客观对待和正确处理教学过程中遇到的不确定现象。也就是说，教师必须改变对教学的观念和态度，时刻关注教学过程中的每个变化，仔细去研究每一篇教材、每一位学生和每一个意义深远的教学事件。

的确，井井有条的课未必就是好课，不确定性已经成为现代教学过程的主要特征，教师必须时刻关注教学过程的每个变化，做好对教材、学生、课堂的深度研究。总之，教学需要研究。

2. **专业需要**

鲍教授认为，中小学教师做研究，不仅仅体现在教学上，更体现在专业上。他指出，教师不仅仅是一份职业，同时，它也是一门专业。作为专业人员的教师，应该具备一定的专业知识、专业能力和专业品质。如果教师还想取得优异的成绩，就必须力争成为研究型教师，这是教师专业发展的需要。

而且，他指出，与一般教师相比，研究型教师具有以下基本特征：

一是要有先进的教育理念和比较丰富的教育教学知识；

二是要有批判的意识和探究精神，把“研究”作为一种专业生活方式；

三是要有敏锐的洞察力；

四是要能够从理论上进行反思和概括自己的教学经验；

五是要有高超的教育教学技巧。

（二）研究定位

1. **不同之处**

鲍教授指出，教师研究不同于一般的专业研究，它更多地指向实践研究和行动研究，而较少指向基础研究或理论研究。他说：

首先，中小学教师的基本任务是搞好教学，教学是教师一切工作的出发点和落脚点。教师研究既来源于教学又服务于教学，是为了提高教学质量，促进学校发展，最终是为了学生发展服务的。而专业研究者的研究则是为解决学术发展过程中所遇到的重大理论和实践问题服务的，其主要目的在于推动该领域的学术发展。

其次，一般而言，中小学教师在培养过程中大多没有接受过系统严格的关于学术研究的理论、方法和技术的训练，因而，不可能从事比较复杂的、大规模的研究，也不需要回答教育发展中的重大理论问题和实践问题。教师研究的问题相对来说比较微观，比较具体，研究方法和程序也相对简化。而对于接受过系统的、严格的学术训练的专业研究者来说，在研究的理论、方法和程序上都有比较严格的要求。

教师研究和专业研究的区别

	教师研究	专业研究
研究目的	提升教育教学水平，获得教育教学专业能力，促进教师、学生和学校发展	发展和检验假设，解释或预测产生可推广的结论
研究人员	一线教师为主，学者专家提供支持，注重人员民主参与和合作协商	学者专家为主，其他人员协助
研究基础	不需要太多的研究积累，以个体经验为主	需要相当程度的研究积累，且要求一定的学术基础
研究问题	来源于教学实际	来源于教学和实践两个层面
研究方法	阅览可用的二手资料，概括了解； 周围取样，不要求代表性，要求针对性； 一般采用简便易行的方法搜集资料	广泛阅读一手资料，全盘了解； 抽取具有代表性的样本； 采用具有信度、效度的测量技术
研究设计	比较松散，在研究过程中可随时修改； 不太关注控制无关变量和减少误差	严谨设计，控制无关变量； 根据计划，按步骤严格实施； 重视研究的信度和效度
资料分析	简单分析，多呈现原始资料，注重实用性	分析技术复杂，呈现分析后的资料，多强调统计显著性、推理一致性或事件深层意义的诠释

（续表）

成果表现形式	成果表现形式多样，依实际需要而定，没有统一格式	论文、著作、研究报告为主要成果，表现形式有严格的学术规范要求
成果应用	强调实用性和对教师个体的意义	注重结果的意义、理论的显著性和可推广性

在日常教学的实践中，由于多数教师对教师研究的含义、性质、形式和功能的认识不太清楚，因而不能与学者的专业研究区分开来，存在着许多认识误区。这些认识上的误区影响了教师对教学研究的态度，多数教师要么对“研究”顶礼膜拜，要么消极抵制。总之，对学术研究和教师研究不进行区分的状况和态度，成为制约广大中小学教师顺利开展教研的一个重要前提因素。

当然，以上对教师研究和学术研究所进行的区分只是相对的，两者并不存在截然不同的界限。虽然教师研究成果的表现形式多种多样，但是，如果想让自己的研究成果得到更高层次的肯定和更广范围的推广，仍然需要认真撰写高水平的教研论文或研究报告。

2. **行动研究**

鲍教授指出，教师研究的定位应该是行动研究。他说：

教师的知识结构、生活场景、专业任务和研究目标的不同，决定了教师研究的独特性。教师研究既没有专业研究的规范性和普遍性，又区别于教师日常生活中经验总结的随意性。从研究的取向来说，教师研究的应用性、实践性、群众性、简易性、灵活性和发展性，都说明教师研究更具有行动研究的特征。

行动研究的主要特点表现在“行动”上，即“为行动而研究”“对行动而研究”“在行动中研究”。但是，一定要防止光有“行动”没有“研究”。

（三）研究什么

研究始于问题，没有问题就没有研究。为什么有些教师找不到研究的问题呢？鲍教授认为，这主要有缺乏问题意识、迷失在个体经验中、对专家盲从、理论知识贫乏、缺乏发现问题的有效方法等方面的原因。

1. **问题来源**

鲍教授指出，教师研究的问题主要来自下面七个方面：

一是从教育教学的疑难中寻找问题；

二是从具体的教学场景中捕捉问题；

三是从理论学习和阅读中发现问题；

四是从与同事的交流中发现问题；

五是从差异中寻找问题；

六是从学校和学科发展中确定问题；

七是从教育政策实践中发现问题。

2. **选题原则**

鲍教授认为，教师选择研究的问题，要坚持几个基本原则：问题要有研究价值，问题要有科学性与现实性，问题要具体明确，问题要有可行性。

关于选题，我将在第二讲“确定教研论文的选题”重点讲解，这里不赘述。

（四）如何研究

1. **运用文献**

鲍教授指出，文献对于教师研究具有重要作用，教师要学会检索和分析文献。他说：

广泛阅读和认真分析相关文献可以帮助研究者了解他人在类似的研究上所做的贡献；帮助研究者理清思维，提出科学的研究假设；也有助于研究者理解类似研究的主要观点、最新进展，尤其可以为研究者提供再次研究的方向和经验。所以，做好文献查阅、整理和分析工作是保证研究质量的重要前提。

对于正式的学术研究而言，文献查阅的数量和质量，文献分析的广度和深度，都是检验研究质量的重要标准。对于非专业研究的教师而言，文献研究的要求虽然没有专业研究者那样严格，但是，作为研究的基础，文献研究仍然是必需的。

长期以来，人们对中小学教师在研究中需要查阅文献存在误解，对于文献研究在中小学教师研究中的作用认识不足。一些人认为，中小学教师做研究主要是解决教学实践问题，是个人对教学的反思行动，不需要查阅文献。实际上，对于教师来说，查阅和分析文献是培养自己理性思维、提升自己理论水平所必不可少的步骤。在确定研究问题之后，不对相关研究的基本状况有一个基本了解，不去了解前人和他人在类似问题上的观点、看法和解决策略，教师个人的反思行为就会成为无源之水，甚至会有“重复性建设”等情况发生。尤其对于那些理论知识相对欠缺的教师而言，查阅文献更是必须要做的工作。否则，自己的研究难免流于浮躁和肤浅。只有在认真阅读和分析相关文献的基础上，教师才能将研究深入开展下去。

2. **选用方法**

鲍教授指出，教师研究应该选择合适的研究方法。他说：

研究方法是促使研究有效进行、保证研究结果科学性的重要工具。没有方法的研究不仅难以发现真实问题，得不出有价值的研究结论，而且也容易使研究流于形式。但是，教育研究的方法多种多样，普通教师不可能在一项研究中用到各种方法，这就涉及方法的选择问题了。

教师应该如何选择研究方法，有几条基本的原则可供参考。

一是要根据课题的研究目的来进行选择。目的决定手段，用何种方法来进行研究取决于研究目的。在教育研究的各种方法里，不存在绝对的“最优方法”，某一种方法可能比较适合某一类问题。比如，如果你想了解学生对师生关系的看法，最好采用问卷调查法，如果觉得问卷调查比较麻烦，也可以采用访谈法，但千万不能只凭主观感受做判断。假如你想验证一种新的教学方法是否有效，没有什么方法比实验研究更合适了。

二是根据研究内容的性质进行选择。不同性质的研究内容是确定研究方法的重要依据。有的内容更适合用量化的方法，而有的内容更适合用质化的方法。比如，研究学生的成绩与学生学习方法之间的关系，就可以用调查和测验的方法。而研究学生对教师教学的看法，就更适用质化的方法来进行，比如观察与访谈。

三是综合运用各种方法。一个研究并不一定只用一种研究方法，特别是在一些比较大的研究中，或是处理一些比较复杂的教育教学问题时，由于研究对象和范围涉及面很广，因而研究中可能会需要多种方法的综合运用。同时，运用多种方法，从多个角度研究，也是提高教育研究科学化的重要保证。

四是选择研究方法要充分考虑可操作性。每个研究者的偏好和学科背景，以及掌握技术手段的情况都不一样，因而，即使再好的研究方法，如果研究者自身操作有困难，同样无助于问题的解决。这就要求研究者在选择研究方法时，要充分考虑自身的特点，要学会“扬长避短”，尽量选择自己比较熟悉、容易操作的方法和技术。

在教育研究中，常见的研究方法有观察法、访谈法、问卷调查法、测量调查、比较研究等，大家可以根据实际情况选择使用。

此外，鲍教授还谈到了“研究成果的呈现”问题，这些内容将在下面讲到。

三、交流研究成果

写作教研论文的第三个好处，就是有助于交流研究成果。

研究成果的交流，前提是研究成果的物化。没有物化的研究成果，就谈不上研究成果的交流。所以，我们要了解物化的研究成果主要有哪些类型，尤其要了解作为物化成果之一的教研论文，其写作与发表有哪些方法与诀窍，还有研究成果的交流有什么意义和价值。

（一）成果物化

1. 完成研究

只有写作才能真正完成教学科研，没有写作就无法证明教学科研的完成。研究工作的最后阶段，往往就是文字表达。这个阶段的研究最重要也最难搞，常常有这样的情况发生，明明在研究中早已想清楚的问题，却在文字表述的时候怎么也讲不明白。而讲不明白的研究，无论如何也不能算已经完成的研究。

2. 物化方式

把研究的内容写下来，让它们变成文字，才能使研究成果文字化、固定化、物态化，才能使研究成果可阅读、可理解、可流传。中国浦东干部学院教授李冲锋在他的著作《教师教学科研指南》的第八章，对“教学科研的成果方式”进行了概括，主要介绍了八种主要方式，我又参考鲍传友教授《做研究型教师》中的内容，增加了“教育叙事”“研究报告”两种方式，将研究成果的物化方式归纳为下面十种。需要说明的是，由于两位教授论述精当，我没有刻意修改，尽量保留了他们的本来表述。不过，由于原文篇幅较长，我进行了必要的浓缩。

（1）教学随笔

随笔是文学体裁中散文的一种。它不拘一格，形式多样，短小活泼。教学随笔是教师谈教学实践与教学思想认识的一种书写文体。青年教师可以从教学随笔入手，开始教研文章的写作。

写教学随笔有很多好处。它可以真实记录教师的日常教学实践及对教学认识的点点滴滴，具有重要的价值。勤于笔耕可以帮助教师积累教学经验，可以帮助教师培养教研意识。

教学随笔的内容十分宽泛。或讲述文化知识，或发表教学认识，或评点教学得失，或抒发教学心情，或书写阅读感受，或记录听课感悟，等等。和教育教学相关的点点滴滴，只要是表达自己内心的真实感受和想法，就可以写下来。教学随笔不怕“没写的”，只怕“不愿写”“不肯写”。

教学随笔的特色是一个“随”字，随时、随处、随心、随便、随手。有文就录，有感就发，有事就记，有理就说，有情就抒，率性而为，不必拘泥。教学随笔也不受字数限制，短的几十字，长的几千字，长短由内容而定。

(2)**教学设计**

教学设计是教师为了达到一定的教学目标，分析教学问题，设计解决方法，对教学活动进行精心组织与策划的教学行为方式。教学设计是教师对教学进行的系统规划，是对教什么、怎么教进行的设计。

按照教学设计的步骤流程，一份完整的教学设计应该包括下面八个方面的内容：教材分析、学情分析、教学目标、重点难点、教学准备、教学过程、布置作业、教学后记。当然，根据教学实际情况，上述内容也可以增删。教学设计的详细与否，要根据教师情况而定。在教师对学情和教材比较熟悉的情况下，教材分析、学情分析可以删去，教学过程也可以简单表述。

(3)**教学实录**

教学实录是在对课堂教学进行录音、录像的基础上整理出来的对课堂过程的真实记录。教学实录可以真实地反映课堂教学的推进过程、课堂教学中的师生互动、课堂教学中的动态生成。它是教师教学设计与教学实践相结合的产物，体现了课堂教学预设性和生成性相结合的特点。教学实录是教师教学设计研究的结果，同时为进一步研究课堂教学提供了宝贵的一手资料。教学实录的写作首先需要有完整的录音、录像资料，然后对它们进行整理。需要指出的是，虽然名为实录，但并不是什么都不改变地复述，而要对一些重复的、冗余的内容予以删除，也可进行适当的补充修正。对于课堂教学气氛，如学生的反应等，更要用括号内备注的方式详细记录下来。

(4)**教学案例**

教学案例是从教育教学实践互动中总结出来的实例，在被描述的具体情境中包含一个或多个引人入胜的问题，同时也包含解决这些问题的方法和技巧，有具体情境的介绍和描述，也有一定的理论思考和对实践活动的反思。

教学案例不仅记叙教学行为，还记录伴随行为而产生的思想、情感和灵感，反映教师在教学活动中遇到的问题、矛盾、困惑，以及由此而产生的想法、思路和对策等。它既有具体的情节、过程、真实感，又从教育理论、教学方法、教学艺术的高度进行归纳、总结，得出其中的育人真谛，给人以启迪。教学案例能够直接地、形象地反映教育教学的具体过程，因而具有很强的可读性和操作性，非常适合有丰富教学经验的一线教师来写作。

教学案例一般包括案例背景、案例主题、案例过程、案例细节、案例结果、案例评析等要素。案例背景是向读者交代清楚故事发生的时间、地点、人物、事情的起因等。案例主题是案例要说明的某个问题。教学案例不仅要交代案例发生的起因，还要交代案例发生的过程和结果，同时还要特别注意细节描写，并标明对案例主题的看法和评价，揭示事件的意义和价值。

（5）**教学反思**

教学反思是教师在教学之后对教学设计、教学实施情况进行的反思、总结、评价。教完一堂课并不意味着教学的结束，教师应该认真回忆、梳理、反思课堂教学的每一个环节和细节，进行总结和改进，抓住教学中印象深刻、有启发意义的事件和环节写教学反思。

不断进行教学反思是教师专业发展的必由之路。著名特级教师于永正曾说："写教学反思实际上是对自己的备课及实施的总结。认真写三年教案的人，不一定能成为优秀教师；但认真写三年教学反思的人，必定能成为有思想的教师，说不定还能写出一个专家来。"因此，一线教师应该十分重视教学反思的写作。

（6）**教学总结**

教学总结是教师对一段时间内自己教学实践的回顾和评价。教学总结有助于教师进行回顾与反思，有助于提高教师的教学思想认识。

教学总结的写作一般包括如下几方面的内容：

一是概述过程，主要是概述一段时期的工作过程，字不宜多，简明扼要，总领全文。

二是归纳成绩，直接陈述工作成绩，让事实说话，让数据说话，实事求是，不发议论。

三是提炼经验，经验源于成绩，但又高于成绩，经验是把成绩上升到理论层面的认识，需要提炼概括。

四是分析问题，找准问题，从主观和客观两方面剖析原因，不宜太长，深刻便可。

教学总结一般由以上四部分构成，但也可以写两个或三个部分，要根据具体情况而定。

(7)**教育叙事**

教育叙事通常是以讲故事的方式，记录自己在教学中的亲身经历、内心体验，表达自己对教育的理解和感悟。它一般不直接定义教育是什么，也不直接规定教育应该怎么做，而是通过一个故事，来讲述研究者的所思所想所感所悟，从而让读者在故事中理解教育是什么、应该怎么做。

教育叙事分为教学叙事、生活叙事和自传叙事等。不管哪种教育叙事，在写法上都有共同之处。

一是在选材上注重事件的代表性，老师们平常要注意培养自己的问题意识，关注和收集教学中的“关键事件”。

二是故事本身要有一定的冲突性，所选故事不是师生的日常生活，更不是“流水账”，而是包含师生冲突的教学情境，通过化解师生冲突，表达教师对教育的理解。

三是故事要完整，讲述要生动，尽量使用生活化的语言、形象化的语言，把故事讲清楚，让读者“爱听”。

四是要突出教育性，教育叙事不同于其他的讲故事，它的意图在于通过讲故事，来表达研究者对于教育的理解，因而，在讲述中不仅要把故事讲清楚，还需要有研究者对事件及其解决策略的评述。

(8)**研究报告**

研究报告是教研成果的主要表现形式之一。在以往的教研活动中，研究报告并没有受到足够的重视。因为，研究报告一向被认为是比较学术化和规范化的研究成果表达方式，是专业研究人员的事情，对于以个体反思研究为主要形式的中小学教师来说，不是特别需要。但是，随着中小学科研活动的深入开展，特别是学校和教师研究课题的增多，如何写好研究报告，就成为中小学教师必须掌握的专业技能了。

研究报告可以分为很多形式，主要包括经验总结报告、教育调查报告、教育考察报告、教育实验报告等类型。不同类型的研究报告，其写作格式与内容存在一定差异，但不论什么类型的研究报告都有以下共同的特征：

一是科学性，科学性是研究报告的基本要求，也是研究报告的价值基础，缺乏科学性的研究报告毫无意义。

二是学术性，文中概念界定、研究对象、研究问题需清晰，逻辑通顺，能自圆其说。

三是规范性，规范性也是研究报告的基本要求，每种研究报告必须严格按照其形式规范撰写稿件。

四是应用性，教育研究的重要特征是它的应用性。研究报告要体现为教育实践服务的精神，这一点对于中小学教师尤为重要。

(9) **教研论文**

后面将详细讲解，这里省略。

(10) **研究著作**

研究著作是教师在长期研究的基础上形成的研究成果，是以公开出版发行的书籍的形式出现的，主要包括教学科研的专著、编著、合著、文集等。研究专著是对某一问题深入研究的成果，是最能代表教师科研水平与实力的作品之一。研究编著是在充分吸收、借鉴、引用他人研究成果的基础上，加上自己的研究与理解所形成的既编又著的作品。研究合著则是两人或两人以上共同完成的研究作品。研究文集包括个人研究文集与多人研究成果的结集。

总之，教师教研成果的表达方式多种多样，教师可以根据自己的实际和教研成果表达的需要选择合适的方式。最重要的是拿起笔来写作。教研成果是“做出来”的，也是“写出来”的。

(二) 论文写作

作为教师研究成果的高级形式之一，教研论文对研究者提出了较高要求。我们既要知道什么是教研论文，更要知道如何才能写好教研论文。

1. **教研论文**

教研论文是教师在教学科研的基础上，经过分析论证的深化认识过程，把研究成果文字化的结果。教研论文要求研究者具有较高的能力，如能够自觉运用规范的科学方法、理性的学术思维和严密的逻辑论证等。教研论文要求研究成果既有一定的理论性，又有一定的科学性，同时，还要求具有一定的创造性和应用性。

2. **写好论文**

写好教研论文，需要作者拥有较高的写作水平。比如，除了选题、立意、选材、论证外，还需要掌握格式规范、书写规范、基本结构等。同时，教研论文写作还有不少常见问题需要避免，还有一些成功之道需要借鉴。这些内容将在随后的讲座里详细讲解，这里就不赘述了。

（三）论文发表

1. 投稿要诀

教研论文写好后，如何才能发表，是困扰作者的头等大事。许多老师不清楚如何才能提高投稿的命中率，这个话题我将在第八讲“教研论文的投稿要诀”里详细讲解。

2. 审稿流程

教研论文投出后，许多作者感到茫然，不知道接下来会发生什么，自己该做些什么。这是由于多数作者不了解编辑部的审稿流程。为此，我将在第九讲“教研期刊的审稿流程”里为大家详细说明。了解了审稿流程，将有助于作者妥当应对来自编辑部的处理意见。

（四）交流价值

1. 理论意义

交流研究成果，对于丰富应用性教学理论具有重要意义。由于中小学教师的研究大多属于行动研究，它不像一般的学术研究那样特别关注基础理论研究，而是以提高行动质量、解决实际问题为首要目标，以研究过程与行动过程的结合为主要表现形式，以教师对自己从事的实际工作进行持续反思为基本手段。不过，中小学教师的研究虽然对基础研究的理论建设作用不大，但它对应用研究的理论构建却作用不小。

2. 实践意义

交流研究成果，对于改进中小学教学实践具有重要意义。中小学教研的目的主要有三个：一是解决学校存在的实际问题，二是提升教师的教育教学水平，三是促进学校的持续发展。无论是学校领导，还是学校教师，都必须树立以改进实践为指向的教研意识，将教研工作与培养教师、振兴学校紧密联系在一起，教研工作才大有可为，教研成果才鲜活有用，教研作用才能充分发挥。

四、促进专业发展

写教研论文的第四个好处，就是有助于促进专业发展。

一名普通的教师，要想成为优秀教师，成为卓越教师，甚至成为享誉全国的名师，离不开论文写作。换言之，论文写作与教师的专业发展始终如影随形。从某种意义上说，教研论文就是促进教师专业发展的“助推器”。

（一）优秀教师

余文森教授认为，优秀教师有两个明显的特征：一个是“有经验”，另一个是“有思考”。

1. 教学经验

他认为，优秀教师在长期的教学实践中慢慢形成和积累了一些行之有效的做法、招数和策略，即所谓的“经验”，这些经验是他们的看家本领。正是有了这些经验，他们工作起来得心应手，成绩显著，但是，也正因为如此，他们也容易满足于经验，甚至陷入经验主义泥潭，经验反倒成了他们提升自己的“樊篱”。

2. 教学思考

他认为，优秀教师在多年的教学实践中，对教学现象和问题都会形成一些自己的看法和判断，即自己的“教学思考”。这些思考不乏有价值的见解，但总体而言，是相对零散、不够系统的；是相对浅层、不够深度的；是相对模糊、不够清晰的。

（二）卓越教师

一位教师要从优秀走向卓越，必须从教学经验走向教学理论，从教学思考走向教学思想。这是教师实现自我超越的必由之路，而在这条实现自我超越的路上，离不开教研论文的亲密陪伴。

1. 教学理论

不少优秀教师普遍反映，他们在高原期的一致感觉，就是“理论的贫乏”。主要体现在两个方面：一是自己的教学经验难以被提炼成教学理论，自己的成功经验总是停留在经验的层面，难以到达理论的层面，缺少理论的高度和理论的“因子”。这种痛苦长期困扰着优秀教师，使他们难以在专业上实现“质的飞跃”。二是别人的教学理论很少进入自己的头脑，与教育教学相关的理论文献读得太少，入脑入心的教育理论更少。由于自己的教育理论“库存缺乏”，进一步导致自己的教学经验无法转化成更有普遍性、规律性、适应性的教育理论。

相反，那些将自己的教学经验转型升级为自己的教学理论的人，最终都成功跻身于学科教学的名师队伍之中。

比如福建名师何捷老师，就善于将自己的教学经验升华为教学理论。以《何捷老师的全程写作教学法》为例，在书中，何捷老师分享了他设计一节完整的课的经验与理论，从“进入课堂前”“写作行动中”“语篇完成后”三个阶段分享了他的教学经验，每个阶段都有其独有的设计和操作要领。最后，他还分享了每一个步骤后的学理依据，把“怎么做”“为什么这么做”交代得很清楚，让读者在明白为何这样做的原因后自觉主动地采取行动。这种基于自身的教学经验发展而成的教学理论，很受小学语文同行的欢迎。

2. 教学思想

要想成为名师，光有教学思考是不够的。只有经过理性加工和自我孵化，教学思考才能提升和发展为教学思想。教学思想是教师对教学问题系统的、深刻的、清晰的思考和见解，具有稳定性和统领性。稳定性意味着思想一旦形成，就不容易改变；统领性指的是对教学行为的影响力，行为因思想而改变。

比如，管建刚老师在自己的作文教学思考的基础上，总结出自己的一套作文教学主张：

主张 1　“兴趣”重于“技能”

主张 2　“生活”重于“生成”

主张 3　“发现”重于“观察”

主张 4　“讲评”重于“指导”

主张 5　“多改”重于“多写”

主张 6　“真实”重于“虚构”

主张 7　“文心”重于“文字”

主张 8　“课外”重于“课内”

主张 9　“写作”重于“阅读”

这些教学主张，已经不是简单的教学思考，而是比较系统、比较深刻、比较科学的教学思想，因而在全国各地小学语文教育领域产生了比较深广的影响。近些年，“管建刚作文教学系列丛书”一直深受广大小学语文教师喜爱，成为畅销不衰的作文教学好书。

(三) 名师之梦

著名特级教师孙双金老师曾经说过，要想成为名师，起码可以选择两条路：一条是通过教学成为名师，一提起某某名师，大家就会想起他的某堂精彩的课；一条路是通过写作成为名师，一提起某某名师，大家就会想起他的一些优秀文章或著作。当然，也有一些特别卓越的名师，能够做到既是教学名师，又是写作名师。吴勇老师就是一位既擅长教学又擅长科研的小学语文名师。从他的专业发展历程来看，要想成为名师，就必须“敢于有梦”“勇于追梦”“勤于圆梦”。

1. 要想成为名师，就必须“敢于有梦”

吴勇，“童化作文”教学的倡导者，江苏省特级教师，正高级教师，南京晓庄学院外聘教授，获评“有重要影响的全国小学写作教学名师”，现任南京市江宁区教学研究室教研员，南京市名师工作室主持人，是人大复印资料《小学语文教与学》《语文教学通讯》等杂志编委。先后出版《儿童写作论》等专著十部，“指向文心的童化作文进阶研究”获得江苏省第五届优秀教育科学成果评比一等奖；“童化作文实践研究”获得江苏省人民政府教学成果特等奖。

起初，吴勇老师只是被誉为全国小学教师研修品牌活动的“千课万人”的一名普通观众。我第一次见到他，是在2004年参加“千课万人”举办的一次教研活动中。那时，我是大会邀请的媒体嘉宾，他是一名参会的观课教师。午饭时分，吴老师邀请我共进午餐。吃饭中间，他说：“裴老师，你看，现在的公开课，几乎都是阅读教学，没人愿意上作文课。我想主攻作文课，裴老师你觉得我行不行?”我笑着鼓励道：“吴老师，你一定行！我支持你。”没想到那次初聚，竟然点亮了吴老师成为作文名师的梦想。

后来，他竟成了“千课万人”活动的主讲名师。他的作文课，教学内容精当扎实，教学过程层次清晰，教学手段丰富多样，教学语言幽默风趣，赢得了来自全国各地的观摩学习的语文教师的好评。

下面是从现场评课的信息中选取的几条评价：

177＊＊＊＊8970：吴勇老师的课堂思路清晰，训练的方法很有创意，同时实用性也非常强。在平日生活里对人物进行散点扫描，并且用一句话来进行概述，接着找出关键时刻，抓住人物的动作、语言和神态进行描写，对我们老师在今后的习作教学中有很强的指导性。

152＊＊＊＊6766：吴老师的课堂习作方法指导得精、当、准。用例文打开了孩子们的思路，让孩子们有法可循，有话可写！

131＊＊＊＊8911：吴勇老师，堪称习作教学界大师！

2. 要想成为名师，就必须“勇于追梦”

在吴勇老师的心中“课大于天”，他在写作教学上不断突破。

他用十几年的时间，创建了独特的“童化作文”教学体系，并摸索出让学生爱上“童化作文”的理由：

用“我”的方式学写作；

“我”的一切都在写作中；

写作就是表达“我”的诉求；

写作就是书写“我”的童史；

精准知识让“我”的语力倍增；

习作教材为“我”而变形；

成就“我”的作家梦。

在吴勇老师的心中，“研先于教”，他在教学模式上不断创新。

他开发的“适合儿童的写作课程”，坚持以“改变”和“发展”为价值导向，逐步形成了以“功能语境”和“精准知识”为课程内核，以“故事、游戏、活动、想象、节日、诉求”为课程内容，以“课程与生活”“组织与指导”“情趣与知识”“技术与艺术”的辩证统一为课程教学逻辑，以“三个面向”和“十项标准”为课程评价，最终实现穿越儿童生活、相遇儿童文化、发展儿童素养的课程目标。

吴勇老师总是迎难而上，他让写作助推自己走向卓越。

当代小学语文青年教师中，吴勇老师或许是最勤奋的一位。在三十年从教生涯中，他在小学语文的主流媒体上发表了两百多篇很有分量的文章，出版了十多部富有思维含量的写作教学专著，主编了多套小学师生喜爱的作文图书。应该说，在全国中生代语文教育工作者中，吴勇老师是有关写作教学的教学研究硕果累累的杰出代表。

谁都知道写文章是件非常难的事，可他偏要迎难而上，他用丰富的教研成果，很好地诠释了“卓越教师”的称号。

3. 要想成为名师，就必须“勤于圆梦”

吴勇老师勤于磨课：他的习作课堂精准有效。

在新近出版的《会写作的教室》里，吴勇老师基于自己的写作教学实践与笔记，从寻根究底的本原剖析、锲而不舍的质疑问难、源于生活的教学指导、渐行渐近的课程实践、真情真意的随思碎想五个方面，分享了自己打造“会写作的教室”，让孩子爱上写作、提升写作素养的教学思考与实践探索，助力一线语文教师摆脱写作教学困境，切实提高写作教学的有效性，让写作成为孩子受用一生的习惯与素养。他让每一个孩子都成为爱写作的天使，因拥有了写作的翅膀而飞得更高、更远。

吴勇老师勤于写作：他接连推出精品佳作。

发表文章两百余篇，其中十八篇被人大复印资料转载；出版《儿童写作论》《吴勇讲“语用”》《吴勇话“知识”》《吴勇教故事》《吴勇用教材》《吴勇在训练》等十多部专著。

吴勇老师勤于课题：他的多项课题荣获大奖。

其中，他主持的“指向文心的童化作文进阶研究”获得江苏省第五届优秀教育科学成果评比一等奖；“童化作文实践研究”获得江苏省人民政府教学成果特等奖。

吴勇老师的工作简历如下：

1991 年 6 月　毕业于江苏省阜宁师范学校；

1991 年 9 月—1996 年 8 月　江苏省建湖县芦沟乡大崔小学；

1996 年 9 月—2004 年 8 月　江苏省建湖县实验小学；

2004 年 9 月—2013 年 8 月　江苏省海门实验学校；

2013 年 9 月—2015 年 8 月　江苏省无锡市高新区教培研中心；

2015 年 9 月—2019 年 8 月　江苏省南京市上元小学；

2019 年 9 月至今　江苏省南京市江宁区教学研究室。

这就是吴勇老师从教三十多年的成长历程，从中我们看到他由一名普通教师逐渐成长为一位著名特级教师。起初，他用九年的艰苦努力评上小学高级教师；然后，他用超出常人的付出，用了十一年评上小学特级教师；又在他从教二十八年的时候评上了正高级语文教师，登上了自己的事业巅峰。

和吴勇老师一样，多数后来成为名师的人，起初他们的心中都有自己的梦。无论是老一辈名师，还是中生代名师，或是新生代名师，也许他们不一定能告诉你自己心中的梦想具体是什么，但他们心中一定有自己的梦想。因为，没有梦想的人，不可能走得坚定、走得长远，也不可能最终走向成功。

只要心中有梦，你就向名师走近了一步。

（四）论文之功

在吴勇老师由平凡走向卓越的成长道路上，教研论文的写作立下了“汗马功劳”。可以这样说，如果没有教研论文的写作与发表，就不会有今日的名师吴勇。

同样，全国众多中小学名师的成长都和教研论文的写作与发表“密切相关”。仔细思考论文对名师的影响，可以想出许许多多。但如果用形象的话来概括，一是写论文可以让名师站得更高，二是写论文可以让名师走得更远。

1. 站得更高

大家知道，从本质上讲，论文旨在阐明道理，贵在以理服人。要想写好论文，就得阅读理论文献，从理论文献中懂得道理、学会讲理，从理论文献中学习思维、学会思考，从理论文献中学习表达、学会写作，通过长期的阅读、思考、写作，逐渐丰富自己的理论知识，提高自己的理论素养，改进自己的理论表达，逐渐成为视野开阔、见地非凡、能够提出真知灼见的人。

人与人的差别，多半是在理性思维上。缺乏理性思维的人，容易冲动，往往感情用事、目光短浅，而经过长时间的理性训练，人的思维会更加缜密条理，面对同样的情况，考虑更加周全细密，态度更加冷静理智，站位更高，见识更好。具体到教学研究方面也是这样。平常不怎么阅读理论文献的老师，很难写出优质的教研论文，在面对教育教学的具体问题时往往也提不出特别好的解决办法。原因就在于理论素养不够，思维能力不强。

2. 走得更远

从空间维度看，一位名师如果只是教学上的名师，课上得特别棒，文章写得特别少，尤其是不会写论文，那么这位名师的影响就会大打折扣。尽管现在可以通过线上传播教学录像把优秀课例快速传播到全国各地，但是，由于这位名师只是停留在教学案例的展示、教学经验的传播上，还没有上升到教学理论的创建、教学思想的整理，其影响只是具体的、浅层的、感性的，难以引起观摩教师在教学理念、教学理论、教学思想层面的变化。

从时间维度看，回顾几十年甚至更长时间以来的中小学教学，让我们铭记于心的各科名师中，绝大多数是那些教学与科研都很厉害的教师。一方面他们长于教学，“下得了课堂”，是学生心目中最难忘怀的老师；另一方面他们长于科研，“上得了期刊”，是编辑心目中最难忘怀的作者。他们在课堂与期刊同时发力，留下了两串艰辛而光荣的“脚印”。遥想未来的同行，当他们仰望璀璨的教育星空的时候，看到的定然是这些“双料名师”的熠熠星光。

的确，教研论文的写作，会让名师站得更高、走得更远。

老师们，综上所讲，大家之所以写教研论文，是因为它会带来四大好处：一是有助于提高教学水平，二是有助于提升科研能力，三是有助于交流研究成果，四是有助于促进专业发展。

参考文献

[1] 管建刚. 教师成长的秘密 [M]. 福州：福建教育出版社，2013：171-196.

[2] 鲍传友. 做研究型教师 [M]. 北京：教育科学出版社，2009：12，46-52，105-106，144-145，199-224.

[3] 李冲锋. 教师教学科研指南 [M]. 上海：华东师范大学出版社，2009：170-171，145-169.

[4] 郑金洲. 教师如何做研究 [M]. 上海：华东师范大学出版社，2005：23-45.

[5] 余文森. 教学主张：打开专业成长的“天眼” [J]. 人民教育，2015 (3).

第二讲　教研论文选题的确定

本讲提纲

一、了解选题意义

（一）决定价值

（二）决定难易

（三）决定目标

（四）决定成败

二、明确选题标准

（一）是否需要

（二）有无可能

（三）新颖与否

（四）科学与否

三、选择研究方向

（一）教学研究

（二）应用研究

（三）校本研究

（四）微观研究

四、确定论文选题

（一）发现问题

（二）选择问题

（三）确定选题

（四）论证选题

各位老师，人们常说，“题好一半文”，意思是说，有了好的选题文章就相当于成功了一半。可见，选题对于写作的重要性。教研论文的写作也是这样，写好教研论文的“第一件大事”，就是确定一个合适的论文选题。但是，要想确定一个合适的论文选题，却不是一件容易的事情。许多老师一辈子也没有写出一篇达到发表水平的论文，究其原因，除了写作动力不强等因素外，恐怕还有一个重要原因就是找不到适合自己的论文选题。所以，有必要先给大家普及一些选题知识，然后再谈谈如何确定教研论文的选题。

一、了解选题意义

经验告诉我们，教研的首要问题是选题。一个好的选题，会让研究工作目标明确、进展顺利，成果斐然；反之，一个差的选题，会让研究工作困难重重、半途而废、无果而终。这样看来，选题的确至关重要。事实上，一方面，选题决定着论文的价值和难易；另一方面，选题决定着研究的目标与成败。

（一）决定价值

爱因斯坦说：“提出一个问题往往比解决一个问题更重要。因为解决问题也许仅是一个数学上或实验上的技能而已，而提出新的问题，新的可能性，从新的角度去看旧的问题，却需要有创造性的想象力。”从这个意义上说，论文的价值并不在于写作的技巧，而在于研究工作本身，在于选择了什么样的课题，取得了哪些研究成果。选题适当才能彰显论文的价值，选题不当一切努力全是徒劳。所以，我们要重视论文的选题，避免选择假问题，努力寻找真问题，精心确定好问题。

（二）决定难易

论文难易受制于选题。选题太难，论文就很难写好；选题太易，也写不出高质量的论文。当然，论文难易是相对的。常言道：“难者不会，会者不难。”如果你掌握了教学研究的科学方法，具有论文写作的基本素养，同样的选题，对他人也许很难，可是对你就不难。

（三）决定目标

人生最怕没有目标，没有目标的人生是可悲的。同样，教研也最怕没有目标，没有目标的教研也是可悲的。许多老师终其一生在教研上无所建树，究其原因主要是自己缺乏明确的目标。实践告诉我们，随意散乱、漫无目的的研究是不会有什么结果的，更不要说取得有价值的成果。所以，在某个阶段应该聚焦一个研究课题，把自己的精力都集中到这一点上，这样才能大大增强教研工作的效率，才能取得比较理想的教研成果。

（四）决定成败

教研的最终目的是为教育实践服务，为教育发展做出贡献。如果选题具有一定的学术价值和社会价值，随之而来的研究才会有意义，在研究基础上形成的教研论文才会有价值。否则，如果选择了一个既无实际意义又无理论价值的课题去研究，即使课题研究最终完成，也没有价值。

另外，正如上面所说，选题时还要考虑课题研究的主、客观条件，如果课题的内容、大小和难易程度非常适合研究者，课题研究就会顺利进行，成功的希望就比较大；反之，成功的希望就小，或者根本没有成功的可能。从这个意义上说，选择适当的选题，尽管并不意味着研究的成功，但至少预示着成功即将到来，可为成功的研究和写作打下良好的基础。

二、明确选题标准

是的，选题非常重要，可是，选题有标准吗？回答是肯定的。选题标准大致有四条：一是选题是否需要，二是选题有无可能，三是选题新颖与否，四是选题科学与否。

（一）是否需要

教研论文的选题，首先要考虑教育教学是否需要，即对教育教学是否有意义、有价值。毫无意义和价值的选题，就没必要花费精力去研究。那么，如何判断一个选题对教育教学是不是有意义、有价值呢？我们可以从四个方面来看：

一看是不是影响全局的关键性问题。比如，中小学语文教师可以选择“语文‘三种文化’教育与教学策略”这样的选题，因为“三种文化”是事关落实“立德树人”根本任务、影响学校“培根铸魂”神圣使命的关键性选题。再如，如何落实学科核心素养的问题，如何改进教学方式的问题，如何改进评价方式的问题，如何利用网络优化学科教学的问题等，表面看这些问题有大有小，但只要是具有“牵一发而动全身”性质的问题，就是有价值、有意义的问题。即便是小问题，它也可以“以小见大”。

二看是不是亟须解决的迫切性问题。看这些问题，对于局部的班级或学科来说是不是迫在眉睫的问题，是否已经影响到班级工作或学科教学的正常进行。比如，多数同学缺乏上进心，多数学生经常完不成作业，学习成绩大幅度下降，班主任与多数家长沟通不畅等问题，都应该尽快组织力量进行调查研究。再如，中小学教师可以选择“‘双减’背景下的作业与表现性评价设计”作为研究的问题，因为这是摆在中小学师生面前的一个亟待解决的大问题。

三看是不是打开局面的突破性问题。教育改革需要寻找合适的突破口，通过打开突破口，进一步扩大教育改革的战果。例如，通过改变学生的学习方式，提高学生的学习效能。针对传统教学重接受轻探究、重认识轻体验、重结果轻过程的被动、封闭、接受性的学习方式，新课标提出“积极倡导自主、合作、探究的学习方式”。这一理念不仅强调了学生学习方式的变化，而且强调了学习和发展的主体是学生，学生在课程和教学中的主体地位得到了真正的确认和尊重。这个选题就是具有突破性意义的选题。

四看是不是立足教学的实践性问题。教研论文的选题应立足教学，为教学服务。中小学教研论文的选题最好实实在在，不要故弄玄虚。比如，高中语文教师可以选择“语文教学中的任务设计与情境创设”“任务群中写作的教学设计与实施”“整本书阅读教学与评价”等选题。当然，这并不意味着中小学教师的教研论文不能有较多的理论色彩，或者说，中小学教师就不能写思辨性的理论文章。事实上，实践研究需要一定的理论基础，理论研究也可以由实践问题引发。

（二）有无可能

科学研究是实实在在的事情，必须认真考虑它的可能性。有些课题虽然非常有价值，但是如果自己不具备应有的各项条件，勉强开题，结果只能是劳民伤财，无功而返。那么，如何判断一个选题是否具备完成的可能性呢？可从以下三方面来看：

一是看研究者的自身条件，有没有教学研究的经验，有没有教学研究的基础，有没有相关领域的专长，是否对这个选题感兴趣等。没有经验的青年教师，可以先从助手开始做起。初学教研的老师最好先学习进行小型的观察和调研。

二是看研究者的时间条件，课题研究需要足够的时间保证，教师除了要在日常工作中开展研究外，还需要挤出一定的时间学习和搜集、整理材料。教师要根据自身条件和拥有时间的情况，确定研究什么样的课题。有人把选题分成五种类型：大题大作、小题小做、大题小做、小题大做、中题中做。对于我们一线教师来说，要避开大题大做和大题小做，因为我们做不了，也做不好。我们的选题宜小不宜大，小题可以写出好文章，小题也可以写出大文章。当然，太小或者太大都不好，最好是选一个适中的研究课题，经过自己的努力能够完成。

三是看研究者的资料来源，要想顺利推进一个教研课题，需要丰富的研究资料做支撑。所谓“巧妇难为无米之炊”说的就是这个道理。因为在缺少必要资料的情况下，很难完成高质量的教研论文。

总之，选题一定要根据自己的主客观条件，扬长避短，理性选择。尽量选择那些与自己专业对口、有一定研究基础、能找到丰富资料的研究课题，这对顺利完成课题研究大有裨益。

（三）新颖与否

众所周知，“文贵创新”。选题时要见人之未见，想人之未想，特别突出“新”字，切忌人云亦云，步人后尘，重复劳动。写文章的目的，就是向人们说明一个道理或事情。如果文章的内容是别人早已知道的东西，那么就失去了传播的意义和价值。一篇文章如果都是老生常谈，没有一点新意，那就没有必要撰写和发表了。

所谓新颖，包括新领域、新见解、新方法、新材料四个方面。

1. 新领域

选题时不少人喜欢赶时髦，以为这样容易引起读者关注，获得成功。其实，这样的想法是错误的。选题时应该首先注意这个研究范围里的新领域，要注意别人没有注意或注意得比较少的问题或方面。比如，在语文教学研究中，研究阅读教学和写作教学的人很多，但是研究语文教学中项目型学习和跨学科学习的人不多，如果能在这个领域里面做一个非常详细的研究，那这个研究就很有价值。即使是别人研究得比较多的领域，我们也可以注意其中被人忽略的内容，比如基于网络平台的作文教学研究，就是一个新的研究领域，值得我们好好探索和研究。

2. 新见解

按理说，一篇教研论文应该提出一个新的见解。如果我们读完一篇论文，感到老生常谈、了无新意，那么这样的论文就没有什么价值；反之，如果一篇论文观点新颖、立意不凡，我们就觉得这篇文章很有价值，值得发表。好的观点、好的见解、好的主张，是展开有力论证的良好基础，也是广泛传播的有利条件。所以写论文需要作者有创新的思维、独到的见解。比如，过去我们对教科书的功能认识有误差，往往将教科书的功能与教学功能、教育功能、课程功能混为一谈，导致教科书应然功能和实然功能的错位。金志远和郑亚力发表在《中小学教材教学》2021 年 11 期的论文《教科书功能边界的泛化及其匡正》就提出了许多新的见解，对我们弄清教科书的功能很有启迪。

3. **新材料**

不过，想让每篇论文都有新颖观点着实不易，多数情况下，论文的新颖主要来自“新材料”。我们发现，许多老师的论文观点并没有什么新意，但是文中用来解释、证明观点的材料是原创的、独特的，因此同样可以给人以启发和借鉴。事实上，一线教师的教学研究，基本上都属于应用研究和行动研究，大量的实践成果都是在一定的理论指导下取得的。这些先进的教育理论或观点已经由专家、学者先后阐述，只不过这些理论或观点需要一线教师在实践中落实和检验。许多人们熟知的教育理论或主张，仍然需要老师们在教学实践中不断验证和丰富。比如，《中学语文教学》2021 年 10 期发表的李凌云的教研论文《基于发展性视角的语文实践活动评价》，旨在探究在语文实践活动中开展学习评价的学理基础和实践路径，作者在阐述了语文实践中采用发展性评价的可能性和原则之后，重点探讨了在语文实践活动中发展性评价标准的研制和实践，用鲜活的亲历的“新材料”，丰富和发展了语文实践活动中的发展性评价的内涵，对于我们更好地理解和把握教、学、评的内在一致性观点，很有帮助。

4. **新方法**

同样的课题，使用的研究方法不同，也是一种创新。例如“作文教学有效性研究”，在以往，观察法和经验总结是比较通行的研究方法；而近年来，教学叙事研究和视频案例分析方法的兴起，为这项研究提供了新的观察视角和解决思路。

如果一篇文章能够将新领域、新见解、新材料、新方法四者兼备，当然更好；而在实际情况中，只要四者有其一，就可以算是合格了。撰写教学研究论文本身是一种创造性的思维和实践活动，所以，选题时还是要尽可能地有一定的新意。

（四）科学与否

教研论文的选题要讲究科学。一是选题要有事实依据，来自实践，不是坐在屋子里凭空想出来的“假问题”，这一点老师们比较容易做到；二是选题要有理论依据，不只是教学经验的总结概括，这一点老师们会感到比较困难。老师们要提高选题水平，除了要坚持上述原则外，尤其要提高自己的理论素养。比如，以研究“从知识型教师走向智慧型教师”为例，所谓理论依据，我的理解包括三个方面：一是“知识型教师”，知识的性质、类型和特点；二是“智慧型教师”，智慧的含义、类别、来源和特点；三是“知识型教师”向“智慧型教师”转化的途径和策略。如果我们有了这三方面的理论依据，把要研究的课题纳入这样一个理论框架中，应该说就是提高了选题的科学性。

明确选题标准，有助于我们选择研究领域、发现研究问题、确定研究课题。在发现研究问题之前，我们需要弄清楚最适合我们中小学教师研究的一些领域，或者说，我们需要选择适合自己的研究方向。

三、选择研究方向

前面我已经讲过教师研究与专家研究的区别，这里不再赘述。关于中小学教师的研究方向，李冲锋教授在他的著作——《教师如何做课题》一书中进行过精彩论述。他认为，中小学教师的课题研究定位，主要包括五个方面：一是以应用研究为主，二是以微观研究为主，三是以教学研究为主，四是以行动研究为主，五是以校本研究为主。书中李教授没有使用“研究方向”而是使用了“研究定位”，在我看来，这里所说的“研究定位”就是“研究方向”。在这五个研究方向中，“行动研究”我在第一讲中已经有所涉猎，这里就不再多讲。下面，我来转述一下书中的相关内容。

（一）教学研究

李教授认为，中小学教师的课题研究应以教学研究为主。他说：

> 从研究内容的角度看，中小学教师的课题研究应以教学研究为主。教师从事教学研究的最终目的应该是促进学生的发展。教学是促进学生发展最重要的措施，是教师工作最重要的内容，因此，教师的课题研究要立足教学，以教学研究为主。

教无止境，教学改革永远在路上。如何解决教学过程中出现的各种问题，如何更好地改善教学手段、改进教学方法、提高教学能力，如何更好地适应新时代的教育教学，如何在课堂教学中落实“立德树人”根本任务，如何在学科教学中落实核心素养的培育，如何大幅度提高教育教学的质量等，这些永远需要不断研究、不断探索、不断改进。教学是动态的过程，总会给我们提出各种挑战和问题，作为中小学教师，我们必须直面这些问题，解决这些问题。因此，教学研究必不可少。

没有研究就难有好的教学。教师只有认真研究了课标、研究了教材、研究了学情、研究了教法、研究了与教学相关的方方面面，才可能进行有效高质的教学。从一定意义上说，教学即研究，教学的过程就是研究的过程。教师备课的过程是研究过程，教师上课的过程是研究过程，教师说课的过程也是研究过程，教师评课的过程还是研究过程。教学和研究合一，是教师课题研究的重要特点。因此，中小学教师的课题研究要以“立足教学”为原则，以教学为主要研究内容和研究过程来展开。

（二）应用研究

李教授认为，中小学教师的课题研究应以应用研究为主。他说：

从研究目的的角度看，教师从事课题研究要以应用研究为主。中小学教师从事研究的首要目的，是解决自己教育教学工作中碰到的实际问题与困惑，是改变目前的困难处境。这样的课题研究才真正有用，真正有价值。

有的人从事课题研究，是为了评职称、拿奖金、获奖励、赢荣誉。这样一来，课题研究就会有所偏失，而且很可能没有多少用处，除了解决职称、奖金、面子等问题，没有多大价值。

中小学教师的课题研究要以应用研究为主，以解决实际问题和困难为主。

（三）校本研究

李教授认为，中小学教师的课题研究应以校本研究为主。他说：

从课题研究的方式看，中小学教师的课题研究要以校本研究为主。所谓“校本”，大意是“以学校为本”“以学校为基础”。按照郑金洲教授的理解，“校本”有三方面含义：一是为了学校，二是在学校中，三是基于学校。为了学校，意指要以改进学校实践、解决学校所面临的问题为指向。在学校中，意指要树立这样一种观念，即学校自身的问题，要由学校中人来解决，要经由学校校长、教师共同探讨、分析来解决，所形成的解决问题的诸种方案要在学校中加以有效实施。基于学校，意指要从学校的实际出发，所组织的各种活动都应充分考虑学校的实际，挖掘学校所存在的种种潜力，把学校资源更充分地利用起来，让学校的生命活力释放得更彻底。可以说，学校是教师课题研究的坚强后盾和肥沃土壤，只有依靠、利用学校的各种资源，走校本研究之路才是教师课题研究的便捷、易成之路。

（四）微观研究

李教授认为，中小学教师的课题研究应以微观研究为主。他说：

从研究层次的角度看，中小学教师的课题研究应以微观研究为主。这主要是基于中小学教师的工作现状而言。中小学教师的工作比较具体，容易面对一些具体的问题。这些问题虽然具体但往往带有普遍性，一旦解决就可以防止类似问题的发生。因此，需要对具体问题进行研究。再者，教师工作比较忙，很难有专门的、大块的时间用来研究宏观问题。短时间内可以解决的具体问题比较适合中小学教师研究。

微观研究具有内容具体、方法简单、研究周期短、见效快等特点，比较易于把握，适合中小学教师对具体问题进行具体分析和短时间内研究见效的需求。

中小学教师在选题时要注意发挥自身优势，即在教育教学一线，天天接触学生，了解学生，了解教材，了解教学，拥有大量鲜活的教学案例，知晓教育教学实践中的问题和困难。如果选择那些贴近学生、贴近课堂、贴近教学的具体问题作为选题，比如“阅读量对语文学习效果的影响”“小学数学分层教学的课堂操作方法研究”等，都能较好地发挥自身的研究优势。

此外，如果具备较强的课题研究能力，也可以逐渐研究更高级别的课题，从事中观研究和宏观研究。总体看来，微观研究是中小学教师课题研究的基础，是主流。

上面谈的是中小学教师的四个主要研究方向，但这并不等于说，不能涉及其他方向的课题，只是这四个方向的研究，老师们更具有优势，更易出成果。

在选择了研究方向后，接着就需要聚焦具体问题，确定论文选题。

四、确定论文选题

问题是选题的来源。从发现问题，到选择问题，再到确定选题，最后到论证选题，这是确定论文选题必须经历的四个环节。

（一）发现问题

要想确定选题，先得发现问题。事实上，可以发现的问题很多，关键是我们要发现有价值的问题。那么，如何发现有价值的问题呢？我查阅了相关的研究文献，觉得有价值的问题，大多藏在下面“九点”之中。

1. **热点问题**

所谓热点问题，是在某一时期引起高度关注的问题。它有两个特点：一是特定时段性，即在特定时期是热点，过了这一时期就可能不是热点了；二是广泛关注性，即在特定时期多人投入讨论探究。比如，21 世纪以来关于核心素养的研究成为世界各国教育界讨论的热点问题。关于核心素养的研究文章和图书层出不穷，几乎每一种教育教学类出版物都参与了与核心素养有关的讨论。专家、学者们更多地从理论研究领域入手，探讨核心素养，比如“中国学生发展核心素养纲要”“核心素养的中国表达”“核心素养课程发展与设计新论”等。而处于教学一线的中小学教师也没有缺席有关核心素养的讨论，大量关于学科教学如何指向核心素养的课题研究及其成果纷纷呈现。对于与教育教学相关的热点问题，我们在确定选题时一定要紧紧抓住。

2. **冷点问题**

热点问题过一阵子就可能成为冷点问题，冷点问题我们也不应该完全放弃。对于冷点问题，我们应该静下心来进行深层次的反思，往往也能发现新的选题。比如关于目标教学，20 世纪 80 年代曾轰轰烈烈地讨论了一阵子，现在早已冷却下来，但我们仍然可以思考一下，在现在的核心素养背景下，如何深化和发展目标教学的理论和实践。

3. **重点问题**

所谓重点问题，就是具有重要意义和重大价值的问题。重点问题和热点问题常常会重叠，许多重点问题就是热点问题。但是，并不是所有的重点问题都会成为热点问题，同时，并不是所有的热点问题都会成为重点问题。一般来说，各级组织规划立项的教育教学重点课题都属于重点问题。当然，也有不少研究重点问题的课题由于种种原因没有成为各级规划立项的重点课题。比如“十四五”时期，我国基础教育进入全面提升育人质量新阶段后的公平、质量研究，专家、学者可以探讨“十四五”时期贯彻落实“五育并举”、推进综合育人、深化课堂教学改革、全面提高基础教育质量的实现路径。我们中小学教师可以围绕这个重点选题，从微观研究的角度，对指向核心素养的课堂教学策略进行研究。再如学科教学与“三种文化”教育的策略研究，也是当前中小学教师应该关注的重点问题。

4. **难点问题**

所谓难点问题，就是难度较大、不易解决的问题。以语文教育教学为例，它主要表现在三个方面：一是语文教育理论方面，比如关于语文知识系统的厘定、语文教育学科的建构等；二是语文教学实践方面，比如培养学生的语感、语文教学档案袋评价等；三是语文教育理论和语文教学实践衔接的方面，这一方面课题很多，比如新课程改革推行以来许多教育理念在推行的过程中出现了问题，这些问题都可以作为研究的选题。再如新版课程标准颁布后，“学习任务群实施的问题与对策”“学科教学中的任务设计与情境创设”“大概念、大单元教学”等问题，已经成为中小学教师面临的教学难点问题。

5. 弱点问题

在任何时期，由于种种原因，教育教学的研究都存在一些薄弱环节，我们选题时可优先考虑这些弱点问题。比如理科中的实验教学问题、学生课外活动问题、学生的右脑开发问题等。再如“小初高课程目标差异与教学衔接”，也是一个比较重要但一直比较薄弱的研究领域，值得我们花费精力好好研究。

6. 盲点问题

所谓盲点问题，就是在研究中从未涉及或极少涉及的问题。这类问题最大的特点是空前性，即从前从未有人研究过或几乎没人研究过，是个空白点。因此，发现盲点问题本身就是一种高度创新。天津师范大学的赵婧教授在《课程·教材·教法》2021 年 11 期发表的《关于网络空间中课程建设的理论思考》就是选择了研究中的一个盲点问题。2020 年，受新冠肺炎疫情的冲击，网络空间课程急速增长，在应对全球疫情危机、保持全民教育连续性方面发挥了重要作用。但是，人们对网络环境中课程的基本功能、目标定位、资源配置、组织架构和评价监测机制，以及网络空间中课程的构成、发展和运行的规律尚不明晰，她选择了这一全新的研究领域，写出了一篇很有分量的研究论文。

7. 交点问题

所谓交点问题，就是学科之间交叉融合产生的课题。比如宏观教育学所讲的“综合实践活动”，与语文教育学交叉结合就产生了“语文综合性学习”方面的课题；心理学与语文教育学交叉结合就产生了“语文教育心理学”方面的课题等。再如“中小学语文或外语跨媒介阅读与写作”“学科作文的理论研究和实践探索”等也属于这样的选题。

8. 定点问题

所谓定点问题，就是各级各类正式立项的课题。一般这样的课题以指南的形式呈现出来，研究者可以从中直接选取。比如《全国教育科学研究“十四五”规划 2021 年度课题指南》《××省教育科学研究“十四五”规划 2022 年度课题指南》等。我们一线教师可以查阅各级各类立项课题提供的研究要点说明，根据自身条件和兴趣，选择研究课题；也可以关注主流教研期刊的重点选题启事，从中直接选取自己感兴趣并能驾驭的研究课题。

9. 亮点问题

所谓亮点问题，是指很有光彩、引人注目的问题，一般指在工作中表现优异、成果卓越的做法或经验。在教育教学实践中涌现出许许多多值得推广的成功案例和先进经验，如果我们对这些亮点问题加以研究，分析其成功的原因，总结其成功的经验，归纳出一些值得广为推广的策略或模式，那将是非常有意义的研究课题。

（二）选择问题

发现问题后，还要对问题进行选择。关于如何选择所要研究的问题，李冲锋教授在《教师如何做课题》一书中也进行过详细讲解，由于篇幅所限，我在这里摘要介绍给大家，希望能对大家有所帮助。

李教授指出，研究问题的选择，主要是做两件事：一是辨析是问题还是问题域，二是辨析是真问题还是假问题。

1. 是问题还是问题域

“问题”大家比较好理解，“问题域”就不太好理解了。什么是“问题域”呢？它是指问题所涉及的研究范围。研究范围越大，问题域越宽；研究范围越小，问题域越窄。选题中容易出现的问题之一就是把问题域作为研究对象，而不是把具体的问题作为研究对象。

比如，“小学语文教材插图研究”是一个问题域，而“小学语文教材插图对学生学习兴趣的影响研究”才是一个问题。前者无法转化为问句的形式，也无法给出简单的回答；而后者却可以转换成问句的形式，而且可以给出简单的答案，尽管真正的答案需要等到研究之后才能给出。“小学语文教材插图”不是“研究对象”，而是“研究材料”，无法构成事物之间的矛盾和因果关系，因此，前者是“问题域”，不是“问题”。“小学语文教材插图对学生学习兴趣的影响研究”，它可以回答“教材对学生学习兴趣有没有影响、有怎样的影响”的问题，可以简单地回答有影响或没有影响，有好的影响或坏的影响，因此它是一个问题。

2. **真问题还是假问题**

教研问题应该是真问题，不应是假问题。那么，如何判断问题的真假呢？提供几条标准供大家参考。

一是看这个问题是否客观真实地存在。真问题是客观存在的，而假问题是主观臆想出来的。大家确定选题时尽量从教育教学实践中寻找问题，从具体的教学场景中捕捉问题，从学科发展中确定问题，这样获得的问题一般是真问题。

二是看这个问题是否揭示了事物之间的真实矛盾和因果关系。一般来说，真问题揭示事物之间的真实矛盾和因果关系，而假问题却不能揭示事物之间的真实矛盾和因果关系。

三是看这个问题是否具有可探讨的答案。真问题一般具有一个可探讨的答案，只是目前还没有得出这个答案，需要研究探讨；假问题没有可探讨的答案，也无法研究探讨。

四是看这个问题是否具有可解决性。可解决性就是通过一定的努力，这个问题会得到解决，可以获得答案。真问题具有可解决性，假问题却没有可解决性。

五是看问题的提法是不是准确。提法不当容易产生假问题，比如教师教育中的“师范性”与“学术性”问题，就是一个在现实中存在但在逻辑上不存在的“真实的假问题”。

此外，上面所说的问题指的是课题研究中的“主问题”，在“主问题”中，还可以分出若干“子问题”和“问题链”。

（三）确定选题

李教授指出，选择了研究问题并不等于确定了研究选题，还需要对选题的名称进行进一步的明确和规范。

我们经常发现不少作者的选题名称存在这样那样的问题：

1. **表意不准确**

比如“学生主体地位与自主发展模式途径方面的研究”，这个课题到底要研究“学生主体地位”与“自主发展模式途径”之间的关系还是研究“学生主体地位与自主发展”的“模式途径”，到底是研究“模式”还是研究“途径”，到底是研究哪方面的问题，通过题目我们根本看不出来。

2. **表述不规范**

比如“‘双多’教育模式的创建与时代新人的培养”，其中“双多”的表述就不够规范。编者和读者看了这样的题目，不知道作者说的是什么意思。许多老师喜欢使用自创的缩略语和自造的词语，以为这样就有创意，这是不可以的。课题名称一定要使用科学、通用、规范的语言来表达。

3. **对象不明确**

比如“体育教学与科研活动相结合，提升学生的身体素质”，这个课题的研究对象就不太明确。是以“体育教学与科研活动相结合”为研究对象，还是以它为手段，以“提升学生的身体素质”为研究对象？让人看了不是很清楚。

4. **口号式标题**

比如“唤醒主体意识，激励主体参与，发展学生主体性”，这种口号式标题不能反映研究的内容、对象和目标，显得大而空，大家不要使用。

5. **文学色彩重**

比如“自由练笔，书写自由心灵的家园”，这类标题看上去很美，但是更像教育随笔的标题，不像是教研论文的标题。教研论文的标题，往往以科学、严谨、实用为目标，一般不在标题里使用比喻、拟人、夸张等修辞手法。

6. **题目字数多**

比如“统编语文教科书中优秀传统文化作品教学与传承中华优秀传统文化、坚定学生文化自信的研究”，仅从字数来看，这个标题就有四十个字，太长了。另外，这个课题要研究的对象是什么呢？是“统编语文教科书中优秀传统文化作品教学”，还是“传承中华优秀传统文化、坚定学生文化自信”？“统编语文教科书中优秀传统文化作品教学”与“传承中华优秀传统文化、坚定学生文化自信”之间是什么关系？这个题目给人抓不住重点的感觉。

课题名称的表述一定要准确。但是，要准确表述课题名称不是一件容易的事情。有时需要经过一个不断调整的过程。在选择课题时，可以先对问题进行粗略的陈述，然后再通过查阅文献，系统地加以限制，最后完成课题名称的准确表述。

比如，一开始你的头脑中只有一个比较笼统的课题名称“小学生的思维发展”，几乎不含有任何问题，对研究的方向和内容几乎没有任何指导意义。要考虑怎样才能发展小学生的思维，通过什么方式和途径可以培养小学生的思维，这就需要进一步缩小研究范围，聚焦研究内容。可以把这个题目变为“利用教材中思维导图提高小学生的思维能力”，这样有“利用教材中思维导图”这个抓手和限定，就比较具体了，相对就好把握了。

要想准确表述课题名称，需要准确使用概念，并且清楚地表述自变量和因变量之间的逻辑关系。比如“图式理论在语文教学中的运用”，标题中的“图式理论”是特定概念，通过特定概念对研究内容进行限定，可以使课题研究具体而明确。再如“运用德智融合思想改进小学识字教学”，前半部分“运用德智融合思想”是自变量，表明手段；后半部分“改进小学识字教学”是因变量，表明目的。

合理的课题名称应该能够反映出选题的主要信息，包括研究对象、研究内容、研究方法、研究手段、研究目的、研究背景等。当然，一个课题名称不可能将这些信息全部反映出来。表述课题名称时，要想清楚最想突出和最应突出的信息是什么。这些主要信息的不同组合，形成课题名称的不同结构模式。

模式 1：研究对象+研究内容+研究方法

一般情况下，研究课题会表明课题的研究对象、研究内容和研究方法。比如“中、美、澳写作课程内容比较研究”，研究对象是“中、美、澳写作课程”，研究内容是“写作课程内容”，研究方法是“比较研究”。

模式 2：理论依据+研究目的+研究方法

这种模式表明课题研究所依据的理论、理论运用目的和研究方法。比如“运用建构主义理论发展体育教学模式的实证研究”，理论依据是“建构主义理论”，研究目的是“发展体育教学模式”，研究方法是“实证研究”。

模式 3：理论依据+具体手段+研究目的

这种模式表明课题研究依据什么理论，采取什么手段，达到什么目的。比如“运用发展性教学理论通过课堂教学改革培育学生核心素养”，理论依据是“发展性教学理论”，具体手段是“通过课堂教学改革”，研究目的是“培育学生核心素养”。

模式 4：理论依据+研究对象+研究内容

比如“语用视域下儿童写作教学过程新样态”，理论依据是“语用学理论”，研究对象是“儿童写作教学”，研究内容是“写作教学过程新样态”。

模式 5：研究对象+具体做法+研究目的

比如“初中数学教学中运用变式练习巩固学习效果研究”，研究对象是“初中数学教学”，具体做法是“运用变式练习”，研究目的是“巩固学习效果”。需要注意的是，这一模式在运用中，有时会省略研究对象，只出现“具体做法+研究目的”。比如“运用档案袋评价促进学生全面发展”，具体做法是“运用档案袋评价”，研究目的是“促进学生全面发展”。

模式 6：研究背景+研究对象+研究内容

研究背景包括现实背景、历史背景和理论背景三种类型。

比如“新课程背景下小学阅读教学设计研究”中的“新课程背景”就是现实背景，“新世纪以来语文课堂教学模式的发展研究”中的“新世纪以来”就是历史背景，“对话理论影响下师生关系的变化研究”中的“对话理论的影响”就是理论背景。

课题名称的表述，要根据课题研究想突出的方面来确定。上述几种常见的结构模式，可以根据具体情况灵活使用。

（四）论证选题

研究题目初步选好后，还需要进行科学论证，才能最后确定选题。选题论证的目的是确认所选题目是否合适。选题论证主要围绕课题研究的价值性、创新性、可行性、准确性等方面，进行具体的、实事求是的、科学的论证。

1. 价值性论证

课题研究必须有一定的价值，没有价值或者价值很小的选题不值得我们研究。

判断选题价值主要看它是否具有理论价值或实践价值。理论价值在于课题研究能为教育理论的拓展、丰富提供相关知识，比如对原有教育理论进行检验、修正、完善与发展，或者重构新的教育理论；实践价值在于课题研究能为教育教学中的实践问题提供解决的对策，从而提升教育教学的质量。课题的理论价值和实践价值必须具备其一，这样的课题才值得选择。如果研究课题比较陈旧、研究缺乏现实意义、课题实施比较容易，一般来说，这样的研究，其价值不容乐观。

2. 创新性论证

课题论证必须考虑课题研究的创新性。评判研究课题的创新性，主要看研究课题是否属于新领域、是否提出新见解、是否选用新材料、是否用了新方法。需要强调的是，不是每个选题都要求符合这四个条件，事实上，中小学教师的研究选题只要符合其中一个条件就基本合格。我们要多关注新鲜事物和研究前沿，学会“换角色思考”“换视角观察”，比别人站得更高些、看得更远些、想得更深些，这样更容易提出创新的思维和观点。

3. 可行性论证

课题论证必须考虑课题研究的可行性。可行性是指在选题过程中必须考虑课题实现的可能性，也就是要对选题所必备的客观条件、主观条件和研究时机等，进行详细分析并给出科学判断。

客观条件包括必要的资料、设备、时间、经费、技术、人力、理论准备等。主观条件指研究者本人原有的知识、能力、基础、经验、专长，所掌握的有关课题的材料和对课题的兴趣。要结合自己的条件寻找结合点，选择能发挥优势和特长的课题。研究时机指选题需抓住时机，何时提出这项选题要看有关理论、研究工具和条件的发展成熟程度。提出过早，课题攻不下来；提出过晚，又会变得毫无意义。

不遵循可行性原则，选题很可能成为纸上谈兵，在研究过程中可能会遇到无法攻克的难关，而不得不终止研究，造成人力、物力、时间的浪费。

4. **准确性论证**

课题论证必须考虑课题的准确性。判断选题的准确性，主要看选题的概念和表述是否准确。选题中的每个字、词、句都必须经过严格推敲，使选题表述符合现代汉语语法规范和教研论文文体规范，使人一目了然。选题中的每个概念的内涵和外延都应该十分准确，不能含混、模糊、不当。否则，在研究过程中会受到困扰，甚至半途而废。

例如，“卓越教学的质量观和目的观”“知识的育人价值和精神意义”“陌生化阅读教学策略”“做新时代的研究型班主任”“革命文化类课文的文本价值、教学要求、教学策略”“高中物理拓展型作业实施的流程、问题和对策”“小学语文教研样式的突破和创新”等选题就都比较准确。

以上谈到的科学论证选题的四个方面，是相互联系又相互制约的。有时它们之间还会出现矛盾。这就要求我们根据具体情况全面评估、综合考量，尽可能使选题的四项准则达到和谐统一。

各位老师，本讲从了解选题意义、明确选题标准、选择研究方向、确定论文选题四个方面，步步推进，层层深入，讲解了如何确定教研论文的选题问题，希望能对大家确定自己的教研论文应该“写什么”有所帮助。

参考文献

[1] 杜兴梅. 学术论文写作ABC［M］. 广州：广东高等教育出版社，2010：21-28.
[2] 王工一. 教育科研论文写作导引［M］. 北京：中国水利水电出版社，2004：57-63.
[3] 冉乃彦. 中小学教师如何做研究［M］. 北京：人民教育出版社，2006：34-36.

[4] 徐有富. 学术论文写作十讲 [M]. 北京: 北京大学出版社，2019: 11-24.

[5] 张肇丰. 从实践到文本: 中小学教师科研写作方法导论 [M]. 上海: 华东师范大学出版社，2011: 118-119.

[6] 李冲锋. 教师如何做课题 [M]. 上海: 华东师范大学出版社，2013: 9-11，31-49.

[7] 郑金洲. 校本研究指导 [M]. 北京: 教育科学出版社，2002: 4-5.

[8] 项红专. 中学教研论文写作指导 [M]. 杭州: 浙江大学出版社，2001: 7-9，15-16.

[9] 江芳，王国英. 教育研究方法 [M]. 上海: 华东师范大学出版社，2009: 48-53.

[10] 高尚刚，徐万山. 中小学教师课题研究指导 [M]. 北京: 中国轻工业出版社，2008: 24-25.

第三讲　教研论文的论点论据

本讲提纲

一、论点有何作用

（一）决定价值

（二）规范取材

（三）支配结构

（四）驱动表达

二、论点表达原则

（一）观点正确

（二）观点明确

（三）观点深刻

（四）观点集中

三、论据四大类型

（一）事实材料

（二）理论材料

（三）直接材料

（四）间接材料

四、论据表达原则

（一）材料真实

（二）材料可用

（三）材料充分

（四）材料典型

老师们，什么是论点呢？它是作者通过全部材料和表现形式表达出来的基本观点，是教学研究得出的基本结论。它统率着教研论文的全部内容，体现着作者的主观意图，包含着作者对研究对象的基本认识、理解和评价。

什么是论据呢？它是用来证明论点的根据，它是作者从大量信息中经过反复推敲后优选出来证明论点的材料。论点只有被充分的论据证明言之成理，才能被公认为是正确的，才具有说服力。

论点和论据是构成教研论文的两大要素，在论文中相辅相成，缺一不可。如果说论点担负着回答“是什么”的任务，那么论据则担负着回答“为什么”的任务。论点和论据是统率和被统率的关系。论点需要论据来证明，论据需要论点来统率。论点离开论据只是抽象的概念，构不成教研论文；论据若没有论点统率，就是一堆零散的材料。如果把论点比为灵魂，那么论据就是血肉。没有血肉之躯，生命就会完结；而如果没有生命，血肉之躯也毫无用处。

下面，我从四个方面谈谈教研论文的论点和论据。先谈教研论文的论点，它的主要作用，它的表达原则；再谈教研论文的论据，它的主要类型，它的表达原则。

一、论点有何作用

论点是教研论文的灵魂和统帅。如果论文没有明确的论点，那它必然会东拉西扯，我们必然会觉得论文杂乱无章，不知所云。事实上，一篇优秀的教研论文，首先必须有一个明确的论点。这个论点能够统摄全文所有材料，并用恰当的结构和表达方式以及精确的语言表达出来，使之成为一个完整的文章整体。在教研论文的写作中，论点一旦确立，从材料的取舍、结构的安排以至表达方式的选择，都必须服从论点的需要，要树立一切为论点服务的意识。

下面，我主要参考杜兴梅教授在《学术论文写作 ABC》中关于“学术论文的论点”的相关论述，结合自己的理解认识，谈谈论点在教研论文中的几点作用：

（一）决定价值

杜教授指出，价值是文章的生命线。一般来说，教研论文的价值大小和它的论点的创新程度关系密切，凡是具有创新思维的正确论点，一般来说都有一定的学术价值。

说到论点的创新，大致有以下三类：

一是原创性论点（首先说）。原创性论点即在新的研究领域提出新的见解，说前人和别人没有说过的话，解前人和别人没有解过的题，也可以说是填补了某个领域的研究空白。比如“关于卓越教学的基本特征”这个研究领域，余文森教授首次提出卓越教学的五个基本特征，“有深度的教学”“有广度的教学”“有温度的教学”“有力度的教学”“有高度的教学”，他认为，卓越教学不是一般意义上的有成效、有收获、有进步、有提高，而是一种让学生有生成、有成长、有发展、有顿悟、有感悟、有生产（创新）、有价值、有意义、有尊严感和幸福感的教学。余教授“关于卓越教学的基本特征”的研究就属于原创性研究，他对卓越教学总结出来的五个基本特征就是原创性论点。虽然前人对教育教学已经有很多研究，但仍然会有一些研究的盲区，即前人没有涉及的研究领域和研究问题。在对未曾开发的研究领域或研究问题进行价值判断后，大家可以选择有价值的问题作为课题来研究。当然，这类研究虽然看上去很美，填补了某个领域的研究空白，但是，由于缺少可供参考的研究成果，其研究难度非常大。不过，研究的难度与论文的价值往往成正比，研究难度越大，论文价值越大。

二是补充性论点（接着说）。人们对事物的认识不可能一次性完成，这就给后人留下了补充完善的空间。一种新观点提出后，也许在当时看来是完善的，但随着学术研究的深入发展和科技水平的不断提高，人们会逐渐发现原有观点的不足之处，对这种不足提出补充性意见，可以使原来的观点更加完善。这种具有补充性价值的论点也属于新论点。比如关于“中国学生发展核心素养”的研究，起初的表述是“主要是指学生应具备的，能够适应终身发展和社会发展需要的必备品格和关键能力”。后来在这个表述的基础上，又增加了“正确价值观念”，表述变为“主要是指学生应具备的，能够适应终身发展和社会发展需要的正确价值观念、必备品格和关键能力”。研究就是在前人研究的基础上不断向前推进，有时即使比前人多走一小步也是很了不起的。所以，前人没有完全解决的问题，可以作为我们继续研究的选题。

三是匡正性论点（反着说）。补充性论点是对前人或旁人研究成果的肯定和发展，而匡正性论点是对前人或旁人研究成果的否定与纠正。比如，有的研究者发表文章提出“教师是社会代表者”的论点，有的研究者质疑这种观点的正确性和科学性，以“教师是社会代表者吗?”为题发表了商榷性文章。对同一问题会存在不同认识，产生不同观点，由此形成学术争论，这是科学发展的正常现象，也是科学发展的一条重要途径。正所谓“真理越辩越明”。比如，有人主张“语文教学首先必须尊重文本的价值取向”，有人主张“语文教学首先必须尊重学生的独特体验”，《语文教学通讯》为此曾经刊发了杭州市拱墅区组织的一场小学语文“专题辩论会”。通过辩论、辩驳、商榷、交锋，能使问题得到澄清，进而得到解决。因此，可以选择他人未完善、未讲清楚的问题进行研究。研究者往往需要走到问题的“对立面”、问题的“反面”、问题的“后面”，展开研究。

（二）规范取材

一方面论点是从材料中提炼出来的，另一方面论点又反过来成为材料取舍的依据，材料必须根据论点的需要进行淘汰和提炼。

要知道，教研论文不是材料的堆积。论文写作前，作者搜集到的大多是零乱的、孤立的、缺乏理论系统的原始素材。作者需要对这些素材进行梳理、整合、分析、提炼，才能得到文章论点。然后，作者再根据论点的需要，选取有用的材料，构建文章的框架，选择表达的方式。显而易见，论文材料受到了论点制约。因此，作者在取舍材料时，凡是能够表现论点的材料，都要给予充分的重视，并视具体情况做到详略得当；凡是游离于论点的材料，即使再生动再典型也只能忍痛割爱。

（三）支配结构

大家知道，教研论文的论点表达需要相应的结构支撑。从某种意义上说，文章结构是论点表达的外部形态，也是论点得以彰显的组织保证。一篇文章的论点确立后，接着就需要谋篇布局。一篇文章只有结构严谨，布局合理，线索清晰，层次分明，段落之间衔接自然，通篇文章浑然一体，论点才能鲜明突出，令人瞩目。反之，如果文章结构紊乱，思路不清，段落无序，即使再好的论点，也会被湮没在枝蔓丛生的结构之中。无数事例证明，只有论点驾驭结构，结构才能烘托出论点。

（四）驱动表达

为了将论点陈述清楚，老师们不可发散文字，而要集中笔墨，每个段落只讲一个意思。大家必须清楚，文中所有文字都必须围绕文章的中心论点来组织，以论点作为行文的驱动。因此，大家要反复对文章进行检视：自己的观点是不是讲清楚了？这些文字是不是服从于这个目标？如果不是，就应该删除这些文字。

好的论文往往文脉流畅、一气呵成、逻辑明晰。而要做到这点，老师们写作时就得时刻注意不要偏离论点。要谨记：凡是与论点有关的文字和材料可以保留，凡是与论点无关的文字和材料统统删掉。

要想把论文写得逻辑明晰，还要注意表述的层次和顺序。老师们必须明白：为了将论点讲清楚，自己需要呈现哪些论据，这些论据需要按照什么顺序呈现。很多老师通常表述得比较凌乱，有时候同一个意思反复讲，或者一个问题还没有讲透就跳到下一个问题。解决这些问题的办法，就是合并同类项，将讲同一个问题的文字放到一起集中讲完，不要在这一段讲一讲，在另一段又讲一讲。

二、论点表达原则

众所周知，语言是思想的载体，一个好的论点应该是思想和语言的完美结合。所以，提炼论点时语言的表达也很重要。论点表达应该遵循下列四个原则：

（一）观点正确

观点正确是论文最起码的要求。所谓正确，就是能科学地反映客观事物的本质，符合事物发展的规律。如何保证论点正确呢？一是要有科学的理论指导，坚持运用历史唯物主义和辩证唯物主义的世界观和方法论，观察事物，分析事物，剖析事物；二是要深入教学实践，坚持实事求是的原则，努力发掘教学实践中有意义的事件和问题；三是要努力学习，不断提高自己的理论修养，丰富自己的科学文化知识。毛泽东在《改造我们的学习》中指出："不凭主观想象，不凭一时的热情，不凭死的书本，而凭客观存在的事实，详细地占有材料，在马克思列宁主义一般原理的指导下，从这些材料中引出正确的结论。"正确的论点符合客观世界的真实，符合科学的发展规律，能给读者带来正面的积极作用。而错误的论点则会背离客观事实，违反事物发展规律，诱导读者误入歧途。如果一篇论文的论点不正确，就失去了这篇论文的意义和价值。

要想获得正确的论点并非轻而易举。它首先取决于材料的真实性，只有从真实的、全面的、系统的材料解读中概括出来的结论才可能是科学的。有的人主观上并不反对科学，但由于对材料缺乏全面深入的了解和分析，不自觉地陷入片面性思维，自然就得不出正确的论点。

比如，有人研究苏东坡写的歌伎词，论点是苏东坡的歌伎词透露了苏东坡的淫秽心理，论据是苏东坡在歌伎词中多写歌伎的眼睛、嘴巴、小腰身、小脚尖等，认为苏东坡特别关注歌伎的隐秘部位，是为了获得性满足。这种认识就非常肤浅，作者只从苏东坡写什么去认识问题，而没有从苏东坡为什么这样写去深入分析。其实，这样写是古人描写歌伎常用的手法。作者不是从全部材料中提炼论点，而是看了一部分材料就主观臆测，做出片面的判断，这样肯定无法提炼出有价值的正确论点。由此可见，论点是否正确，除了材料的真实外，还取决于思维方法是否科学。有时候，在真实的前提下也会得出错误的结论。

（二）观点明确

观点要明确。所谓明确，就是作者赞成什么、反对什么，应该明确表示出来，不能含糊其词，模棱两可。明确是对所有文章主题的一个重要要求，不过在论文中的要求更高。论文的写作目的，就是要将作者的观点告诉读者，力求让他们接受。如果读者不能在文章中找到作者的观点或者作者的观点模模糊糊，就很难说服读者。

要想提出明确的观点，先要学会准确表达观点。理想的教研论文的论点，应该是多一字嫌多，少一字嫌少，换一字则让人感到兴味索然。例如“从经验型教学走向思想型教学”，这个论点就表述得十分准确。短短十三个字，简明扼要地亮明了作者的主张：中小学教师应该有自己的教学主张，要从经验型教学逐步走向思想型教学。这个论点，无论是从思想内涵上还是语言表达上都达到了准确的标准。而要想准确表达论点，就要界定文章的核心概念。核心概念界定清晰了，研究的结果就不会被曲解、误解和滥用。比如，上面谈到的“从经验型教学走向思想型教学”这个论点，涉及“经验型教学”和“思想型教学”两个核心概念。只有让读者清晰地明白“经验型教学”与“思想型教学”的内涵和外延，读者才能准确无误地读懂这篇论文的核心观点。

写论文与开会讨论不同，开会讨论时假如你的主张让人产生误解，你可以当面解释，而写论文时假如你的论点让人产生误解，你没法给读者做出及时解释说明。所以，写论文时，首先要把讨论的边界划定清楚，让读者明白你要讲什么问题。从作者的角度看，明确论点就是要“想清楚、讲明白”；而从读者的角度看，明确论点就是能“看清楚、读明白”。

写论文要有明确的中心和主题，才能有的放矢地引用论据、阐明道理。因此，立意明确是展开论述的基础和起点。然而这个简单而重要的要求，却往往被一些老师所忽略。我们常常能读到一些教研论文，篇幅很长，洋洋洒洒，旁征博引，但所表达的中心意思却模棱两可，核心观点、中心论点、主要主张都不甚明了。之所以造成这样的问题，应该有主观原因和客观原因两个方面。主观上看，可能是作者缺乏写作的分寸感和对象感，自以为把问题讲清楚了，没有从读者的角度考虑表达的方式和效果；客观上看，可能是由于论题比较复杂或论述范围较大，作者难以把握，结果使文章成为材料的堆砌，虽然引用了不少理论论据和事实论据，但是不能形成自己的观点和思路。

比如，有的老师想写一篇有关“应该如何认识学生的上进心”的论文，他罗列了六位老师的观点：第一位老师认为“上进心的本质是自尊心。有的学生表面看起来大大咧咧、不求上进，其实有非常强烈的自尊心”；第二位老师认为“每个人都渴望上进。班主任要善于给学生创设上进的平台，让每个孩子都能插上飞翔的翅膀超越自己”；第三位老师认为“上进心也有成长过程。老师不能只关注学生成长的结果，还应该关注学生成长的过程”；第四位老师认为“上进心往往与道德无关。有些学生表面上看不思进取、自由散漫，实际上他们的上进心并未完全散失，只是语言的巨人、行动的矮子，这是心理问题不是道德问题”；第五位老师认为“不爱学习并非不上进。有的孩子虽然学习成绩比较差，但是其他方面却非常好。学习成绩固然重要，全面发展却更重要”；第六位老师认为“每个人都有自己的成才之路。教师应该尊重学生的个性差异，鼓励学生走上适合自己的成才之路”。虽然通篇谈的都是如何看待学生的上进心这个问题，但是，列举的都是别人的观点，没有亮出作者自己的观点。这样的论文，论点就不够明确。

（三）观点深刻

观点要深刻。所谓深刻，是指作者的见解要深入事物的内部，是对事物本质的反映和揭示，而不仅仅是对事物表面现象的一般描述。深刻的论点，发人之未发，言人之未言，能给人以启发和教益。

观点要深刻，就要排除表面现象的干扰。为此，必须做到两点：

一是不满足于感性渲染。如，有篇文章谈到有些青年教师不珍惜学校提供的专业发展机会和条件，消极应付工作，作者批评这种现象说："有的老师总是抱怨自己的起点低、条件差、时间紧，却不珍惜学校给青年教师提供的资源平台和学习机会，专业学习三天打鱼两天晒网，这样做怎么能对得起学校、对得起学生、对得起自己？"这种说法自然没错，但是，这只是一种感情的表白，不是概述性的议论。议论是一种理论思维，它不仅要有高度的概括性，而且要有严密性和深刻性。这篇文章之所以未能上升到理论高度，不完全是作者缺乏抽象议论的能力，是由于作者没有找到从特殊事物到普遍议论之间的联结点。

二是要找到特殊与普遍之间的过渡性概念（或联结点）。评述性议论文的抽象概括是从找到过渡性概念开始的。这个过渡性概念，既要有具体的一面，又要有抽象的一面。任何一种特殊的事物，都与某种普遍性相联系，任何一件偶然的事物都和必然性相联系。要进入抽象的理论领域，关键在于找到与两个方面相通的联结点。

对于上面那篇文章提到的现象，如何找到特殊事物与普遍议论之间的"联结点"呢？我们可以这样思考：三天打鱼两天晒网的特点是间断性、碎片化、临时性的，而专业发展需要的业务学习应该是连续性、系统化、经常化的。专业发展需要青年教师持之以恒、不断努力。这样概括显然是成功的。它把三天打鱼两天晒网的特点概括为间断性、碎片化、临时性，与专业发展需要的连续性、系统化、经常化形成对立统一的关系，这就上升为理论的联结点。

（四）观点集中

观点要集中。所谓集中，就是把分散的集合在一起。大家知道，一篇论文往往要表达几层意思，或涉及多方面的内容，但是，不同的意思或内容都应该围绕一个中心论点来构思和阐述，绝对不能"多中心"或"无中心"。一篇论文不能同时表达多个核心观点，否则就会头绪纷乱，杂乱无章。因此，提炼观点的过程，也是一个不断调整思路、提炼主题的过程。一方面，我们要把论述的内容分出主次，理清逻辑关系，突出中心论点；另一方面，也要对同类内容进行筛选，以避免同义反复，啰唆重复。

观点要集中，其实就是立意要集中。立意的集中与缩小选题范围有关，但又不完全相同。同样的选题，可以有不同的立意；在确定选题之后，还有不同立意之间的选择和提炼问题。例如"高中生散文写作研究"，如果把选题缩小到"高中生状物写景散文写作研究"这个范围，那么可供考虑的中心或主题也是多角度、多方面的。比如“状物写景中的‘摹状赋形’”“状物写景中的‘移觉传神’”“状物写景中的‘以动写静’”“状物写景中的‘妙喻连珠’”“状物写景中的‘反衬对比’”等，这五个方面的写法研究都是围绕中心话题“高中生状物写景散文写作研究”展开的。因此，在论文选题确定后，需要对论题所涉及的思想内容进行更全面、更深入的思考，在比较分析的基础上，提炼出所要表达的核心理念，也就是立意的集中。

上面我讲了论点发挥的四个作用和论点表达的四个原则。下面我再讲讲论据的四大类型以及论据表达的四个原则。

三、论据四大类型

提到论文，人们往往就会想到“摆事实、讲道理”六个字。“摆事实”用的就是事实材料，“讲道理”用的就是理论材料。由此可见，论据有两大类，一类是事实材料，一类是理论材料。另外，有的论据属于直接材料，有的论据属于间接材料。下面，我根据张肇丰研究员所著《从实践到文本：中小学教师科研写作方法导论》一书中关于“材料的基本类型及其作用”的内容，谈谈论据的四大类型。

(一)事实材料

所谓事实材料，其实就是用来论证论点的事实。事实材料是对客观事物真实的描述和概括，具有直接现实性的特点，因此是证明论点最有说服力的论据，所谓“事实胜于雄辩”就是这个道理。

事实材料包括具体事例、概括事实、统计数字、亲身经历、各方反应等。在教学研究中，事实材料的分量要比理论材料的分量还要重一些。一项教学实践的研究成果，可以没有充分的理论论据，却不能缺少事实论据。在大多数教师的论文里，各种具体事例是事实论据的主要成分，其表现形式包括具体的情境描述和概括的具体情况，研究者应根据需要选择收集和整理论据的形式。

在收集事实材料方面，容易忽略的是有关教改实践的参与者的感受和反应；而研究要达到一定的深度，这方面的论据是必不可少的。教改实践的参与者，包括研究者本人，但更值得关注的是“在场”的其他参与者。例如研究一堂公开课，除了记录执教教师的现场表现外，执教教师、学生和听课教师的感受和反应也是值得关注的。这些主观性的感受经过归纳提炼，可以成为理论材料，但这种状态的论据本身又是事实材料。

（二）理论材料

所谓理论材料，其实就是论证论点的理论。用来讲道理的理论，一般是被普遍认可、无须证明的公理。理论论据包括各种经典著作、理论流派、公式定理、名家言论、研究结论以及民间俗语等。理论是知识的系统化，是人类智慧的结晶。不同的理论在一定程度上代表了人们对事物的深入思考，因而具有一定的权威性和影响力。有些理论经历了实践的检验，确认了它的解释力和可靠性，就会被人们称为真理或定理。因此在论文写作时选用一些理论论据，有助于增强文章的说服力，这就叫引经据典。

需要指出的是，也许是出于权威性的考虑，在论文写作中，名人名言常常被引作论据，而民间话语往往会被轻视。民间话语由于“人微言轻”，很容易被研究者所忽略。然而民间话语往往代表一定程度的“民意”，引用得当往往可以起到意想不到的作用。例如，对课程改革成败得失的评价，专家们的意见分歧较大，而他们发表意见时又往往以教师和学生的代言人自居。如果能在调查研究的基础上，收集整理并引用一些生动活泼的民间话语（如“素质教育轰轰烈烈，应试教育扎扎实实”），一定会有一定的启发性和说服力。此外，在研究教师课堂教学时，引用学生对课堂教学的感受、评价和意见、建议，也都具有一定的可行性和说服力。

（三）直接材料

依据材料的来源和获取方式，材料可以分为直接材料和间接材料，或者是一手材料和二手材料。

所谓直接材料，就是作者在亲身经历中接触到的具体事物，如通过观察、访谈、调查、实验等方式得到的各种材料。直接材料一般是由作者对现场情况的收集、记录、整理而获得的，因此又被称为一手材料。由于一手材料具有较强的真实性、可靠性，因而深受研究者的重视。直接材料一般是指具体的事例、数字等事实材料；而一手材料除了事实材料外，有时还指作者通过某种途径获得的比较稀缺的历史资料或外文资料，包括事实材料和理论材料。

（四）间接材料

所谓间接材料，一般是指通过查阅文献或由他人提供的材料，也就是二手材料。间接材料是他人对直接材料处理的结果，反映了研究者对事实的观察和思考。二手材料虽然距离事实和现场较远，但它却是研究和写作不可或缺的参考材料。因为我们所有的研究都是建立在前人研究的基础上的，只有广泛阅读借鉴前人的研究成果，才能使自己避免重复研究，才能有所突破和创新。

不同的论文类型和研究选题，对材料的要求也不尽相同。经验总结类的论文需要以直接材料为基础，而学术性和综述性的论文则必须依靠间接材料。目前中小学教师的教研论文，对直接材料的收集和应用还不足，怎样在掌握一手材料的基础上写出有质量的论文，应该引起足够重视。

此外，按照材料的表现形式，还可以分为书面材料和口头材料。书面材料容易保存、整理和传播，是论文材料的基本来源。口头材料由于口耳相传，缺少稳定的语言载体，因此收集难度较大，容易受到忽视。不过，一些知名人士的话语得到了研究者的青睐，并反映在访谈录、口述史等文本形式中。在教研论文中，专家和名师的“名人名言”经常被研究者引用，起到了独特的论证效果。

四、论据表达原则

老师们，在论文中，论据是证实论点的基础。只有确凿有力的论据才能使论点站得住、站得牢，让人确信无疑。这种论据应该是真实的、可用的、充分的、典型的。

下面，我主要根据杜兴梅教授在《学术论文写作 ABC》中关于“学术论文的论据”的相关论述，结合自己的理解认识，谈谈论据在教研论文中的四个表达原则：

（一）材料真实

文章的生命在于真实。真实就是合乎实际情况。无论写新闻作品、理论文章，还是应用文章，材料一定要真实。文章中涉及的人应该确有其人，文章中涉及的事应该确有其事。如果作者使用虚假或虚构的材料，就有可能引出错误的观点，导致错误的结论。

选用论据的第一标准，就是论据必须真实。所谓真实，是指作为论据的材料是客观存在的，不是虚构想象出来的。只有真实的论据，才能论证论点。论据不真实，论点就是空中楼阁，所以必须严格检查事实材料的可靠性和理论材料的准确性，注意调查核实，不能道听途说，断章取义。

历代文论家都强调文章的选材要真实。刘勰提出写文章要“事信而不诞”，即事实确实可信而不荒诞。

大家知道，韩愈是唐代杰出的文学家和政治家，被后人称为“唐宋八大家”之首，后人将他与柳宗元、欧阳修和苏轼合称“千古文章四大家”。初中语文教材里的《马说》和高中语文教材里的《师说》都是韩愈的作品。就是这么一位文章大家，也曾蒙受过后人强加的“冤屈”。几十年前，有位研究者写了一篇论文，认为韩愈的《祭鳄鱼文》“是中国文学史上弄虚作假、欺世盗名的一篇罕见的杰作”。他提出的论据之一就是：“这位自称不信佛不信神仙的儒家大师，竟能使鬼神呼风唤雨，当天晚上就‘暴风震雷，起湫水中。数日，水尽涸’，鳄鱼们乖乖地‘西徙六十里’，‘自是潮州无鳄鱼患’。”这个论据给人的感觉是，韩愈自吹自擂，说他自己能使鬼神呼风唤雨。而事实上，研究者提出的是一个虚假论据。他提出的论据，并非出自韩愈的《祭鳄鱼文》，而是出自《旧唐书·韩愈传》中的相关记载。

元和十四年（819），韩愈因谏迎佛骨，触怒了唐宪宗，被贬为潮州刺史。他刚到潮州，就听说境内的一条恶溪中有鳄鱼经常伤害百姓。一天，又有一个百姓被鳄鱼吃掉了。韩愈知道后很着急，心想鳄害不除后患无穷，便下令宰猪杀羊，决定到江边设坛祭鳄。他在渡口旁边的一个土墩上，摆了祭品，点上香烛，对着溪水严厉喊道：“鳄鱼！鳄鱼！韩某到这里来做刺史，为的是保土护民，可你们却在此祸害百姓。姑念你们无知，不加惩处，限你们三天之内离开，三天难走五天也行，五天不行七天也行，但是，如果七天还不走，不要怪我严厉惩处！”七天后溪中鳄鱼果然不见了，所有鳄鱼都离溪出海到南洋去了。这件事情记录在《旧唐书·韩愈传》里。历史上，韩愈治鳄确有其事，与鳄鱼相约也是真的，但这不过是作为地方长官的韩愈表示驱除鳄鱼的决心和措施，旨在鼓舞当地民众的信心，消除他们惧怕鳄鱼的恐慌心理。他写的《祭鳄鱼文》中并没有写到驱除鳄鱼的结果，更没有把自己吹嘘成降妖除魔的英雄。民间传说与《旧唐书》里谈到的驱鳄结果，只是人们为了纪念他的功绩而对韩愈的神化。而这并非韩愈的错误。作者张冠李戴，将《旧唐书·韩愈传》里的记载强加到韩愈的文章《祭鳄鱼文》里。这种“移花接木”的虚假论据，自然不能证明《祭鳄鱼文》“是中国文学史上弄虚作假、欺世盗名的一篇罕见的杰作”这个论点。

选取作为论据的材料时，一定要反复核实，不可主观臆测、想象补充。我们要向马克思学习，他从不满足于间接得来的材料，总要找原著寻根究底，不管这样做多么麻烦。即便是为了证实一个不重要的事实，他也要特意到大英博物馆去一趟。他的巨著《资本论》引用的材料有一千余条，只有一条被人怀疑过，但经过查对，最后证明这一条也准确无误。

严肃的论述尽可能不用第二手材料。历史学家宁愿不信司马迁关于三皇五帝的记载，而去相信乌龟壳和青铜器，与法官宁可根据证据而不根据犯人口供判决一样。这说明，即使是第一手材料也要选用不带主观色彩的为宜。在科学研究中，即使是第一手材料也要核实。凡引用原文，不论是权威的，还是论敌的，都要仔细核对。记忆往往靠不住，即使像鲁迅那样博闻强识的人，记忆也难免有误。我们在《鲁迅全集》的注解中看到不少这样的例子。

（二）材料可用

所谓可用，是指论据能够证明论点。如果论据不能证明论点，论据即使是真实的，也是毫无意义的。

文中列举的事例所揭示的道理要与中心论点一致，否则论据就和论点脱节。比如，有人在论证“弯腰也是一种智慧”时，选用了牛根生的例子：“生命的负载过多，勇敢的弯曲，卸下那份多余的沉重，迎接你的将是朗朗晴空。今天没人指责他曾经的那段污浊的过去。二十年前，他为了哥们儿义气动手打人，坐了班房。二十年后，他勇敢地弯腰，放下曾经的卑微，卸下曾经的污浊，几经磨砺，他成功了，他坐上了中国蒙牛集团老总的位置。他就是牛根生，一个新时代的人物。他的人生之路越来越宽广，面前的天空愈来愈晴朗。”这个论据与中心论点不太吻合。试想一下，在那个时代坐过班房，无异于在自己的人生之旅涂上黑黑的一笔，出了班房本来就抬不起头、直不起腰，又何谈“弯腰”？面对自己的污浊，怎能用“勇敢”“卸下”来评判？这样的弯腰恐怕是无奈之举。所以，这个论据不适合这个论点。

郭沫若是我国一代文坛泰斗，他曾经把李白和杜甫誉为“中国诗歌史上的双子星座”。然而，他却在1971年出版的《李白与杜甫》一书中，为了证明李白诗歌的“平民性”，用了李白的《陪侍郎叔游洞庭醉后三首》（其三）“划却君山好，平铺湘水流。巴陵无限酒，醉杀洞庭秋”作为佐证。并在“酒到底是从哪里来的”问题上大做文章：“酒在古代是专用稻粱酿成的”，要有“巴陵无限酒”，就需要稻粱大丰收。李白“划却君山”，正是为了扩大耕地面积，造田种稻米，把米做成酒。因此，“李白的‘划却君山’的动机，应该是真正为了人民”。其实，李白这首诗，只是诗人醉后所抒发的一种不平之气，一种奇想。李白这种借酒抒发愤懑之情的诗还有很多，其实质与“平民性”毫无关系。

郭沫若在拔高李白的同时，却对杜甫的《茅屋为秋风所破歌》苛严备至，指责诗人“在诉说自己的贫困”，“却忘记了农民们比他穷困百倍”；甚至对“八月秋高风怒号，卷我屋上三重茅”中的数字进行了一番考察：“屋顶上的茅草有三重”，“这表明老屋的屋顶加盖过两次。一般说来，一重约有四五寸厚，三重便有一尺多厚”，从而得出结论：“这样的茅屋是冬暖夏凉的，有时候比起瓦屋来还要讲究。”尽管杜甫住的是茅屋，可他过的是地主的生活，并由此说明，“诗里面是赤裸裸地表示着诗人的阶级立场和阶级感情的”。

郭老的这种认识是主观的、片面的，原因在于他主观臆测、任意推测，不能客观对待论据并进行实事求是的分析。

（三）**材料充分**

所谓充分，就是需要有适当数量的材料作为论据，使论点得到充分有力的支持，这样的论点才会使人深信不疑。理由是否充分，决定论点能否成立，所以，论据不仅要求真实与适用，而且要求充分。如果没有充分的论据和严密的论证，就很难证明自己的论点。

一要把事实摆足。老师们平时要多读书、多看报、多听广播、多看电视，把新鲜的事物、重大的事件、突出的人物、典型的事迹以及各种相关的统计图表记录下来，这样日积月累，一旦需要，就不怕找不到材料，找不到论据。

二要把道理讲透。只摆出事实还不行，还必须在摆事实的基础上充分地讲道理，让事与理融合在一起。作为论据的道理，应该是经过检验的，它的正确性应该是公认的。同时，引用的论据应该有出处，尽可能占有第一手材料。当然，直接引用伟人、名人、名师的论断、名言、名句，会使文章更有说服力。

有人为了增强研究的可信度或理论性，以为理论依据越多越好，在一篇论文中列出许多理论依据。我们发现，这些列出的理论论据，并不取决于研究的实际需要，而是取决于研究者的主观认为。事实上，很多情况下，理论依据越多，问题就越多。有的作者列出的理论依据有四五种，而在实际研究中真正用到的只有一两种。这样，前面列出的理论依据与后面的研究与行文出现了不相符的情况，所列出的理论依据也成了花架子、空壳子。

论证的关键常常在那些看来不言而喻的地方，运用自己的语言给出直接明确的概括，把那一点微妙之处捅破，否则，你的论证仍然是隔靴搔痒，打不中要害，说不到点子上。一般来说，好的“讲道理”都有一些别出心裁的语言，如果一点也没有，那就未免有些呆板了。

（四）材料典型

一方面论据要充分，数量要多；另一方面论据要典型，并不是越多越好。所谓典型，是指作为论据的材料具有代表性，最能反映事物的本质，可以起到以一当十、以少胜多的作用。

生活中的事物有必然性与偶然性的区别，一般情况与个别情况的差别。只有从事物的一般情况及其与内部的必然联系出发去掌握事实，才能使事实胜于雄辩，所以，选择论据要注意排除那些偶然的、个别的事例，选取那些最能反映事物本质和规律的典型材料。

比如，一名记者在一篇文章中谈到一个观点“落后就要挨打”，他选用了一个材料：1901 年 2 月 3 日，入侵我国的八国联军统帅德国人瓦德西给德皇威廉二世写了一个“奏议”，其中有这样几句话：“（中国）武备之虚弱，财源之衰竭，政象之纷乱而论，实为一个千载难得之实行瓜分时机！”这条材料非常典型，很能说明帝国主义的本质。从某种意义上讲，这种自供状更能说明问题。所以，也有人说，选择论据在于精，而不在于多。

比如，有的老师在面对家长该不该替孩子背书包这个问题时，提出自己的主张：“家长背书包，学生倒是轻松了，可是，家长帮孩子包办事务，学生能很好地成长吗?”他说：“我在少年时，吃饭常常把米粒掉得满地都是，还经常把剩饭倒掉。有一次，父亲让我一起到田里挑稻谷，六十斤的担子压得我肩痛腰弯、汗流浃背，可是父亲并不过来帮我挑担。等我把稻谷挑回家中，全身瘫软如泥。从此之后，我不但懂得爱惜粮食，做别的事也不怕吃苦。”这件事情告诉我们：要让孩子从小养成好习惯：自己的书包自己背，自己的事情自己做。这个论据就不是普通的论据，而是典型的论据，它通过一个个体事例，论证出带有普遍意义的论点。

再比如，为了论证“生于忧患，死于安乐”这个论点，作者列举了我国历史上六个圣君贤臣的事例：“舜发于畎亩之中，傅说举于版筑之间，胶鬲举于鱼盐之中，管夷吾举于士，孙叔敖举于海，百里奚举于市。”他们的经历具有惊人的一致性，即在成为圣君贤臣之前，都是卑微的小人物，且饱受挫折与磨难，但他们最后都从中走了出来，成就了一番大业。作者所列论据都是历史名人的事迹，极富代表性与典型性，具有很强的说服力。

老师们，本讲我从四个方面讲了教研论文的论点和论据。先讲了论点的主要作用和表达原则，然后又讲了论据的主要类型和表达原则。这些内容和上一讲一样，讲的都是教研论文“写什么”的一些常识，希望能对大家有所帮助。

参考文献

[1] 杜兴梅. 学术论文写作 ABC [M]. 广州：广东高等教育出版社，2010：72-86.

[2] 林可夫. 基础写作概论 [M]. 福州：福建人民出版社，1985：426-430.

[3] 徐有富. 学术论文写作十讲 [M]. 北京：北京大学出版社，2019：295-315.

[4] 张肇丰. 从实践到文本：中小学教师科研写作方法导论 [M]. 上海：华东师范大学出版社，2011：122-126，129-130.

第四讲　教研论文的基本结构

本讲提纲

一、论文基本结构

（一）论文结构

（二）绪论模块

（三）本论模块

（四）结论模块

二、绪论犹如凤头

（一）开门见山

（二）设问导入

（三）提示范围

（四）解释概念

三、本论当如猪肚

（一）论据数量

（二）论据质量

（三）本论结构

（四）论证方法

四、结论恰如豹尾

（一）得出结论

（二）解释说明

（三）提醒读者

（四）展望未来

老师们，说到教研论文的结构，并没有固定模式。金人王若虚在《文辨》中说："定体则无，大体须有。"所谓"定体则无"，指的是没有固定的结构模式；所谓"大体须有"，指的是须有一般的结构规则。不过，教研论文"大体须有"的结构规则，应与人的思维程序保持一致，一般按照"提出问题、分析问题、解决问题"的顺序展开。这个思维程序展开的顺序外化为教研论文的结构，就形成了教研论文的绪论、本论和结论三大部分。这三大部分共同组成教研论文的基本结构。

关于论文基本结构的论述，在我看到的文献中，当属张肇丰研究员所著的《从实践到文本：中小学教师科研写作方法导论》中第七章第一节"论文的篇章结构"讲得最为精当，本讲的框架和灵感主要来自本书。此外，杜兴梅教授的《学术论文写作 ABC》以及其他相关文献，也给了我许多启发和帮助。下面，我就结合自己的编辑体会和对相关文献的学习心得，谈谈教研论文的基本结构。

一、论文基本结构

为了说明论文结构的功能，有人打了一个很有意思的比方，说论点就像论文的灵魂，论据就像论文的血肉，而结构就像论文的骨骼，这个比方非常生动形象。由此可见，论文的结构非常重要。如果一个人的骨骼出现问题，这个人就不会是一个健康的人。同样，如果一篇论文的结构出现了问题，这篇论文就不会是一篇优秀论文。只有良好的论文结构，才能把论点和论据有机统一起来，才能保证教研论文的高质量。因此，对教研论文的结构的研究就显得十分重要。

（一）论文结构

结构是论文内部构造的外在体现。论文的结构，既包括绪论、本论和结论这些内容方面的基本结构，也包括标题、署名、摘要、关键词、引言、正文、致谢、参考文献和附录等格式方面的结构。格式方面的结构，我将在下一讲里讲解。本讲只涉及教研论文的基本结构，即教研论文主要内容的结构安排与布局。

结构在论文写作中意义重大。结构安排得当，能使文章论点突出、层次分明、逻辑严密，论文就会显得完整、严谨、顺畅、匀称，所以，多数作者在行文之前都会安排一个总体构思。

（二）绪论模块

教研论文的结构形态可谓千姿百态，但所有的变化都是在它的基本程序上展开的。教研论文结构的基本程序，与人们的思维程序是一致的，一般都遵循提出问题、分析问题、解决问题的顺序展开，这一思路外化为教研论文的结构，就形成了绪论、本论和结论三大模块。

绪论又叫引言、导言、引论等，它是教研论文的引子，也是教研论文的“推销者”，它的主要目的是引起读者的阅读兴趣，“说服”读者愿意花费时间去读这篇论文。一般来说，绪论的内容主要包括：提出研究的问题，阐述研究的目的，说明研究的意义，有时还要界定主要概念，评述前人的研究成果，说明本文的研究方法和论证方法等。简单地说，绪论部分起码要讲清楚两个问题：一是你研究什么问题，二是你为什么要研究这个问题。

（三）本论模块

本论又叫正文，是教研论文的主体部分和核心内容。一般来说，作者的观点、选用的论据、必要的论证，都在本论部分。教研论文的水平高低、价值大小，也主要取决于本论部分的写作质量。

大家知道，论文有三大要素：论点、论据和论证。在第三讲中，我已经讲过教研论文的论点和论据。所谓论点，是作者以判断的形式对研究的问题提出的看法、观点和见解；所谓论据，是用来证明论点的根据，是证明论点的事实材料和理论材料。至于论证，则在于揭示论点和论据之间的必然关系，所以，论证是写好本论的关键所在。在本论部分，作者要力求做到论点明确，论据充足，论证严密。

（四）结论模块

结论应当是教研论文的自然收束，是论证的主要结果或总体结论，是对研究成果的高度概括。结论对论文而言，起着概括、总结、强调和提高的作用。结论部分主要包括：总结基本论点，提出解决问题的策略与方法，指出有待进一步解决的具体问题，以及今后的研究方向和途径等。需要注意的是，结论必须是绪论中提出的论题、本论中已经得到证明的结果，千万不能空穴来风，更不能妄下结论。

再说一下教研论文的基本结构在论文中的顺序，主要表现为三种基本模式：

一是总分总式，即按照“提出问题—分析问题—解决问题”的思路安排文章层次段落。一般在绪论部分提出问题，明确全文的中心论点；本论部分设置若干分论点，从不同角度进行具体阐述；结论部分在以上分析的基础上，进行归纳，得出结论。这种模式，结构严谨，层次清晰。绪论中提出的问题，经过正文部分的充分论证，结论自然是水到渠成。这是教研论文中最常见的一种结构形式。

二是分总式，就是先就某个问题从几个方面比较分析，再归纳总结出中心论点，这种结构形式叫分总式。

三是总分式，就是开头先提出中心论点，统领全文，然后再分别从几个方面去论证，阐明中心论点；或开头引出错误论点，然后摆事实、讲道理，批驳错误论点。

关于论文结构三大部分的特点和写法，存在各式各样的说法，元人陶宗仪在《南村辍耕录·卷八》中记载元曲作家乔梦符提出散曲作法可归纳为“凤头、猪肚、豹尾”六字，大意是说散曲创作“起要美丽，中要浩荡，结要响亮”。后人逐渐将这种提法引申开去，把它当成文章的一种重要结构方法。对于教研论文的基本结构，拿这种比喻来说明也贴切。这六字要诀，虽不是专门针对教研论文提出来的，但反映了教研论文写作的一般规律和经验总结，值得借鉴思考。

二、绪论犹如凤头

有人说“良好的开端是成功的一半”，这话一点也不假。教研论文的开头也是这样，开头部分一定要写好。有了良好的开头，不仅能使教研论文顺利展开，而且还能抓住读者，引人注目。古人将文章的开头比为“凤头”就含有这个意思。顾名思义，就是文章的开头要像凤凰的头那样，小巧精致，富有魅力。

论文的开头就是绪论，绪论的主要作用是交代研究背景，说明研究的目的意义。一般说来，论文的开头应该用简明的语言把研究什么问题、为何研究这个问题等说清楚，然后快速进入论文的主体——本论部分。如果论文开头就长篇大论，十分啰唆，不仅难以引起读者的阅读兴趣，而且也会反映出作者的写作思路不够清晰，论述主题不够明确，让人读来不知所云、不得要领，所以开头要引人入胜、紧扣主题。

论文开头的方式多种多样，比较常见的有以下几种：

（一）开门见山

从字面上看，所谓“开门见山”就是打开门就看见山，比喻说话作文直截了当，不拐弯抹角。这样的开头，让人一看或一听就知道作者要讲什么，不用费尽心思去猜去找。这种直接入题的写法，可使读者迅速把握文章的主要话题。开门见山的好处，归纳起来就十二个字：一目了然，清楚明白，直截了当。

例如浙江余姚瑞云学校的丁再军老师在《中小学教材教学》2021 年 11 期上发表的文章《指向学生学习能力提升的小学英语思维导图作业》，其中的绪论就是这样的例子，请看：

《义务教育英语课程标准（2011 年版）》指出："适量、有效的课外作业是学生英语学习的重要组成部分，对学生巩固所学知识，形成运用能力以及提升综合素养起到重要的作用。"从"关注教"到"关注学"的今天，作业更体现为学生在教师引导下提升英语学习兴趣、培养自主学习能力和掌握学习策略的有效方式。但在目前的小学英语教学中，作业布置存在的问题相对较多，主要体现为作业培养目标不清、形式内容不新、层次较为单一等。为了解决这些问题，笔者尝试在英语书面作业中引入思维导图，力求利用思维导图作业提升学生的自主学习能力。

（二）设问导入

在绪论中提出问题，进而引出论文的基本内容或主要观点。

例如首都师范大学心理学院的邵思洋教授在《中学语文教学》2021 年 12 期发表的文章《自我效能理论在写作教学中的应用》，绪论部分就采用了设问的方法：

写作不仅是个语文问题，也是个心理问题。在写作学习中，很多学生常常处于被动地位，他们感受不到这个活动是属于"我"的，因而挫败感多于成就感。对此，我们不妨借助心理学中的自我效能理论来审视写作教学，让学生感到写的过程也可以有游戏般的快乐或散心式的放松。这是写作教学的应有之效。

"自我效能感"是美国著名心理学家班杜拉在 20 世纪 70 年代提出的，即"相信自己具有组织和执行行动以达到特定成就的能力的信念"。对学生写作而言，"自我效能感"则表现为他们对自己在多大程度上能完成协作任务的自信程度。随着新课程改革的深入，教育教学工作越来越注重学生的主体地位以及学生的心理健康。中学生正处于人生观、价值观形成的关键期，其心理尚未成熟，对自己还没能形成正确的价值判断，处于"自我效能感"发展和培养的黄金期。

如何帮助学生提高写作的"自我效能感"？大量文献表明："效能信念通过四种主要过程调节人类活动：认知、动机、感情和选择过程。"这四种调节对树立学生的写作自信很有启发意义：认知，是让学生认识到写作不仅是为了考试，它对抒发心声有着不可替代的作用；动机，是激发学生的写作欲望，给他们一个写作的理由；感情，是通过写作教学使学生产生对写作的信赖和对生活的厚爱；选择，是在写作教学中赋予学生写什么和怎么写的自主权。

将班杜拉的“自我效能感”理论融入写作教学，鼓励学生树立写作的“效能信念”，可以有很多尝试。

（三）提示范围

绪论部分提示本文的论述范围。例如上海师范大学教授吴忠豪在《语文建设》2020 年 9 期（下半月）发表的文章《语文教学内容科学化的三次探索》，其绪论是这样写的：

20 世纪 20 年代开始，我国语文教材从文言文改为白话文编写，揭开了现代语文教学新的一页。白话文语文教材的编写方法主要是文选型，注重选文质量，但是篇目间缺少内在的语文知识体系，序列性差，使得语文教学内容缺乏科学性和连贯性。这是长期困扰语文教材编写和语文教学的重大问题。因而，追求语文教学内容的序列化，使其形成科学、合理的结构体系，一直是语文课程与教学论专家和语文教材编写者研究的热点。

现行统编语文教材改变了原来语文教材按人文主题组织单元的方法，采用双线组织单元，每个单元安排人文主题和语文要素，其中语文要素明确呈现了每个单元语文知识、能力和方法策略等方面的教学内容，前后联系，循序渐进。有教师认为统编教材化解了语文课“教什么”的难题，是一大亮点，也是我国语文教材编写的一大创新。说“亮点”固然不错，论“创新”未免言过其实。因为自 20 世纪 20 年代白话文语文教学开始，语文学界对语文教学内容科学化的探索就一直没有停止过，统编教材推出的中高年级系列化的语文要素，是现代语文教材编写史上对语文教学内容科学化的第三次探索。本文着重介绍 20 世纪 50 年代以来我国语文教学内容科学化的三次探索，并对其进行适当评价。

（四）解释概念

绪论首先解释论文题目或正文中出现的基本概念，然后引出文章的主要内容。

例如福建仙游县教师进修学校王金炼老师在《语文建设》2021 年 10 期（下半月）发表的文章《如何让课堂评价成为撬动阅读教学的支点》，绪论部分就对“教学评一体”的概念进行了解释，并引出了文章的主要内容：

促进学生学习是评价的根本目的。在终结性评价和形成性评价中，需要强化形成性评价，因为形成性评价更有利于发挥评价的诊断和反馈功能，从而达到改进和完善学习的目的。《义务教育语文课程标准（2011 年版）》指出："形成性评价关注学习过程，有利于及时揭示问题、及时反馈、及时改进教与学活动。"认定"形成性评价和终结性评价都是必要的"，建议"加强形成性评价"。课堂评价属于形成性评价，对于改进和完善学习具有更大优势。但是，或因旧观念的作祟，或因对新理念的误解，小学语文课堂评价长期深陷误区，尤其是在阅读教学中，低效、无效的课堂评价一直是提高教学质量的障碍。

"教学评一致"是近年来引进我国的概念。最早提出这一概念的是美国教育心理学家科恩，经多年研究，他认为美国学校教育的平庸，更多归因于教师的教学目标、教学实践以及教师评价三者之间的不一致；反之，无论是禀赋优异的学生还是天赋一般的学生，都可取得预想的成绩。国内对"一致性的关注肇始于教育质量监测时代自上而下的政策驱动，且重点是终结性评价即考试如何与课程标准匹配上"。随着研究的深入，"教学评一致"中的"评"已不限于质量监测等终结性评价。鉴于形成性评价在促进学习中的优势地位，日常性的课堂评价更应该与教、学一致。现在"教学评一致"已被视为有效教学的基本原理。而课堂教学情境中的三者"一致"与质量监测等终结性评价所追求的"一致"内涵其实有别，将其表述为"教学评一体"更为贴切。"教学评一体"的"评"，可以成为推动、改进和完善教与学的支点。本文拟对如何让阅读教学的课堂评价成为撬动"教"特别是"学"的支点进行初步探讨，以求教育方家！

此外，还有绪论部分交代论文写作的背景、缘由或者介绍课题研究的意义、价值等方法。

例如语文出版社的唐飞老师在《语文建设》2020 年 9 期（下半月）发表的《学生参与的作文批改更有效——跟叶圣陶先生学批改作文》，绪论部分就交代了论文写作的背景和缘由：

1980 年，吕叔湘先生在为《叶圣陶语文教育论集》一书所写的序中说："按说这本集子里边的文章大部分是解放以前写的，为什么现在还没有过时呢？这是因为现在有很多问题表面上是新问题，骨子里还是老问题，所以这些文章绝大部分仍然富有现实意义。"叶圣陶先生是中国现代教育史上的著名教育家，他从 1900 年起从事教育工作七十余年，当过小学教师、中学教师、大学教师。他不仅是一位教者，也是众多教科书的作者、编者，而且是研究者、组织者和领导者。他关于教育，尤其是语文教育的论述，能够切中肯綮、鞭辟入里，揭示教育的本质与规律，并超越语文学科，具有普遍指导意义，是常读常新的经典、教育智慧的源泉。

在很多人眼里，作文是语文教育的老大难问题之一。为此，众多研究者想了很多办法，做了很多探索。不断有人声称发现了作文得高分的密码，但从实际教学效果看，却很难让人满意。批改作文是作文教学的一个重要环节。对于这个环节，叶圣陶先生是怎么看的？他的看法对我们有什么借鉴意义？

绪论的写法还有很多，如列举事例、引用名言等，但是不管采用哪种方法，绪论部分都应该开门见山，直接入题，让读者迅速把握文章的主要内容，千万不要“下笔千言，离题万里”，让读者仿佛置身云里雾里，茫然不知所云。

三、本论当如猪肚

人们把论文的本论比为“猪肚”，是说论文的内容应当充实，应当有“分量”。所谓分量，一是要有一定的数量，就是论述内容丰富、论据充足；二是要有一定的质量，即论据使用逻辑清晰、论证有力。张肇丰研究员在《从实践到文本：中小学教师科研写作方法导论》中关于本论部分的论述，给我留下了深刻印象。

下面我就根据这本书中的论述，结合自己的学习体会，从论据的数量与质量、论证方法的选用等方面，谈谈教研论文本体部分的写作。

（一）论据数量

论据的数量，不能太少，也不能太多，要适中，要适量。之所以提出这个要求，是因为在审稿过程中，发现论据不适量的论文非常多。有两种比较极端的现象大家一定要避免。

1. 论据无论证

这样的论文，表面看起来内容充实，论据不少，洋洋洒洒，材料很多；但是抽去材料一看，剩下的几乎没有自己的话语。有些老师写教研论文，除了开头结尾，差不多就是小标题加课堂实录，连个过渡句都没有。这类教研论文虽然也有大量论据，但缺少必要的解释，材料之间又没有联系过渡，等于让读者从一大堆材料里去揣摩作者的意图，很难收到理想的写作效果。

2. 议论无论据

这样的论文，作者往往具有一定的写作能力，但又偏偏不肯花费精力收集材料，于是只好凌空蹈虚，空发议论。由于既无理论依据，又无实践材料，而论文又要一定的篇幅，结果几句话能说明白的意思，非要同义重复，说来说去，拉拉杂杂写上几百上千字。许多论文本来还有一点自己的见解，但作者为了拼凑字数，只好老生常谈，结果了无新意，大大削弱了论文的价值。

一篇教研论文到底该用多少论据，当然没有固定的标准。我们只能说教研论文需要适量的论据，并需要恰当使用这些论据。如果走向两个极端，或堆砌过多论据、缺少必要阐释，或严重缺乏论据、多为空泛议论，都是教研论文写作的大忌。总而言之，大家必须明确这样的要求：教研论文需要适量的论据。

（二）论据质量

对于论据，我们不仅从数量上提出适量的要求，而且从质量上提出典型的要求。

强调论据要典型，就是强调论据要有一定的代表性和适切性，能够恰到好处地说明文章的论点。论据与论点要相互匹配，根据论点的需要选用适当的证据。在实际审稿中，我们发现许多老师在选用论据时经常会陷入两个误区：

1. 事实论据引用不当

具体表现为：论据过于庞杂，材料加工不足。有的老师写文章，喜欢引用大段的课堂教学实例来说明自己的观点。比如，描述课堂讨论，师生一问一答，一引就是几百上千字甚至更多，这样既可以使文章内容显得比较生动，又能使文章篇幅显得有“分量”。但是，教学实践事例本身具有丰富性和复杂性的特点，实践材料不经剪裁和精选，直接拿来作为论据，很难说明特定的论点。往往作者引用材料 A 来证明观点 B，读者却可能从 A 中体会不到 B，而是看出了 C 的意思。原来你想用来证明教师重视启发引导，结果读者却从中看到课堂提问和交流的质量不高，因此引用事实材料，首先要明确特定的论证目的，然后根据需要去粗取精、强干弱枝，对原材料进行精加工。适当的事实论据，应该是直接引用和间接引用相结合、具体描写和概括介绍相结合，有详有略，突出重点。

2. 理论论据引用不当

具体表现为：引用随心所欲，背景了解不足。写文章引经据典，是增强说服力的一种有效手段，但那些名家大师的言论和观点，都是在一定的社会历史背景下、针对一定的对象和问题而阐发的。不分场合和环境，随意引用经典来证明自己的观点，容易牵强附会，甚至曲解或违背原意。例如苏联著名教育家赞可夫提出的高难度高速度教学原则、美国教育学家杰罗姆·布鲁纳所说的任何知识都可以用一定的方式教给任何年龄儿童的观点，都是有一定理论和实践基础的真知灼见，但如果脱离了特定的背景条件生搬硬套，真理就可能变成谬误。有些作者不读原著，只凭第二、第三手材料寻章摘句，就很容易犯引用论据不典型的错误。

论据要典型，说到底就是论据能证明论点。不论是事实论据，还是理论论据，切忌眉毛胡子一把抓、捡到篮里就是菜；要有针对性地精挑细选，找到与论点关系紧密、切合的例证，也就是最有说服力的论据。

对于论据而言，在适量和典型之后，更高的要求是精彩。所谓精彩，是指论据不仅能恰当地说明论点，而且还能给人留下深刻印象，达到进一步增强说服力的目的。在同类论据中，那些比较权威、新鲜、独特的论据，才可能是精彩的论据。对于中小学教师而言，这个要求常常会可望而不可即。

（三）本论结构

教研论文的本论部分通常采用以下三种结构形式：

1. 并列式结构

并列式结构又称横式结构，这样的论文往往把中心论点分为几个分论点或几个层次，各个分论点或各个层次平行排列，分别从不同角度、不同侧面来论证中心论点。这样的论文，显得结构匀称、条理清晰。这是教研论文写作中最常用的论证结构，优点在于思维平行展开，有利于从多个视角探究某一核心论题。

比如，苏州市吴江区教研室沈建忠发表在《中学语文教学》2021 年 11 期上的文章《选点批注：自读课文的有效教学策略》，其本论部分的结构就是并列式结构。

中心论点　选点批注是自读课文的有效教学策略

分论点 1　模仿式批注，记录初始阅读体验，初步把握主旨

分论点 2　迁移式批注，调动阅读技能储备，实现触类旁通

分论点 3　赏析式批注，关注文本细针密缕，走向深度阅读

分论点 4　批判式批注，跳出文本必读原著，提升思维品质

再如，北京市西城区教育研修学院马蕾发表于《语文建设》2021 年 9 期（下半月）的文章《交际语境下习作单元教学实践研究》，其本论部分的结构如下：

中心论点　应基于交际语境理论推进习作单元教学

分论点 1　创设人物情境，激发表达动机（路径一）

分论点 2　树立读者意识，明确表达内容（路径二）

分论点 3　依据单元特点，培养表达能力（路径三）

2. **递进式结构**

递进式结构又称纵式结构，这样的论文常常以层层深入的形式来安排结构，层次之间呈现出步步推进的逻辑关系，从而使中心论点得到深刻、有力、充分的论证。这种论证结构适宜于由浅入深地探究相关教学理论，也适宜于对某种教学技法进行纵深分析。其结构特征为渐次深入，下一个层次以上一个层次的分析为依托，环环相扣。

比如，人民教育出版社课程教材研究所徐轶发表于《语文建设》2021 年 9 期（下半月）的文章《用好统编语文教材，提升学生科学素养》的结构如下：

中心论点 用好统编语文教材，提升学生科学素养

第一层次 教材中的科学素养内容（细读教材）

第二层次 科学素养内容的编排思路（读懂教材）

第三层次 教学实施建议（用好教材）

3. **混合式结构**

混合式结构又称纵横交叉式结构，有的论文内容复杂，层次繁多，只用上述一种结构形式无法承载论文内容，需要把两种结构形式结合起来，形成一种混合式的结构形式。

比如，江苏苏州吴中区教研室的唐晓芳老师在《中小学教材教学》2005 年 1 期发表的文章《小语说课的误区和对策》，这篇文章的本论部分就是混合式结构。

从正文的一级标题看，本论是递进式结构：

第一层次（提出问题） 小语说课存在误区

第二层次（叙述现象） 误区的表现形式

第三层次（解决问题） 怎样走出误区

从正文的二级标题看，发现第二、三层次都是并列式结构：

第二层次：误区的表现形式

表现形式 1 理性替代感性

表现形式 2 方法替代内容

表现形式 3 教参替代个性

表现形式 4 教师替代学生

第三层次：怎样走出误区

办法 1 突出对教材重难点的化解

办法 2　突出对教材独特的理解

办法 3　突出对学情的多种预设

另外，为了避免由于内容和层次过多而导致文章条理不清，本论部分还可以使用小标题、序号、关联词语、空行等多种形式，使文章逻辑严密，线索明晰，让读者一目了然，准确把握论证过程。

（四）论证方法

张肇丰研究员指出，论文是一种显示说理的逻辑力量的文体。所谓论证，就是用论据来证明论点的方法和过程。从形式上说，论证就是一个自圆其说的过程。对于同一个论题，不同的人可以有不同的看法和见解。为了阐述自己的观点和见解，就要做到言必有据、言之成理，以达到证明自己、说服别人的目的。论证的实质，就是揭示论据和论点之间的内在逻辑关系。好的论文，在于有效地组织和应用论据，以达到有力地证明论点的目的，它是一个论点、论据和论证协调一致的逻辑推理过程。

论证的基本方法大致有以下几类：

1. 正面论证与反面论证

也就是立论与驳论。这两种论证方法也是论文的两种基本形式。所谓立论，是就某一问题正面提出自己的观点和主张，并举出论据证明其正确性。驳论则是通过证明某个论点的错误，来确立自己的观点。驳论一般包括驳论点、驳论据、驳论证三种方法。但通常以立论为主，驳论写的不多，不过也会偶尔在立论过程中使用一些驳论方法。

2. 事实论证与理论论证

事实论证也就是例证法，或是先提出观点再举例加以证明，或是先举几个例子再得出结论，是一种以具体事例来证明抽象道理的论证方法。理论论证就是引经据典，是一种通过引用公认或权威的原理、观点、文件等文献资料来证明论点的论证方法。这两种方法实际上经常结合使用。

3. 归纳论证与演绎论证

归纳论证也叫归纳法，是一种从个别到一般、从具体到抽象的逻辑论证方法。一般先提出论题，然后围绕论题提出各种材料来证明论点，最后归纳出结论。由于归纳论证需要通过举例来证明观点，所以归纳法一般与例证法结合使用，也是论文写作的基本论证方法。演绎论证也叫演绎法，是一种从一般到个别、从普遍到特殊的推理形式。其典型形式就是形式逻辑的三段论，它一般由大前提、小前提和结论三部分组成，通过前提推出结论。演绎法多与理论论证相联系，强调文辞的严谨和推理的严密。

4. 类比论证与对比论证

类比论证也叫类比法，是将性质特点相同或相近的事物联系起来，通过比较分析推出结论的论证方法。对比论证也叫对比法，是将性质特点相反或相异的事物联系起来加以比较，然后证明论点的方法。从本质上看，类比法和对比法都是比较论证，都是从个别到个别、特殊到特殊的论证方法。比较论证的特点是通过两个或多个事物特性的多方比较，如中外、古今、城乡、多少、大小等，揭示其异同以及蕴含的原因和规律，总体上说也是属于形式逻辑中的归纳推理。

与类比论证和对比论证相似的还有一种比喻论证，其区别在于前者是同类的真实的事物的比较，而后者却可能是完全不同类的甚至是虚构事物的比较。比如将幼儿园与小学的教学方法进行比较是类比论证或对比论证，而把儿童比为花朵、把教师比为园丁则是比喻论证。比较的方法具有深入浅出、具体生动的特点，是教师论文写作的常用方法。

四、结论恰如豹尾

张肇丰研究员指出，教研论文的结论是全文的总结部分。从结构上说，结论和绪论形成照应，以使文章首尾呼应，前后一贯，有始有终。从功能上说，结论要回应绪论提出的论题，强化文章所表达的观点。好的结论要做到文字简练而表达有力，能够恰如其分地自然收束全文，给读者留下深刻印象。这就是前人所说的“豹尾”。

由于文章风格和表述方式的不同，也有一些论文没有结论部分（不包括发表时因篇幅原因而删除），也就是“总—分”式结构。这些论文的论述特点是，中心观点在开头或本体部分已经明确阐述，结尾就不再重复；或者对有关问题的看法在各个段落里分别表述，而并不强调得出一个结论，文章有一个论述的主题，但并不强化一个中心论点。但一般来说，“总—分—总”式结构是论文写作的常态，写好一个“豹尾”，仍是写好论文的一项重要内容。

论文结论的主要作用，是对全文内容和论点给出一个总结，用以强化作者的态度和读者的印象。具体到每篇论文，其作用特点又有所不同。总的来说，论文结论的功能，可以概括为几个方面：

（一）得出结论

论文的结论大多是概括文章主要论点，提出研究结论，这也是结尾最基本最重要的功能。一般论文结尾可以将文章的主要内容和分论点进行简要的回顾和概括，并提出和强调本文的中心论点。在概括的论述内容和文字形式上，结论不但要与本论一致，还要注意照应绪论。结论要恰当地回应文章绪论提出的问题或论题，概括论文主要层次的意思，总结本文的基本论点，做到首尾呼应，一以贯之。

比如，李冲锋教授发表在《语文建设》2021 年 9 期（下半月）的文章《焦点阅读教学与学生思维培养》的结尾：

总之，确定阅读焦点问题，不仅可以为教学定向，而且能够激励学生高阶思维的发展；构建层次清晰的问题链，不仅可以为教学定序，而且有助于学生思维的有序发展，培养其思维的严密性；根据课文特点相继点拨具体思维方式，可以推动学生思维的多样化发展。焦点阅读教学有助于培养学生的思维方式，提升学生的思维品质，促进学生认知能力的发展，助力其终身学习。

让我们对照阅读这篇文章的开头部分：

语文核心素养包括“语言建构与运用”“思维发展与提升”“审美鉴赏与创造”“文化传承与理解”。这四个方面连成一体，密不可分，但在教学中又各有侧重，重点培养。促进学生思维发展与提升是语文核心素养的重要内容。而焦点阅读教学是促进学生思维发展的可行方式。“焦点阅读”是倪文锦教授针对阅读教学中的弊端，为落实语文核心素养，特别是促进学生思维提升提出的阅读教学理念。焦点阅读教学的关键在于确定阅读焦点问题，厘清问题层次，构建具有逻辑关系的问题链，并根据课文的具体内容对学生进行适时的思维点拨。本文试就焦点阅读教学与学生思维培养做一探讨，以期为一线教学提供参考。

作者在结论部分恰当地回应了文章绪论提出的问题“本文试就焦点阅读教学与学生思维培养做一探讨”，概括了论文三个层次的意思，总结本文的基本论点“焦点阅读教学有助于培养学生的思维方式，提升学生的思维品质，促进学生认知能力的发展，助力其终身学习”，做到了首尾呼应，一以贯之。

（二）解释说明

论文结论在总结全文、概括论点时，还可有一些必要的解释说明，以表未尽之意。这些解释说明，有些是进一步强调研究结论中的重点及相关研究背景，再次提醒读者注意其中蕴含的意义和作用；有些是阐发自己的研究体会，说明获得研究成果的过程及心得；还有些是以一分为二的观点，说明本研究的适用性和局限性，以避免误解。这些解释说明的内容，有时候看来与论文的论题没有直接关系，在本论部分也没有合适的论述机会，但作者又觉得有必要说，因此放在结尾处做一个必要的补充。好的补充应起到画龙点睛而非画蛇添足的作用。

比如，北京市特级教师程翔发表在《语文建设》2021 年 6 期（上半月）的文章《对“学习任务群”的几点思考》的结尾，大家请看：

以上是笔者对“学习任务群”的几点思考，不一定正确，写出来请教于同人。笔者是一线教师，初中、高中都教过，从教近四十年，今天仍然站在高中的讲台上，天天与教材、学生打交道，熟悉学校实际情况。笔者衷心希望有关部门认真听取来自一线教师的声音。本文七易其稿，其间征求了国内二十位知名专家的意见，他们提出了许多宝贵建议。在此，笔者谨向他们表示衷心感谢！

（三）提醒读者

有的教研论文，在总结自己研究的基础上，提醒读者该研究存在的问题或不足，指明还有哪些问题有待继续深入探讨。

比如，东北师范大学徐鹏、王潭娟发表在《中学语文教学》2021 年 11 期上的文章《统编版高中语文教科书使用现状考察》的结尾就指出本研究的局限性，提醒读者注意。结尾如下：

基于统编版高中语文教科书使用情况的调查数据，我们围绕教师关心的话题展开评析并提出使用建议。研究的出发点不在于评判统编版高中语文教科书本身，而在于引导语文教师理解教科书编写理念，更充分、更高效地使用这套教科书。本次研究仅仅考查了目前已经出版的必修和选择性必修五册教科书，缺少选修教科书作为参照；调查的对象聚焦于语文教师，缺少学生和教研员视角；调查的范围也仅限于方便取样的省市，未能开展全国规模的大型调研。这些局限一定程度上影响了研究结论的丰富性，提出的观点和建议仅供大家参考。

（四）展望未来

论文结尾在提出研究结论的同时，也可以对研究的未及之处和发展前景进行一些分析和设想，这也是论文结尾最常见的一种写法。这类结尾的写法主要是从各自的研究实践出发，说明本阶段已经解决了哪些问题，下阶段还准备或者可以解决哪些问题，或者还有哪些问题有待于进一步了解和澄清等。科学研究是一个不断发展的认识过程，所有的科研成果都是阶段性结果。能够清晰地认识到自身研究的条件、成果、不足以及改进发展的前景，是研究者达到一定研究水平的体现。同样，能够在论文结尾指明研究前景、留下有思考价值的问题，也是研究论文达到一定质量水准的标志之一。

吴忠豪教授的文章《语文教学内容科学化的三次探索》的结尾就是很好的例子：

科学化的语文教学内容是制定语文课程标准和编写语文教材的基础，这项工作极有价值，但难度大，要求高。新中国成立以来，经过专家和教师的不懈努力和艰苦探索，我们对科学化教学内容的理论知识与实践探索逐步深入，也取得了一些研究成果，但还有许多理论与实践方面的谜团尚未解开，这也应该是客观事实。期待我国的语文教育专家、学者和一线教师继续努力，广开言路，深入研究，尽快探索，形成比较完善又容易为广大教师所接受的科学化语文教学内容体系。

上述几种功能，有可能但并不一定在同一篇论文的结尾中同时体现。一般来说，总结全文、概括论点，是论文结论部分的必要内容，至于是否还有其他功能和作用，要视具体情况而定。根据不同的研究内容、写作风格、交流对象，可以选择不同的表达方式。

需要指出的是，结论部分的展望应该是顺理成章的，而不应另起话头，挑起另一个全新的研究领域。有些论文的结尾突然引入一个陌生的概念，既使读者感到费解，又打破了文章结构的平衡，使文章无法有力收束，结果将本应简洁有力的“豹尾”变成拖拖拉拉的“蛇尾”，前车之鉴，值得注意。

“豹尾”的特点，就是简洁有力，这是论文结尾语言表达的基本要求。论文结尾语言的表达要体现完整、准确、精练三个基本特点。论文的结尾虽然很短，但它的分量却很重，不是轻易就能写好。不少老师在文章开头精雕细琢，却在文章结尾草草了事，给人留下虎头蛇尾的印象。

老师们，大家要仔细揣摩教研论文的基本结构的规则，既要写出漂亮诱人的“凤头”，也要写出饱满充实的“猪肚”，还要写出简洁有力的“豹尾”，这样的教研论文才会获得编辑的认可，最终得以正式发表。

参考文献

[1] 张肇丰. 从实践到文本：中小学教师科研写作方法导论 [M]. 上海：华东师范大学出版社，2011：170-193.

［2］吕映，李菁. 小学语文课题研究与论文写作［M］. 杭州：浙江大学出版社，2007：98-103.

［3］江平，戴丽敏. 中学语文课题研究与论文写作［M］. 杭州：浙江大学出版社，2009：106-113.

［4］刘祥. 改变，从写作开始：教育写作使用技巧30讲［M］. 上海：华东师范大学出版社，2018：123-128.

［5］张杰，萧映. 写作［M］. 北京：北京大学出版社，2009：35-55.

［6］杜兴梅. 学术论文写作ABC［M］. 广州：广东高等教育出版社，2010：95-111.

第五讲　教研论文的基本规范

本讲提纲

一、论文格式规范

（一）格式规范

（二）前置部分

（三）主体部分

（四）辅文部分

二、论文格式差错

（一）格式差错

（二）前置部分

（三）主体部分

（四）辅文部分

三、论文书写规范

（一）语言文字

（二）标点符号

（三）数字用法

（四）计量单位

四、论文书写差错

（一）语言文字

（二）标点符号

（三）数字用法

（四）计量单位

老师们，为了统一学术论文的撰写格式，便于信息系统的收集、存储、交流和检索，加速学术信息资源的标准化建设，国家标准局先后制定了一系列国家标准和规范文件。这些都是我们撰写教研论文时必须严格遵守的基本规范。教研论文的基本规范，包括格式规范和书写规范两个方面。

一、论文格式规范

虽然教研论文不全是严格意义上的学术论文，我们不能按照学术论文的格式严格规范要求教研论文，但是作为学术论文大家庭的一分子，教研论文也应该遵循学术论文最基本的格式规范。

（一）格式规范

一篇教研论文的完整格式，一般包括：文章题目、作者署名、摘要、关键词、正文、参考文献、注释、作者简介，有的学术期刊还要求提供中图分类号、文献标识码、致谢等内容。

关于论文的基本规范，杜兴梅教授的《学术论文写作 ABC》与李冲锋教授的《教师教学科研指南》两本书讲得比较详尽。我根据两位教授的论述，结合其他相关文献，给大家进行简要的介绍。为了讲述的方便，我准备分三个部分展开，分别是教研论文的前置部分、主体部分和辅文部分。

（二）前置部分

教研论文前置部分，一般包括文章标题、作者署名及该作者单位、摘要、关键词，有的期刊还需要中图分类号和文献标识码。

1. 标题

对作者而言，标题是文章的“眼睛”；对读者而言，标题是检视文章的“窗口”。

从格式要求来看，标题的位置一般应在稿纸上居中排列，上下留出空行，副标题要用小于正标题的字号另起一行起排。

从标题类型来看，论文标题大致可以分为三类：论题式标题、论点式标题、论点与论题结合式标题。

所谓论题式标题，就是将研究的内容概括出来作为标题。比如，《初中生批判性聆听的教学实现》《语文必备知识及其运用的测试》《解读文学作品的关键策略》等。论题式标题对论文的内容范围进行了限定，但反映不出作者的观点和主张。论题式标题是教研论文最常见的标题类型。

所谓论点式标题，就是把文章的中心论点概括出来作为标题。比如，《把握文体特点，领略童话之美》《莫把经典教平庸》《教育，拒绝体罚》《要提升小学生数字阅读素养》《老课新教，落实语文素养》等。论点式标题直接亮明作者的观点或主张，具有较强的冲击力。

论点与论题结合式标题一般为正副双标题，正标题为论点式标题，副标题为论题式标题。如，《着手于语言形式分析　着眼于思维品质提升——语文教育中的思维品质历练与提升》《用好课堂提问　发展学生思维——基于思维提升的小学语文课堂提问策略研究》。这种标题的好处是可以较好地表明论点和论题，缺点是标题长、字数多，容易削弱标题的表达力量。

拟定教研论文标题时，需要符合以下几个要求：

一要概括。标题要高度概括论文的主要观点或主要内容。例如，《追求有价值的语文课堂》《跨界阅读策略的应用研究》《民国时期语文听说教学发展研究》等，一看标题就知道文章的主要观点或研究范围。

二要规范。标题要符合基本的语法规范，不符合语法规范的标题会影响教研论文的表达效果。例如，《课堂数学教学的评价艺术》这个标题中的“课堂数学教学”是语句成分颠倒，修改成《数学课堂教学的评价艺术》就符合语法规范了。

三要简洁。标题中多余的词语、标点都要去掉。例如，《“任务”：学习任务群教学中的一个关键因素》，引号可以删去，“一个”也可以删去，使标题更加简洁。

四要新颖。标题要力求清新脱俗，给人耳目一新的感觉。例如，《制造认知冲突，开展深度学习》《发掘“这一个”，建构“这一课”——例谈教材二次开发策略》等。

五要有力。恰当运用标点、前置主题词，突出核心内容，彰显标题力量。例如，《教育，别放弃惩罚》《游戏精神：统编教材童话文本的“三层”解析》《“四化”：提高习作评改实效之路径》《长文短教：在“做减法”中实现语文学习价值》。

此外，对教研论文的标题，也可以提出四点要求：

一是简明。标题应以简短精练的词语反映文章中最重要的内容，标题一般不要超过二十个汉字。必要时可以加副标题。

二是具体。标题表达的意思应该具体明白，同时含有足够的信息量和鲜明的个性特色，体现论文的内容或主题。

三是准确。标题用语或句型，不但要符合语法，还要合乎修辞、合乎逻辑。不能语序混乱，句式杂糅；不用生造词，避免造成误读；不用比喻、夸张等修辞手法；要与文章内容相符。

四是醒目。或生动活泼，或新颖夺目，或醒世惊俗，或别具一格，标题具有较强的吸引力，可以激发读者的阅读兴趣。

2. **署名**

作者的署名一般在标题下方，居中排列，独占一行。

(1)**作者署名**

作者署名是拥有知识产权和文责自负的标志，也是作者与读者联系的名片。

由于教研论文的完成情况不同，所以作者署名的情况各异。有的论文是独立完成，有的论文是两人完成，有的论文是团体合作完成，署名形式分别为个人署名、联合署名、团体署名三种。

多位作者的署名之间要用逗号或空格隔开。

(2)**标注单位**

工作单位或学习单位一般放在作者姓名的下面，基本要素包括：单位、所在省市名、邮政编码，依序一并放在小括号内，各项之间空一个字的位置，单位与省名之间用逗号隔开。例如：

(宁波国家高新区实验学校，浙江宁波　315000)

3. **摘要**

摘要主要是客观地向读者介绍文章的精华，让读者迅速决定是否阅读原文，目的是使读者了解最新成果。

为什么教研论文需要提供摘要呢？主要原因有两个：一是方便读者把握全文，二是促进论文的被引频次和被检索频率。

摘要的好坏往往决定论文能否发表，同时，也往往决定读者是否愿意阅读全文。那么，怎样写好论文摘要呢?

一是要用客观叙述的方式，概括地、直接地把主要观点呈现出来，尤其是文章的一级、二级观点性小标题，可以写进摘要。不要用介绍性语言，如“本文通过……对……进行了论述……”之类。这样写不是直接呈现，而是隔了一层。

二是摘要里不要出现“笔者”“我”“我们”等主观性词语，也不要出现“本文”“本研究”“本课题”等词语，更不要自我评论。对文章的评论应该读者去做，而不是作者自卖自夸或自我批评。

三是千万不能简单地把“引言”或“结语”部分的内容原封不动照搬过来当摘要。

四是要简明扼要，一般在 150—250 字之间。

五是要注意位置与格式。用与正文不同的字体字号排在作者署名与关键词之间。一般在署名下方空一行，以加粗字体“摘要:”或“【摘要】”开始。

4. 关键词

关键词是反映全文主题和最主要内容的有实质性意义的名词性术语。它是计算机系统标引论文内容特征的词语，对文献检索有重要作用。如果发表的教研论文没有关键词，读者就无法检索到这篇文章；如果关键词选择不准确，则会浪费读者的检索时间，也难以发挥论文的作用。所以，关键词不是可有可无，也不能随意选择，我们一定要认真对待。

如何选择关键词呢？可从论文题目中找，也可从各级标题中找，还可以将正文内容概括成关键词。

应找多少关键词呢？一般每篇教研论文的关键词选择 3—5 个为宜。

关键词之间用标点吗？要用分号间隔，不用逗号、顿号等分隔。

关键词如何排序呢？一般按照概念的大小排序，或者按照论述问题的先后顺序排序，例如：教育；后现代教育；后现代课程。

一般情况下，教研论文不需要中图分类号与文献标识码。

(三)主体部分

教研论文的主体部分，包括正文、参考文献等内容，而正文一般由绪论、本论、结论三部分组成。

1. **绪论**

绪论的文字应言简意赅，不可冗长。

2. **本论**

教研论文本论部分的格式，主要体现在结构层次是否分明，具体看分层序号与标点符号的用法是否正确。

教研论文需要用不同层次的小标题来表示文章层次，因此离不开标题序号与标点符号。

教研论文正文的结构层次一般不超过五级。一至五级的标题序号和标点符号用法如下：

一级标题：一、

二级标题：（一）

三级标题：1.

四级标题：（1）

五级标题：①

要特别注意：二、四、五级标题序号后面不要加顿号，因为数字外面的右半边括号或右半圈已经具有分隔作用。还要注意三级标题序号后面是实心小圆点。如果文章只有一、二级标题，也可直接使用上面的一级与三级标题序号。

3. **结论**

结论是教研论文的主要结果或总体结论。结论必须是前言中提出的、正文中论证的必然结果。结论要与正文紧密衔接，不可游离，更不能相互矛盾。结论要尽量做到：准确、完整、精练、条理。

“绪论”“本论”“结论”三个词可以省略。

4. **参考文献**

参考文献是作者为撰写教研论文而引用的前人或他人的观点、数据、图书报刊资料和电子文献。它是作者教学研究的重要基础，也是分析论证的重要信息源。完整的教研论文离不开参考文献。

参考文献的作用主要体现在以下几个方面：

一是为教研论文的价值提供客观依据。一篇教研论文有没有价值，光凭作者的一家之言无法令人信服，适当著录有代表性、有分量的参考文献，可以为教研论文的价值提供强有力的佐证。反之，如果一篇教研论文的参考文献寥寥无几甚至没有，或者虽然有但不具代表性和权威性，那么读者对这篇教研论文的价值就会产生质疑。

二是体现作者对他人研究成果的认可与尊重。任何创新都是在前人研究成果的基础上的继承与发展，在论证过程中难免引用前人的观点、方法、数据和其他资料。对引用部分在论文中明确标注，不仅表明作者对他人研究成果的认可和尊重，而且也免除了作者抄袭和剽窃他人成果的嫌疑。

三是为读者进一步展开研究提供查询的线索。读者可以按照参考文献标注的具体出处，顺藤摸瓜地检索查找相关的资料文献，对论文中的引文及相关内容进行更详尽的了解。

著录参考文献注意事项：

①项目要齐全。作者、文献名、所载媒介、出版信息等要齐全。

②标识要准确。教研论文常用的文献类型和载体标识为：M 普通图书，C 论文集与会议录，G 汇编，N 报纸，J 期刊，D 学位论文，R 报告，S 标准，P 专利，DB 数据库，J/OL 网上期刊。

③排列要有序。一般以在正文中出现的先后为准。

④符号要正确。参考文献著录时常会用到下列符号：冒号（:）、逗号（,）、分号（;）、圆括号（（））、方括号（［］）、起讫号（-）、下圆点（.）。例如：

中华人民共和国教育部．普通高中语文课程标准（2017 年版 2020 年修订）［S］．北京：人民教育出版社，2020：4，17.

董健，马俊山．戏剧艺术十五讲［M］．北京：北京大学出版社，2004：68-69，401.

单思宇，徐鹏．大单元视域下高中散文教学建议［J］．中学语文教学，2020（8）.

（四）辅文部分

学术论文的辅文部分，包括项目说明、作者简介、注释；英文的题目、作者姓名、作者单位、摘要、关键词等。教研论文的辅文部分，一般只需要项目说明、作者简介、通联信息等。

1．项目说明

获得基金资助或者属于科研规划项目的教研论文，需在文章末尾注明项目名称与项目编号。格式为：

【本文系某项目或课题（项目或课题编号）研究成果】

例如：

【本文系国家社科基金一般项目“诗教传统及其现代转化研究”(19BZW007)阶段性成果】

【本文系北京教育学院2020年度重点关注课题“基于知识维度的阅读教学内容研究”(课题编号：ZDGZ2020-21)研究成果】

2. 作者简介

为了让编辑了解自己，作者有必要提供一份“个人简介”。

撰写“个人简介”，需要注意以下三点：

①篇幅短小。编辑的日常事务很多，繁忙是他们的工作常态。所以，作者提供的个人简介不要太长，一般以一二百字为宜。

②简明扼要。篇幅虽然不长，但该介绍的还得介绍，且要做到层次分明。建议：先介绍基本情况（姓名、年龄、单位、职务、职称、学历、学位等），再介绍教学情况（教学经历、教学成果、教学方面获得的荣誉），再介绍科研情况（研究方向、科研成果、科研方面获得的荣誉）。

③客观真实。作者简介虽然是自己介绍自己，但最好用第三人称撰写，不要用第一人称。这样便于作者客观介绍自己，切记千万不要弄虚作假，否则将会产生不良后果。

3. 通联信息

为了引起编辑注意、拉近彼此距离，最好提供一两张自己的近照，同时，提供自己的详细联系方式，以便编辑与你联系。

①起码要留下自己的手机号码。

②设法与编辑互加微信和QQ。

③提供自己的工作单位、详细地址和邮政编码。

需注意的是：提供的联系方式，一要准确，保证留下的联系方式准确无误；二要齐全，联系地址既要有工作单位又要有区县路牌。如：

××省××市××区××路××号××学校

通常情况下，编辑没有时间与作者进行联系。一旦编辑与作者联系，往往是这篇文章有可能被采用。编辑在通知用稿、改稿时才会联系作者。

二、论文格式差错

（一）格式差错

教研论文的格式差错，可谓花样繁多。无论是论文的前置部分，还是论文的主体部分，或是论文的辅文部分，都会出现不该出现的差错。对于教研期刊来说，由于格式差错而被淘汰的教研论文，数不胜数。

（二）前置部分

教研论文前置部分的差错，主要体现在标题、署名、摘要、关键词四个地方：

1. 标题

论文标题常见的差错，主要表现在：

①不正规。有的标题不符合论文文体要求，像随笔札记类文章的标题，如：

《我最眷恋的风景——小学生课外阅读实践与思考》

《写“美”——小学高年级习作审美指导策略》

②不概括。有的标题不概括，读起来不好理解也难以记住，如：

《从儿童出发——刍议统编小学语文教科书中儿童观的体现》

这个标题不如改为：

《儿童为本：小学语文教材的儿童观》

③不简洁。有的标题中有多余的词语或标点，应该删繁就简，如：

《关于语文课堂板书设计的探讨》

《“课堂提问”的基本策略》

第一个标题中的“关于”是多余词，应删；第二个标题中的引号应去掉。

④不新颖。有的标题老生常谈，无法给读者眼前一亮的感觉，如：

《论王维“诗中有画”》

从宋代苏东坡评论王维的诗“维摩诘之诗，诗中有画；观摩诘之画，画中有诗”之后，“诗中有画”便成为评价王维之诗的定论，今人也把“诗中有画”作为王维诗的最大特色，作者再以《论王维“诗中有画”》为题，就只能拾人牙慧、步人后尘了。

2. 署名

一般情况下，论文署名不仅包含作者姓名，许多刊物还要署上作者工作单位的全称，同时标明所在省市及邮政编码。从投稿的角度而言，作者署名的内容与格式要严格按照刊物要求书写。

有的作者将署名放在文章末尾，这是不合适的。作者署名一般置于标题之下，居中排列，独占一行。单位、地址、邮编等信息，另起一行，居中排列。也有的作者将署名与其他信息排在一行，居中或靠左排列。

3. **摘要**

有的摘要不是用客观叙述的方式把文中的主要观点呈现出来，比如下面这篇论文的摘要：

摘要：轻松愉悦的学习氛围，兴趣高涨的学习课堂是当前小学语文教师追求的课堂圣地。良好的学习氛围是一种无声的熏陶，无雨的浸润。气氛需要培育，气氛能够调节，气氛也可以相互影响。那么，小学语文课堂气氛应该如何营造呢？本文着力探究如何营造轻松、和谐的课堂氛围，激发学生兴趣，提高语文教学效率。

编辑经过反复阅读文章，把原先的摘要修改为：

摘要：兴趣是最好的老师，语文教师需要设法营造学生愿学、乐学的课堂氛围。一要欣赏，尊重学生的想法；二要激趣，尊重学生的优点；三要赞扬，尊重学生的自评；四要倾听，尊重学生的答案。让学生亲其师、信其道，从而爱上语文、迷上语文，语文教学质量自然会得到提高。

以上修改是对全文主要观点的高度概括，采用客观叙述的方式，直接呈现文章的主要观点，将文章一级标题的观点写入其中，删除了原来的主观性评价语言。简明扼要，格式规范。

有的摘要使用介绍性的语言，如“本文通过……对……进行了论述……”之类，给人一种间接介绍的感觉。

有的摘要进行自我评论，如“具有……参考价值”“奠定了……基础”“填补了……空白”之类的语言，给人一种自我炫耀的感觉。

有的摘要出现了“笔者”“我”“我们”“本课题组”等主观性词语，给人一种不够客观的感觉。

有的摘要简单地把引言或结论中的话语照搬过来，给人一种消极应付的感觉。

4. **关键词**

关键词的格式差错，主要表现为：

①词性不当。关键词必须是名词性术语，其他词性的词语不能做关键词。有的老师在选取关键词时不注意词性，误把形容词、动词等当成关键词。比如，“美丽”“高大”“生动”“表达”等。

②或多或少。有的老师误认为关键词越多越好，一篇三千多字的教研论文就选取了十多个关键词；有的老师则认为关键词应该以少胜多，一篇教研论文选取1—2个关键词就行。这两种做法都是错误的。通常情况下，一篇教研论文的关键词选取3—4个比较合适。

③排列混乱。关键词之间的排列，一般按照概念大小或论述问题的先后顺序安排，切忌随意组合、任意排列。

④误用标点。关键词之间要用分号隔开，而有的老师却习惯使用逗号或顿号分隔。

（三）主体部分

教研论文主体部分的差错，主要体现在本论与参考文献两个部分。

1. 本论

本论部分的格式差错，主要体现在以下三个方面：

①标题序号。标题序号是个常识性问题，但是还有不少老师在这个常识上犯错。有的老师习惯性地先用二级标题的序号，再用一级标题的序号；或者先用四级标题的序号，再用三级标题的序号，这些都是不允许的。标题序号可以跳级使用，但仅限于向下跳级，比如一级标题序号下面，跳过二级标题序号，直接使用三级标题序号。教研论文的标题序号经常用前四级标题序号，在比较复杂的长篇教研论文里，才会用到五级标题序号。

在审稿过程中最常见的问题是，不少老师总是把阿拉伯数字后面的圆点写成顿号或逗号。

②标题位置。学术期刊上发表的教研论文，其正文内的各级标题，有的居中排列、单独成行，有的另起一行、字体加粗，标题与非标题字体要明显区分，以突出标题。标题末尾一般不用标点，但问号、叹号、省略号除外。

③图表差错。为了更好地论证论点的成立，有时需要使用图表。能用文字说明的问题，尽量不要使用图表。图表中的术语、符号、单位等应与文字表述保持一致。

2. 参考文献

在教研论文中，参考文献的标注问题，主要表现在：

①不标注。引用而不标注，拼凑痕迹明显，属于抄袭剽窃他人成果。

②少标注。只列出作者和书名、刊名，出版信息残缺不全。

③标假注。作者为了某种目的随意标注，读者根据标注无法查到文献。

④标注乱。文内标注的序号与文末参考文献的序号无法对接。

⑤标注错。漏字、多字、错字，以讹传讹，令人生疑。

⑥太陈旧。缺少近期研究成果，引用文献陈旧，论文新颖性大打折扣。

⑦数量少。一篇论文只有一个参考文献，或者根本没有，难以保证质量。

⑧档次低。没有核心期刊发表的文章，没有权威出版社出版的图书，没有该领域权威专家的研究成果，影响教研论文的价值和可信度。

（四）辅文部分

教研论文辅文部分的差错，主要体现在项目说明、个人简介、通联信息三个部分。

1. 项目说明

教研论文的项目说明，一般放在文章的末尾，参考文献后面，置于方括号内。常见的格式差错有：一是将项目说明置于参考文献前面，二是项目说明内容不是置于方括号内，三是项目说明里缺失项目编号。比如：

（本文系某省教育规划2018年重点课题“基于发展评价理论的小学习作课程开发的研究”（课题编号：略）的研究成果）

2. 个人简介

一般学术论文的作者简介，其内容与格式为：姓名（出生年月— ），性别，民族（汉族可省略），籍贯，职称，学位，研究方向。内容前面以“作者简介:”作为标识。如有两位或多位作者，可在同一“作者简介”里相继列出，其间以分号隔开。教研论文不同于一般的学术论文。建议老师们提供“作者简介”时除了介绍基本情况外，应再将自己的教学情况与科研情况简明扼要地介绍一下。但在审稿过程中，我们发现不会写作者简介的老师大有人在。

有的老师没有介绍自己的教学情况与科研情况，只是十分简单地介绍个人姓名、性别、籍贯和工作单位等情况，连职称、职务、学位等基本情况也不介绍。这样的作者介绍是不够的。比如：

作者简介：刘维维（1970— ），女，河南洛阳市人，洛阳市××小学语文教师。

有的老师倒是介绍了自己的教学情况和科研情况，但是不够概括，不够条理，不够简明扼要。

3. **通联信息**

有的作者忘记提供自己的手机号码和电子信箱，有的作者忘记提供自己的工作单位、详细地址与邮政编码。无论属于哪种情况，都会影响编者与作者的沟通与交流，甚至会影响稿件的正常选用。

三、论文书写规范

教研论文不仅要遵守格式规范，而且要遵守书写规范。

教研论文的书写规范，包括语言文字规范、标点符号规范、数字用法规范、计量单位规范四种。

（一）语言文字

2000 年 10 月 31 日第九届全国人民代表大会常务委员会第十八次会议通过的《中华人民共和国国家通用语言文字法》，是我国历史上第一部关于规范使用国家通用语言文字的法律，它确立了普通话和规范汉字作为国家通用语言文字的法律地位。这部法律与配套实施的规范标准，与教育研究和出版工作关系密切，意义重大。

国家推行规范汉字。所谓规范汉字，就是指《通用规范汉字表》中所收录的 8105 个规范字。2013 年 6 月国务院发出关于公布《通用规范汉字表》的通知。制定和实施《通用规范汉字表》，对提升国家通用语言文字的规范化、标准化、信息化水平，促进国家经济社会和文化教育事业的发展具有重要意义。《通用规范汉字表》公布后，社会一般应用领域的汉字使用应以《通用规范汉字表》为准，原有相关字表停止使用。一般情况下，汉语文出版物必须使用规范汉字，禁止使用包括繁体字、异体字、旧字形等在内的不规范汉字。

作为中小学教师，我们所写的教研论文，必须严格执行《中华人民共和国国家通用语言文字法》，大家要下功夫弄懂弄通相关的文字规范、词语规范和语法规范，写出完全符合国家通用语言文字书写规范的优秀论文。

（二）标点符号

标点符号的使用，要以国家质量监督检验检疫总局、国家标准化管理委员会 2011 年 12 月 30 日发布，2012 年 6 月 1 日开始实施的《标点符号用法》（GB/T 15834-2011）为标准。符合该标准的就是规范用法，不符合该标准的就不是规范用法。

标点符号分两大类：一类是标号，包括引号、括号、破折号、省略号、着重号、连接号、间隔号、书名号、分隔号和专名号十种，还有一种近年来从外国引进的省年号；另一类是点号，包括句内点号和句末点号，句内点号包括逗号、顿号、分号、冒号四种，句末点号包括句号、问号、叹号三种。点号的作用在于点断，主要表示说话时的停顿和语气；标号的作用在于标明，主要标明语句的性质和作用，破折号与省略号有时还兼有点号的作用。

标点符号的位置和书写形式，分横排文稿与竖排文稿两种情况。因为大家投稿时很少采用竖排文稿形式，所以我就讲横排文稿标点符号的位置和书写形式。

①句号、逗号、顿号、分号、冒号，均置于相应文字之后，占一个字位置，居左下，不出现在一行之首。

②问号、叹号，均置于相应文字之后，占一个字位置，居左，不出现在一行之首。两个问号（或叹号）叠用时，占一个字位置；三个问号（或叹号）叠用时，占两个字位置；问号与叹号连用时，占一个字位置。

③引号、括号、书名号中的两部分，标在相应项目的两端，各占一个字位置。其中前一半不出现在一行之末，后一半不出现在一行之首。

④破折号标在相应项目之间，占两个字位置，上下居中，不能中间断开，分处上行之末和下行之首。

⑤省略号占两个字位置，两个省略号连用时，占四个字位置并独占一行。省略号不能中间断开，分处上行之末与下行之首。

⑥连接号中的短横线比汉字“一”缩短，占半个字位置；一字线比汉字“一”略长，占一个字位置；浪纹线占一个字位置。连接号上下居中，不出现在一行之首。

⑦间隔号标在需要隔开的项目之间，占半个字位置，上下居中，不出现在一行之首。

⑧着重号和专名号标在相应文字的下边。

⑨分隔号占半个字位置，不出现在一行之首或一行之末。

⑩标点符号排在一行末尾时，若为全角字符则应占半角字符的宽度（即半个字位置），以使视觉效果更美观。

（三）数字用法

数字也是教研论文的重要组成部分，数字的运用能起到简练、醒目的作用。

在教研论文中，常用的数字有汉字数字和阿拉伯数字两种。

关于数字的使用，2011 年 7 月国家质量监督检验检疫总局、国家标准化管理委员会发布的国家标准《出版物上数字用法》对其进行了规范。但这个标准内容比较宽泛，在实际使用过程中碰到一些问题，归纳起来就是：什么情况下应该使用阿拉伯数字？什么情况下应该使用汉字数字？什么情况下阿拉伯数字与汉字数字都可以使用？

1. 应该使用阿拉伯数字的情况

①用于计量的数字。例如：

1 米、5 克、3 安

②公历世纪、年代、年、月、日、时、分、秒。例如：

21 世纪、90 年代、2021 年、9 月 10 日、11 时 30 分

③用于编号的数字。例如：

7 号文件、5/6 次特快列车

④引文标注版次、卷次、页码，除古籍应与所据版本一致外，一般应使用阿拉伯数字。例如：

杨向东．核心素养与我国基础教育课程改革的深化［J］．上海课程教学研究，2016（2）．

2. 应该使用汉字数字的情况

①定型的词、词组、成语、惯用语、谚语、缩略语、歇后语或具有修辞色彩的词语中作为语素的数字，必须使用汉字数字。例如：

一方面、八国联军、五花八门、三百六十行　行行出状元、八九不离十、铁公鸡——一毛不拔

②相邻的两个数字连用表示概数，必须使用汉字数字，连用的两个数字之间不得用顿号隔开。例如：

一两个人、三五天、三十三四岁、二十七八吨

③带有“几”字的数字表示约数，必须使用汉字数字。例如：

几百米、十几人、几十万分之一

④重排古籍中的数字，使用汉字数字。

⑤竖排文字中的数字，使用汉字数字（除与外文字母、罗马数字连用可顺时针转 90°排版外）。

⑥非公元纪年一律用汉字数字。如清代以前的历史纪年、民间沿用的农历、新中国成立前的中华民国纪年、国内外其他民族的特有纪年。行文中，非公元纪年后应括注用阿拉伯数字表示的公元纪年。例如：

东汉元和二年（85）、民国二十五年（1936）、腊月十八

⑦含有日月简称表示事件、节日和其他意义的词组中的数字，一般应使用汉字数字。当涉及1月、11月、12月时，月日之间应加间隔号，并外加引号；涉及其他月份时，不用间隔号，是否加引号视事件的知名度而定。例如：

“一·二八”事变、“一二·九”运动、五四运动、“九一三”事件

⑧此外，还有一些情况下也应使用汉字数字。

古诗文中的数字，如：

白发三千丈，缘愁似个长。

表示百分比中的“成”，如：

本季度的销售量比上季度增长了三成。

为了突出庄重典雅的效果，如：

十九届六中全会、三严三实

3. 两种数字均可使用的情况

①整数一至十，若出现在具有统计意义的一组数字中，要用阿拉伯数字，其他情况下两可，但要照顾到上下文，求得局部体例上的一致。例如：

6只碗（六只碗）、3个人（三个人）、七条意见（7条意见）、三个百分点（3个百分点）

②古籍的引文标注版次、卷次、页码，使用阿拉伯数字和汉字数字均可，但应与其所据版本一致。

③部分表示序列的数字用阿拉伯数字和汉字数字均可。比如：第5卷（第五卷）、排名第三十位（排名第30位），但有些情况下只能用汉字数字。例如：

名列第一、第二，第十二届全国人民代表大会，其一、其二等

④用“多”“余”“左右”“上下”“约”“来”“许”“近”等表示约数的数字（含有“几”的约数除外）。例如：

三十多件（30多件）、十余位（10余位）、三十个左右（30个左右）、十五岁上下（15岁上下）、约六十元（约60元）、四十来岁（40来岁）、九时许（9时许）、近八十人（近80人）

在具体的语境中，到底是用阿拉伯数字，还是用汉字数字，可灵活掌握，但要保持局部体例的统一。

4. **阿拉伯数字的书写规则**

①为使多位数字便于阅读，可将数字分成组，从小数点起，向左或向右每3位分成1组，组间留空隙（约为1个汉字的1/4），但不得用逗号、圆点或其他方式。非科技出版物也可不分节。

②阿拉伯数字不得与除万、亿及法定计量单位词头外的汉字连用。如453 000 000可写成45 300万或4.53亿或4亿5 300万，但不能写作4亿5千3百万；三千元可写成3 000元或0.3万元，但不能写作3千元。

③一个用阿拉伯数字书写的数值（包括小数和百分数）不能拆开转行。

④表示用阿拉伯数字书写的数值范围，使用浪纹线"~"或一字线"—"。例如：

20%~30%、50~60km、400—478页、800—1000元

（四）计量单位

计量单位是用以量度同类量大小的标准量。其中，国际单位制是计量学研究的基础和核心。教研论文必须采用我国的法定计量单位，并严格按照我国的法定计量单位使用方法执行。

关于"量"和"单位"的使用规范，1993年国家技术监督局发布了国家标准《量和单位》（GB3100~3102-93），除古籍类和文艺类出版物外，所有出版物特别是教科书和科技书刊，在使用量和单位的名称、符号、书写规则时，都应符合这一国家标准的要求。

这里涉及两个概念，一个是"国际单位制"，一个是"我国的法定计量单位"。

什么是国际单位制呢？所谓国际单位制，就是1960年第十一届国际计量大会通过的单位制，推荐各国采用，简称SI。它由长度的米、质量的千克、时间的秒、电流的安培、热力学温度的开尔文、物质的量的摩尔、发光强度的坎德拉七个基本单位和包括两个辅助单位在内的具有专门名称的十九个导出单位所构成。它是国际上普遍采用的标准度量衡单位系统。它包括了力学、热学、电学、磁学、光学、声学、物理学、化学、原子学等各种理论科学和技术科学的计量单位，并广泛应用于经济、科学、文化等各个领域。

我国的法定计量单位，以国际单位制的单位为主体，所有国际单位制的单位

都是我国的法定单位。结合我国具体情况，适当增加了一些计量单位。这些计量单位在我国具有与国际单位制单位同等的地位。教研论文的写作要严格按照国家标准《有关量、单位和符号的一般原则》(GB3101-93)的要求使用。

四、论文书写差错

论文书写差错，主要表现在以下四个方面：

(一)语言文字

语言文字的差错，主要表现在文字、词语、语法三个方面：

1. 文字差错

①误用错别字。由于现在写稿基本上是采用电脑录入，所以稿件中一般不会出现错字，但是别字却经常出现。别字与正字或形似，或音同，或义近，似是而非，判断起来有时并不容易。例如：

图相、像片

应为“图像”“相片”。

②乱用“二简字”。《第二次汉字简化方案（草案）》（1977 年）中的简化字国家已经明令禁止使用，但是有些年龄稍大的老师有时还会使用。例如：

年令、跳午

应为“年龄”“跳舞”。

③滥用异体字。《中华人民共和国国家通用语言文字法》中明确规定，异体字的使用范围仅限于姓氏，后来中国出版工作者协会校对研究委员会提出在名字中使用异体字也不算错。例如：

毕昇（升）、翁同龢（和）、马南邨（村）、胡絜（洁）青、牛犇（奔）

④误用旧字形。旧字形是国家明令淘汰的字形，不能再在出版物上使用。目前，一些计算机的汉字库的字体（如目前流行的圆角字）采用了旧字形，是不规范的。例如：

吴—呉、晋—晉

⑤错用繁体字。有的规范字对应两个以上的繁体字，如“发”就对应“發”（发射）、“髮”（头发）两个繁体字。遇到这种情况，应注意对应准确。

2. 词语差错

①词的误用。因误解词义而错用词语，例如：

品味—品位、启示—启事

②成语误用。成语不能随意改动，例如，将“有的放矢”改为“有的放箭”；误用成语造成笑话，例如：

我和牛结下血肉相连的关系。

③简称误用。简称又叫“缩略语”，简称的使用符合语言交际的“经济原则”，但使用简称不能盲目求简造成语义不明，也不能随意生造，令人费解，例如：

省人大常委会主任

不能缩略为“省人大主任”。

④拼写差错。汉语拼音的基本拼写规则是以词为书写单位，要分词连写，下面这一书名的汉语拼音是不规范的：

《学术论文写作》——XUE SHU LUN WEN XIE ZUO

书名汉语拼音没有分词连写，违反了汉语拼音基本拼写规则。

3. **语法差错**

①词性误用。比如：

作家义务为学生讲座。

“讲座”是名词，应改为“讲课”。

他贪图地用手摸一摸钱箱。

“贪图”是及物动词，一般不作状语，可改为形容词“贪婪”。

②成分残缺。主语残缺。比如：

听了这个报告，使我受到了深刻的教育。

这句话缺主语，可以删去“听了”，让“这个报告”为主语；也可以删去“使”，让“我”为主语。

谓语、宾语、定语、状语残缺的情况也时有发生。

③成分冗余。比如：

桥上，来来往往的车辆飞快地奔驰而过。

“奔驰”已含有“飞快”之意，所以“飞快”是冗余成分，应该删去。

④搭配不当。主语谓语搭配不当。比如：

在香山老人的传说里，曹雪芹的足迹走遍了香山。

主语“足迹”与谓语“走遍”不能搭配，可改“走遍了”为“遍布”，或者删去“的足迹”。

动词与宾语、定语与中心词、状语与中心词、中心词与补语、主语与宾语，关联词之间搭配不当的情况时有发生。

⑤指代不明。比如：

对于学习较差的同学决不能采用体罚或变相体罚的办法，这对于调动学生的积极性是不利的。

“这”指代的是前面的句子，结果句子的意思和作者想表达的意思正好相反，可以把“这”改为“体罚与变相体罚”。

（二）标点符号

标点符号用法差错比较普遍，主要表现如下：

1. 标号误用

①引号。整句引文，句末标点未置引号内，例如：

俗谚云：“惊蛰多栽树，春分犁不闲”。

“惊蛰多栽树，春分犁不闲”为整句引文，末尾的句号应置于引号里面。

②括号。有的将句内括号放在了句外，例如：

唯心论历来反映剥削阶级的利益，代表剥削阶级的意识形态，是“反动派的武器，反动派的宣传工具”。（列宁：《我们的取消派》）

此句的括注是注释引文的，应紧跟引文，放在后引号与句号之间。句外括号应改为句内括号。

③破折号。有的地方该用破折号却用了别的标点符号，有的地方不该用破折号却使用了破折号，例如：

这就是刘冰，蕊蕊的爸爸，张颖的老公，附小的老师。

“刘冰”与“蕊蕊的爸爸”“张颖的老公”“附小的老师”指的是同一个人，后者是对前者的解释说明，中间应该用破折号，而不是用逗号。

④省略号。有的论文将省略号与“等”“等等”“之类”等并用，例如：

宋庆龄、茅盾、周建人……等，都热心为本书撰稿改稿。

句中的“等，”应该删去。

⑤连接号。连接号的形式主要有三种，使用范围略有不同：

一字线常常连接地名或方位名词，表示起止、相关或走向，表示几个相关的项目，表示递进式发展。

半字线连接相关词语，构成复合名词；连接字母、阿拉伯数字等，组成产品型号及各种代号；在全数字式日期中间用来分隔年、月、日等。

浪纹线连接相关的阿拉伯数字或代表数量的字母，表示数值范围。

⑥间隔号。有的将间隔号误用为顿号，有的将间隔号误用为下角圆点号，例如：

十二、九运动

应改为“一二·九运动”。

3.15 消费者权益日

应改为“3·15 消费者权益日”。

⑦书名号。丛书名一般使用书名号，也可使用引号，但最好使用书名号。丛书名称为一个词的，要连同“丛书”一词加书名号或引号；丛书名称是词组的，“丛书”一词应置于书名号或引号外，例如：

《国学》丛书（“国学”丛书）

应改为《国学丛书》（“国学丛书”）。

《名师同步教学设计丛书》（“名师同步教学设计丛书”）

应改为《名师同步教学设计》丛书（“名师同步教学设计”丛书）。

⑧省年号。省年号是近年来从国外引进的一种符号，中文只用于省年形式，例如，用“’99”替代“1999 年”。省年号误用主要有下列两种情况：

误将省年号放在年数后面，如：

99’南宁国际民歌艺术节

误将年数后面加上“年”字，如：

’99 年南宁国际民歌艺术节

2. 点号误用

①逗号。并列词语之间的停顿，应当用顿号，而误用逗号，例如：

笑声，歌声，嬉闹声响彻了山谷。

“笑声，歌声，嬉闹声”三个并列词语之间的逗号应改为顿号。

②顿号。表示概数的两个连用数字之间不应用顿号隔开，例如：

院子里一下子来了三、四十个十八、九岁的年轻人。

“三、四十”“十八、九”都表示概数，不能用顿号隔开，应删去。

③分号。并列词语之间只能用顿号，不能用分号，例如：

报名者请携带户口本；身份证；毕业证；体检证明；两张一寸近期免冠彩照。

④冒号。引文中间的插入语（常为“某某说”）后面误用了冒号，例如：

“说得好！”王老师说：“你的回答很精彩。”

此处的“王老师说”是插入语，非提示性话语，其后应用逗号。

⑤问号。问号的误用主要是把非疑问句误为疑问句。这种情况多发生在带有“谁”“哪”“什么”“怎样”“几”等疑问词和“是……还是……”疑问结构的非疑问句里，例如：

至于谁来当校长？目前还不知道。

“？”应改为逗号。

（三）数字用法

数字使用比较广泛，常见差错主要表现在以下几个方面：

1. 错用阿拉伯数字

西峡人戏称“5000轻骑闹山乡”。

应为“五千轻骑闹山乡”。

2. 错用汉字数字

统计表中的数值错用汉字表示，比如：

零点五六

这里的“零点五六”应为“0.56”。

3. 两种数字混用

使用阿拉伯数字的同时，不能夹用汉字数字，比如：

7百万人口、3千亿元、2万8千7百亩

单位名称中的数字代码，用阿拉伯数字还是汉字数字，应该以“名从主人”为原则，但全文前后应该统一，比如：

301医院/三〇一医院

（四）计量单位

量和单位涉及面广，使用中容易出错，其不规范用法或错误用法，主要表现在以下几个方面：

1. 量的名称

使用已经废弃的旧名称，比如质量（重量）、密度（比重）等，括号中的名称已经废弃，一般情况下不能再使用。

2. **量的符号**

有的本该使用斜体字母，作者却错用为正体字母，比如 V(体积) 应该改为 *V*(体积)。有的本该使用国际规定的符号，作者却沿用旧符号，比如质量的规范符号是 m，但常有人用 W、P、Q 等表示。还有的论文正斜体混乱、大小写混乱。

3. **单位名称**

速度单位 m/s 的名称是“米每秒”，而不是“米秒”“秒米”“每秒米”。面积单位m^2的名称是“平方米”，而不是“二次平方”“米平方”“米二次方”“平方”。

有的作者仍在使用非法定的单位或已经废弃的单位名称。比如，丈、尺、寸、担、斤、两、钱、亩、斗等市制单位一般情况下不能使用，但在文学作品中和引用历史资料时允许使用，在学术著作或以农民为读者对象的普及性读物中必要时也可以适当使用，但要括注法定计量单位。

4. **单位符号**

按照国际规定，单位国际符号应当使用正体字母，但有的作者却使用了斜体字母。另外，单位国际符号的大小写错误也时有发生。一般单位符号为小写体，如 g(克)、m(米)、s(秒)、t(吨)、lx(勒) 等，大写是错误的。

老师们，上面我从格式规范和书写规范两个方面，介绍了教研论文的基本规范，希望大家在写论文时严格按照基本规范去做。

参考文献

[1] 杜兴梅. 学术论文写作 ABC [M]. 广州：广东高等教育出版社，2010：199-274.

[2] 利来友，黄品良. 期刊编辑校对实用手册 [M]. 桂林：广西师范大学出版社，2015：114-128.

[3] 教育部语言文字信息管理司. 语言文字规范标准 [G]. 北京：商务印书馆，2017：582-609.

[4] 李冲锋. 教师教学科研指南 [M]. 上海：华东师范大学出版社，2009：172-193.

第六讲　教研论文的常见问题

本讲提纲

一、学术不端问题

（一）态度不端

（二）哗众取宠

（三）弄虚作假

（四）抄袭剽窃

二、选题立意问题

（一）贪大求全

（二）盲目跟风

（三）观点差错

（四）标题失当

三、结构论证问题

（一）框架缺失

（二）结构散乱

（三）理据不足

（四）论证乏力

四、语言表达问题

（一）语言差错

（二）格式差错

（三）书写差错

（四）文风问题

老师们，对于指战员来说，胜败乃兵家常事。同样，对于老师们来说，成败也是论文写作的常事。只不过，我们需要学会：从成功里寻找成功经验，从失败中寻求失败教训，以利于我们提高教研论文的写作水平。为此，这一讲我想先和老师们谈谈教研论文的失败教训，下一讲再谈谈教研论文的成功之道。

所谓教研论文的失败教训，其实就是教研论文的常见问题，或者教研论文的常见弊病。关于教研论文的常见问题，前面的讲座多少有所涉猎，但是不够全面透彻。下面我将从学术不端、选题立意、结构论证、语言表达四个方面分别加以说明。

一、学术不端问题

学术不端主要体现在两个方面：一是科研态度方面，具体表现为态度不端和哗众取宠；二是科研道德方面，具体表现为弄虚作假和抄袭剽窃。

（一）态度不端

先说态度不端。教研论文也是学术论文。对待学术论文，我们必须秉持科学态度。以科学态度从事科学研究，这是对教研工作者的起码要求。那么，什么是科学态度呢？所谓科学态度，就是在研究过程中实事求是、科学严谨的求证态度，就是在研究结束后客观评价研究成果并坚守自身责任的态度。在教学研究的全过程，作者都应该秉持这种可贵的科学态度。与此同时，还要虚心向前人和他人学习，积极主动地搜集他们的研究成果，作为继续研究的前提和条件。如果我们不尊重前人和他人的研究成果，忽视文献资料的作用，或者不负责任地随意抄袭拼凑，或者封锁截留前期的研究成果，那就违背了科学精神，同时也失去了科学态度。科研工作者包括教研工作者，都需要实事求是、科学严谨、锲而不舍、不畏艰苦的态度和作风，只有这样才能把研究真正推向深入、把研究成果完美呈现出来。如果在研究工作和论文写作中投机取巧、弄虚作假，不能坚持真理、修正错误，最终是不可能取得任何成就的。

而在现实中，的确有一些老师的研究态度和写作态度不够端正，比如：不是老老实实做研究，而是靠“东拼西凑”，一篇不足三千字的文章，只是多篇文章内容的“大拼盘”；不是认认真真写论文，文章不长却“错误百出”，从内容到形式，从观点到材料，不该出现的差错通通出现；不是实实在在解难题，而是做“官样文章”，应付差事，敷衍了事。这样的表现其实还有很多。大家要知道，科研态度不端的危害确实很大。科研态度不端必然导致写作态度不端，而写作态度不端又必然导致论文质量不高。

（二）哗众取宠

再说哗众取宠。无论是在政治生活中，还是在教学研究中，或是在期刊编辑中，哗众取宠都不可取。

在实际审稿中，我们发现有的作者为了追求所谓的“轰动效应”，故意不用通俗易懂的语言表达自己的观点，而用一些花里胡哨的新名词、新概念、新提法来吸引读者的眼球，给人的感觉是故弄玄虚、哗众取宠。这样的论文往往会弄巧成拙，甚至适得其反，严重影响论文的质量和价值。

从某种意义上说，教研工作应当鼓励大胆改革、推陈出新，并以此来推动教研工作不断向前发展。但是，如果仅仅是为了获得某种“轰动效应”而故弄玄虚、标新立异，那就偏离了教学研究的初心。

上面所讲的态度不端和哗众取宠这两种表现，属于写作态度方面的问题，都不利于教研写作，我们必须加以注意。下面我要讲的两种表现，是属于科研道德方面的问题，我们也要加以避免。

（三）弄虚作假

大家都讨厌弄虚作假。做人不能弄虚作假，写作也不能弄虚作假。弄虚作假不是做人和作文的态度问题，而是做人和作文的道德问题。

具体到教研论文，我们同样反对弄虚作假，提倡真材实料。教研论文中所用的材料必须是真实的。要知道，真实是材料的第一生命，虚假材料一文不值。只有真材实料，文章才有力量。

所谓真材实料，是指文中材料是客观存在的，能反映事物的本来面貌。论文所用的材料真实，论点才能站得住脚。而有的教研论文作者没有辨别材料真伪，所引用的人物、事件、时间、地点、数据、引文等没有经过认真核对，结果文中差错不断，令人叹息。

造成材料不够真实的原因有两个：一个是由于作者观察不细和调查不实造成的。选用材料的时候，听信别人的话而没有调查落实，或者直接套用没有核实的材料。另一个是为了文章丰富感人，搞所谓“合理推理”，随意给事实材料添枝加叶。有位作者写了一篇有关课改蔚然成风的文章，他没有深入学校调查研究，手里也没有课改基本情况的具体统计数字，为了突出课改的影响力，想当然地进行推理：“当地中小学，校校搞课改，班班搞课改，人人搞课改。”这种主观主义的想象，弄虚作假的推论，显然是夸大其词，很难让人信服。大家知道，研究数据是获得正确研究结论的基石，得出研究结论必须尊重研究数据和事实，决不能凭空捏造研究数据，也不能为了预期的研究结论而篡改、伪造研究数据。

此外，有的作者根本没有查阅某个文献资料，但为了伪装自己写论文时参考了许多文献资料，在“参考文献”里堂而皇之地将之罗列进去。

（四）抄袭剽窃

科研道德方面的另一个常见问题是抄袭剽窃。所谓抄袭剽窃，是指未经著作人允许，将他人的作品全部或部分据为己有，公开发表并行使著作权的行为。抄袭剽窃是侵占他人研究成果的不道德行为。

老师们需要区别两个概念，一个是“抄袭”，一个是“借鉴”。这两个概念，既有相同的地方：都有“抄录”别人成果的意思；又有不同的地方：“抄袭”的本质是“窃”（剽窃），而“借鉴”的本质是“借”。因为，“抄袭”的时候不会注明出处，作者是想把别人的研究成果当作自己的研究成果；“借鉴”的时候会注明出处，作者只是借用别人的研究成果，而不是占有别人的研究成果。这样看来，“抄袭”与“借鉴”是有根本区别的，这个根本区别就在于是否公开告诉读者：文中除了自己的话语之外，哪些参考了别人的研究成果。

在审稿过程中，我们发现作者抄袭的方法可谓五花八门：有的是直接“拿来”，照搬成段文字，盗用成篇文章；有的是改头换面，改换文中个别字句，企图蒙蔽读者的眼睛；有的是改装整容，稍微改动文章内容，概括意引他人文章；有的是拼凑粘贴，找来几篇内容相近的文章，调整删改彼此嫁接；有的干脆花钱找枪手、买文章，让别人代抄代写等。随着中国知网等网络查询系统的建立和应用，审稿查重、抄袭查询等迎刃而解，抄袭剽窃行为将越来越无处遁形。

此外，一稿多投和一稿多登也是学术不端行为。一稿多投指作者将一篇论文

（或者实质内容基本相同的两篇论文）同时投给了两家甚至多家学术期刊。一稿多登指同一篇稿件被两家或多家学术期刊刊登。前者浪费了编辑为审阅、处理、编发稿件所付出的时间和精力，后者浪费了刊物版面和刊物购买者的资金，甚至还会引起刊物之间的产权纠纷，希望大家恪守学术道德，不要一稿多投，更不要一稿多登。

二、选题立意问题

各位老师，选题和立意决定着文章的价值，影响着文章的成败。所以，我们必须避免选题与立意方面常见的问题。对于作者而言，在选题上常见的问题主要是贪大求全和盲目跟风，在立意上常见的问题主要是观点差错和标题失当。

（一）贪大求全

贪大求全、面面俱到，是初步涉足教学科研的教师最容易犯的毛病。有的老师总觉得做小课题没啥意思，喜欢选择宏大的课题来研究。比如研究学校的整体变革或综合变革。这样的选题，涉及面广，耗费精力大，必要条件多，完成难度大。而且一个大问题关联着一系列小问题，没有明确的目标指向，没有鲜明的问题线索，其结果必然是浅尝辄止、半途而废。再如，"论中学课程改革""论学生核心素养""论学生心理素养""中学语文教学论""小学体育教学论"等，这些选题太大，我们一线教师很难在一篇几千字的论文里讲清楚。

其实，对于大多数中小学教师而言，教研课题一定要选得小一些，按"以小见大""小题大做"的思路展开研究。正如古人言"天下难事必作于易，天下大事必作于细"，在选题中要对课题加以限定，把研究范围缩小到自己容易把握为止。比如：核心素养研究→语文学科核心素养研究→小学语文核心素养研究→小学语文阅读教学如何发展学生核心素养研究→指向核心素养的小学阅读教学。当然，选题是否大小适宜，还要因人而异、因时而异、因地而异，不可简单地搞"一刀切"。

（二）盲目跟风

前面我讲选题策略的时候，讲过选题可以"追踪热点"。这是因为在每个历史时期，教育领域都有一些热点问题，比如当下的核心素养问题、学科育人问题、课程标准问题、统编教材问题等。这些热点问题，都可以成为我们的选题对象。但是，我们在"追踪热点"的同时，切不可"盲目跟风"。

什么是"盲目跟风"？就是指没有主见，跟从大多数人的选择。不是所有的热点问题都值得我们花费时间研究，也不是所有的热点问题我们都有能力去研究。一方面我们要明辨是非，分清哪些是正确的，哪些是错误的；另一方面我们要坚守自我，“君当如磐石”，莫做墙头草。要想真正做到不盲目跟风，我们必须提高明辨是非的能力和坚守自我的定力。这就需要我们加强理论学习、提高科学素养。

对于中小学教师来说，由于理论素养和科学素养的局限，面对一些热点问题时难免会盲目跟风。他们对新理论、新主张、新观点所知甚少，又想“标新立异”“引人关注”，于是就运用这些新提法来指导自己的教学研究，撰写自己的教研论文。比如，有的老师撰写一篇“互联网+学科教学”方面的教研论文，由于作者对“互联网+”的概念、特点、应用情况等了解不足，再加上对自身学科教学已经取得的成就和存在的问题认识有限，而且对国内外“互联网+”在教学实践中的应用情况和实际效果研究不够，致使文章泛泛而谈，文章价值大打折扣。

我们注意到，教育领域一旦出现一些新的动向或“潮流”，有些学校往往就会闻风而动，跟着做相应的教学研究。比如，创新教育甫一出现，不少学校就以“创新”为题申报各种课题，好像课题名称里没有“创新”，就像“土老帽进城”让人笑话。再如，“核心素养”刚一引入，有的学校马上将它作为学校教研的参照体系，进行各个学科核心素养的理论研究和实践研究。这种现象，一定程度上说明学校教研还缺乏主体意识，缺乏对自身面临的问题的捕捉能力和洞察力，缺乏应对自身问题的勇气和智慧。

需要说明的是，跟风写作并非全然不可取，只要不是“盲目跟风”。对于身处教学一线的老师来说，跟风写作只能是借“风”中的相关理论，吹开自身教育实践的迷雾，发现教学中存在的具体问题，去探究具体的解决问题的办法。许多老师在明辨是非、坚守自我的基础上，“追踪热点”跟风写作，也能写出有个性、有价值的好文章。

（三）观点差错

这里的“观点”，其实就是“立意”之“意”，就是文章所要表达的中心思想。古人说“文以意为主”“意犹帅也，无帅之兵，谓之乌合之众”，可见论文立意的重要性。教研论文在立意方面的常见问题主要表现为：

1. 没有观点

没有观点的教研论文，包括两种情况：

一是文章只有材料，没有观点。这里的材料是指事实材料。在这样的论文里，事实材料有不少，但是没有经过提炼，满足于堆积材料，满足于描述现象，满足于就事论事。或者对材料简单概括，根本不做深入探究；或者理论材料归理论材料，事实材料归事实材料，作者只把两者简单拼接，没有得出新的结论。

二是文章只有别人的观点，没有作者的观点。在这样的论文里，作者把别人的观点当成自己的观点，把别人的看法当成自己的看法。文中大量引用别人的话语，虽然注明了出处，但是没有作者的评说，更没有作者的观点。

2. 观点错误

有的论文虽然有观点，但观点是错误的。这样的论文，没有研究的价值，也没有写作的价值，更没有发表的价值。比如，有位研究者写了一篇题为《中国封建社会长期落后原因剖析》的论文，作者的基本观点是："中央集权的专制主义是造成中国封建社会长期落后的根本原因。"作者对"中央集权"和"专制主义"两个概念不加区分，认为"中央集权"必然导致"专制主义"，且"造成中国封建社会长期落后"。这种对中央集权全盘否定的观点不符合我国历史情况。尽管这篇论文在论证和语言等方面有可取之处，但是由于作者的基本观点错误，导致这篇论文缺失了科学性和应有价值。

3. 观点陈旧

有的老师平常不关注教育政策、教育现象、教研动态，也不研读最新颁布的教育文件、最新发表的教研论文、最新出版的教育图书，很少参加线上线下的各种教研活动，天天"两点一线"，过着"不知有汉、无论魏晋"的封闭式生活。校外的教育改革早已多次风云变幻，而他们还守着老皇历，美其名曰"以不变应万变"。这些老师撰写的文章一看标题就知道是"出土文物"级的教研论文。比如，我在来稿信箱里经常能看到一些老师现在还在探究十几年前风行一时的"三维目标"。在学科教学以核心素养为导向的今天，仍停留在"三维目标"的探讨上就显得观点陈旧了。

4. 观点含糊

有的论文中心论点提炼不够，导致观点不鲜明、重点不突出，给人的感觉是观点含糊、似是而非、似有若无。比如，一篇题为《马克思主义发展中的多样化》的论文，"多样化"就不太明确，容易让人产生歧义。这里的"多样化"，可以理解为后人对马克思主义的不同理解和认识，也可以理解为后人对马克思主义在新的历史条件下的新发展，还可以理解为不同马克思主义学派的存在和发展，等等，因此，论点必须明确，不能让人费解。

（四）标题失当

标题是文章的眼睛。通过标题，读者可以抓住文章的主要内容和精神，同时好的标题能够一下子抓住读者，把读者吸引到文章上来，因此写出亮眼的标题对论文的发表和推广意义重大。但在论文写作中，许多老师的论文标题没让人眼前一亮，出现了不少不该出现的问题。教研论文的标题失当，主要体现在以下几个方面：

1. 标题太大

有的论文标题太大，涉及面过宽过深，所论问题复杂程度超出作者能力，短时间内很难完成。比如《核心素养课程发展与设计研究》这个标题，涉及"核心素养"的意义、"课程结构"的意义、"核心素养的课程发展与设计"的内涵，以及"课程设计理论取向的意识形态""课程设计的模式""课程组织与课程统整""课程发展""课程实施与课程领导"等一系列理论问题，就不适合中小学教师研究。

2. 标题太小

有的论题过于具体，只是讨论教育活动中的某个细节问题，就事论事，导致论文缺乏应用价值和推广价值。比如，《鲁迅〈一件小事〉中人力车夫的研究》。

3. 标题太旧

有的论题过于陈旧，重复别人的研究，老生常谈，人云亦云，了无新意，让人生厌。比如，《论素质教育的必要性》《〈红楼梦〉整本书阅读策略》《如何提高数学课堂效率》等。

4. 标题太长

有的论文标题太长，有三四十个字，啰唆累赘，读者记不住，看起来也无美感。

5. 标题模糊

有的论文标题看起来新颖别致，其实含义模糊笼统，不能集中反映文章所讨论的基本问题或主要内容，读者看后不知道作者想要论述什么。比如标题为《高效课堂》的一篇三千字论文，光看题目连作者论述的是哪个学科的课堂教学都不知道，像这种含义模糊的标题必须加以修改，使其含义明确。

三、结构论证问题

教研论文的结构要合理，要做到条理清楚、层次分明。

中小学教师的教研论文在结构上的问题，主要是框架缺失和结构散乱，而在论证方面存在的问题主要是理据不足和论证乏力。下面先讲结构方面常见的问题：

（一）框架缺失

许多初写教研论文的老师往往忽视搭建写作框架的重要意义。他们在选定论题、确定立意后，不是先搭建合理的写作框架再分块进行内容阐释，而是在写下题目后便“跟着感觉走”，想到什么就写什么。这样作者的思维经常会“开小差”，教研论文必定会成为“烂尾工程”。

其实，要想完成一篇好的教研论文，除了需要良好的立意和充足的素材之外，还需要两样东西：一是严谨的逻辑思维，二是适宜的写作框架。正如有人所说，严谨的逻辑思维是合理论证的基础，所有的立意和素材，只有经过严谨的逻辑思维的深加工，才能形成有说服力的论据材料和论证过程，才能最终被读者接受。适宜的写作框架则是守护逻辑思维的思维之水的坚实堤岸，为逻辑思维预设了流淌路径，约束了思维的旁逸斜出，规范了思考的行走态势。

教研论文的写作需要研究教研期刊对论文结构的基本要求。教研期刊上发表的教研论文，最外显的框架结构包括四个部分：摘要、关键词、正文、参考文献。正文部分的论证结构最常用的有三种：并列式主体结构、递进式主体结构、混合式主体结构。关于这方面的内容，我在第四讲“教研论文的基本结构”中已经讲过，大家可以参阅。

一般情况下，初写论文的老师由于缺乏逻辑思维训练和业务理论学习，当其面临一个教研课题时，最得心应手的材料多半是教学实践中所累积的感性价值判定，然后才会依照这个判定去寻找相关的证据。这种思维惯性，感性结论在先，论证过程在后，再加上没有提前预设文章结构，没有既定思维框架的约束，想到哪里就写到哪里，写出的论文，其可信度可想而知。比如有的老师写的是“某某老师教学艺术探究”，内容是“听某某老师的课的杂感”，全无教研论文应有的逻辑关联和理论论据，更无教研论文应有的基本框架。

（二）结构散乱

中小学教师的教研论文在结构上的问题，大致可以分为三类：

1. 结构残缺

教研论文的基本结构包括绪论、本论和结论三个部分，但是，有的论文，开头既不说明课题研究的背景、意义和目的，也不交代研究的方法和手段，而是直接罗列数据，描述现象，让读者感觉摸不着头脑；有的论文，结尾没有明确的结论，戛然而止，让读者不知所云。

2. **结构混乱**

教研论文的基本结构应该各司其职，井然有序，作者事先应对论文结构进行整体规划。但在实际写作中，有的论文颠三倒四，东拉西扯，不知所云；有的论文信马由缰，洋洋洒洒，不知终点；有的论文主次不分，详略不辨，重点不明。

3. **结构古板**

许多论文不是“三部曲”（现状—原因—对策），就是“四部分”（成绩—问题—成因—对策），千篇一律，令人生厌。

接下来，我再谈谈论证方面的常见问题：

（三）理据不足

理据不足的表现主要有三个：一个是经验多，理论少；一个是经验少，理论多；还有一个是描述多，论述少。

1. **经验多，理论少**

中小学教师的教研论文，大多数是教育教学的经验总结和心得体会。这类论文只限于叙述事实，就事论事，发表个人感想，介绍局部经验，往往以偏概全，难以上升到理论高度。大多数的教研论文，只回答了“是什么”，没有回答“为什么”。需要说明的是，再多的经验材料也无法替代理论论据。没有一定的理论做支撑，文章就缺少理论高度，这样的论文不能算好论文。

2. **经验少，理论多**

有的老师并没有吃透一些新的教育观点或教育理论，为了“标新立异”或者“引人注目”，就在文中大量引述一些自己似懂非懂的“高深理论”，企图激起同行的“惊艳”“敬佩”之感，但是，由于其本人并没有完全搞懂这些“高深理论”，导致自己也无法拿出能够阐释或注解这些理论知识的事实材料。这样的文章给人堆砌理论、故作高深的印象。

3. **描述多，论述少**

有的教研论文只注重研究结论的描述，而忽视研究过程的论述。在这样的论文里，我们常常会看到这样的句式：“我（们）认为……”“我（们）发现……”，或者“教学实践证明……”“多年来的教学经验说明……”等。至于我（们）为什么这样认为？我（们）是通过怎样的研究过程、用怎样的研究方法发现研究结论的？我（们）的教学实践从哪个角度、在何种程度上证明了研究成果？这些重要问题在文中一概不谈，而是一味地强调研究结论的价值有多大、意义有多大，这样的论文无法以理服人。

（四）论证乏力

所谓论证乏力，主要表现为下列四种情况：

1. **有理无据**

就是只有理论分析，从理论到理论，缺少必要的、充分的事例和数字的依据。有的教研论文，只对理论概念进行逻辑分析，只进行理论推导，不涉及实际事件和具体现象，更不解决实际问题。这样的教研论文，缺乏生动的事实材料的支撑，给读者的印象非常空洞、生硬。对于中小学老师来说，虽然爱读理论书籍是件好事，但是理论一定要与实践相结合。没有事实材料或事实材料太少，容易脱离实际，科学性就大打折扣。大家要多准备一些事实材料，有理有据，才能写好教研论文。

2. **有据无理**

就是只有材料，没有论证过程，作者只是罗列现象、列举数字、不进行深入分析，便用“由此可见”“大量事实证明”等语句，草率地给出结论。一般表现为材料很多，但在选择材料和组织材料上欠佳，缺少周密严谨的逻辑性。

3. **理据相悖**

就是论点论据相互矛盾，论证过程缺乏说服力。此外，还有论点相悖的情况，有的论文前后论点相互矛盾，无法支撑中心论点；有的论文中心论点与分论点之间有矛盾。

4. **理据不合**

就是论据选用不当，虽然论点论据并不矛盾，但是所用论据难以论证论点，文章的观点缺乏说服力。

有的论文所选论据不够典型，比如，一位普通老师写了一篇几千字的教研论文，系统阐释自己的教学理念。这篇文章的结构主要是综述、具体论述、结论三个部分。在具体论述部分又分为三个论述板块，每个板块的结构形式为：教学主张+“我”的教学案例+教学法提炼。这篇文章的问题就是论据不够典型。由于作者只是一位普通老师，所以其教学行为不太具有典型性和代表性，难以赢得读者对其教学主张的信任。要想让这篇文章获得新生，最好的办法就是引进名师对这些问题的做法和提法，变文中表述“我”如何做的内容为应该如何做的内容。经过这样的修改，一是可以强化论据的典型性和说服力，二是可以消除读者对作者直接表述“我”如何做的心理抵触。

有的论文所选论据并不适合用来支撑论点。比如，《义务教育英语课程标准（2011 年版）》提倡教师把语法教学与学生语言能力的提高有机结合起来。作者认为，教师在启动语法教学的时候，应针对不同的教学目标、教学内容、教学对象，采用不同的激发学生学习兴趣的方法，让学生积极地参与到学习语法的过程当中，努力克服畏难情绪。教师首先以多种形式激发学生学习语法的兴趣，如唱歌、对话、猜谜语、讲故事。在讲虚拟语气时，可以创设情境，“歌德说：‘哪个少年不钟情，哪个少女不怀春。’因此，某某同学上课走神时一定正在想：她要是嫁给我就好了。又有许多男同学，会在‘三八’妇女节这天随口而出：我要是女的就好了。以上两个句子‘要是……就好了’就是虚拟语气，虚拟语气常用来表达难以实现的目标。当然，你要是努力的话，‘她要是嫁给我就好了’的想法会有一天变成现实！”

在这个例子中，作者提出的观点是正确的，语法教学应当注重激发学生的学习兴趣，引导学生积极参与到学习语法的活动中来。同时，在语法教学中创设情境，增强趣味，讲解语法知识也是必要的，但是，不能为了活跃课堂气氛而不顾学生情感的健康发展。

四、语言表达问题

教研论文语言表达方面的问题，主要表现在四个方面：语言差错、格式差错、书写差错、文风问题。

（一）语言差错

关于教研论文语言文字方面的规范与差错，我已在第五讲的第三、四部分讲过，大家可以参阅相关内容。不过，对于常见的语言差错，补充下面几点：

1. 语体失当

一是教研论文一般使用典雅的书面语，尽量不用口头语。初写教研论文的老师，往往习惯用口语表达的方式陈述观点主张，这样的语言缺乏规范性，不利于阐释深刻的道理；二是教研论文一般使用学术语言，尽量不用文学语言。教研论文的语言，应该准确、精练、流畅。

2. 言不尽意

初写教研论文的老师，经常有这样的困惑：心里对某个问题似乎已经有了比较完善的想法，可是，真正动笔写作的时候却感到无法将心中的想法原原本本地表达出来。归根结底，还是作者还没有想清楚、想完整，所以才难以写明白、写完善。

3. **句段臃肿**

论文的语言讲究内在逻辑，注重词汇之间的搭配次序，借以体现思维的层次性，所以，教研论文的语句多为长句，但这样的长句必须以表意顺畅为前提。如果句子过长，超过四十个字，就容易出现病句，也容易产生歧义。同样，教研论文的段落也不要文字过多。一般情况下，一个段落两三百字，清清爽爽，利利索索，这样不会给读者的视觉和心理造成过多压力。

此外，语言方面的差错还有：词汇贫乏，没有文采；语法错误，句不达意；半文半白，卖弄学问；标新立异，生造术语；不求甚解，滥用名言；言语啰唆，不够简洁；过分简约，语焉不详等。

（二）格式差错

关于教研论文格式方面的规范与差错，我在第五讲的第一、二部分讲过，大家可以查阅。

（三）书写差错

关于教研论文书写方面的规范与差错，我在第五讲的第三、四部分讲过，大家可以查阅。

（四）文风问题

教研论文的写作，除了要克服观点、材料和语言方面的问题，还要注意发扬优良文风，克服不良文风。毛泽东同志就很重视文风问题，这对我们中小学教师写好教研论文同样具有指导意义。

在延安整风运动中，毛泽东同志写了《反对党八股》，把文风问题和党的作风，与整个革命事业联系起来。1958 年在《工作方法六十条》中，他又明确指出文件、文章应该具有三种性质：准确性、鲜明性、生动性。毛泽东同志提出的文章“三性”也就是对优良文风的三个基本要求。

所谓准确性，就是文章的科学性。优秀的文章必须科学准确，合乎实际，能真实反映事物的本来面目。文章的准确性体现在观点、材料和语言三个方面。

所谓鲜明性，主要是指作者的态度要鲜明，论文要有鲜明的倾向或爱憎。

所谓生动性，是指论文要写得生动有趣，使人爱看。要使论文写得生动，材料必须具体形象，写作中要尽量运用形象具体的材料来说明问题。如果能在以理服人的同时，还能做到以情动人，那才是论文写作的高手。

这应当是我们始终坚持的标准，需要我们在教研论文的写作中切实践行。

具体到教研论文的写作，不良文风的主要表现为：

1. **废话连篇**

有的论文，空话连篇，言之无物，犹如山里竹笋，“嘴尖皮厚腹中空”；有的论文，一二三四，甲乙丙丁，看似充实，不得要领；有的论文，步人后尘，人云亦云，拾人牙慧，令人生厌。

2. **华而不实**

有的论文，辞藻华丽，内容贫乏，用文学语言代替论文语言；有的论文，用情过多，感情泛滥，既未以情动人，也未以理服人。

3. **半文半白**

有的论文，文白夹杂，时而用白话文，时而用文言文，两者难以协调，读来佶屈聱牙。

4. **语言乏味**

有的论文，枯燥乏味，味同嚼蜡，死气沉沉，让人提不起兴趣阅读。

我们一定要在教研论文的写作中发扬优良文风，克服不良文风。

各位老师，综上所述，我从学术不端、选题观点、论证结构、语言表达四个方面讲了教研论文的常见问题或常见弊病。这些常见问题都值得我们警醒。只有有效克服了这些常见问题，我们才能写出真正优秀的教研论文。

参考文献

[1] 王工一．教育科研论文写作导引［M］．北京：中国水利水电出版社，2004：11-18.

[2] 裴栓宝．中小学英语教师科研论文写作方法指导［M］．南宁：广西教育出版社，2012：449-463.

[3] 申友良．史学论文写作指南［M］．广州：广东高等教育出版社，2013：131-148.

[4] 杜兴梅．学术论文写作 ABC[M]．广州：广东高等教育出版社，2010：334-344.

[5] 郑金洲．教师如何做研究［M］．上海：华东师范大学出版社，2005：1-5.

[6] 刘祥．改变，从写作开始：教育写作使用技巧 30 讲［M］．上海：华东师范大学出版社，2018：1-7，104-110，146-152.

[7] 吕映，李菁．小学语文课题研究与论文写作［M］．杭州：浙江大学出版社，2007：118-120.

第七讲　教研论文的成功之道

本讲提纲

一、论文言之有物

（一）材料真实

（二）材料新鲜

（三）立意明确

（四）立意集中

二、论文言之有理

（一）材料切题

（二）材料典型

（三）立意正确

（四）立意深刻

三、论文言之有序

（一）结构安排

（二）层次段落

（三）过渡照应

（四）开头结尾

四、论文言之有文

（一）表达准确

（二）行文流畅

（三）语言简洁

（四）富有文采

老师们，上一讲我讲了“教研论文的常见问题”，这一讲我讲讲“教研论文的成功之道”。

我精选了三篇已经发表的教研论文作为例子：一篇是浙江初中道德与法治教师李逸老师写的，题目是《基于教学设计寻找线上教学的支点》（附录3）；一篇是西南大学教授魏小娜老师和陈静俏老师写的，题目是《现代文阅读试题命制的五种错误倾向》（附录4）；还有一篇是江苏小学语文特级教师吴勇老师写的，题目是《单元教材中习作训练体系的常态构建》（附录5）。

同时，我主要根据武汉大学张杰与萧映两位教授主编、北京大学出版的《写作》第一编“写作基础理论概述”的内容，建构了本讲的主体框架与主要内容。考虑到教研论文与一般写作的区别，我将该书提出的一般文章的四项要求：“言之有物”“言之有序”“言之有文”“言之有体”，进行了必要的改动：将“言之有体”去掉，把“言之有物”分为“言之有物”“言之有理”两项。这样，就形成了本讲的主体框架。

可能有的老师会问：为什么说“言之有物”“言之有理”“言之有序”“言之有文”是“教研论文的成功之道”呢？

简单地说，面对一篇教研论文，我们往往会从内容与形式两方面进行评判。从内容上看，不仅要“言之有物”，而且要“言之有理”；从形式上看，不仅要“言之有序”，而且要“言之有文”。所以，教研论文的成功之道，就是论文要“言之有物”“言之有理”“言之有序”“言之有文”。

下面，我就结合三篇例文，并引用《写作》书中的相关内容，谈谈教研论文的成功之道。先从内容上看，教研论文不仅要“言之有物”，而且要“言之有理”。

一、论文言之有物

表达与交流的基本要求是“言之有物”。所谓“言之有物”，对于文章而言，就是要求文章含有具体而实在的思想内容。与之相对的是“言之无物”，就是空话连篇、无病呻吟，这样的文章根本没有写作的必要，更加没有发表的价值。所以，古今中外的写作理论都把“言之有物”当作写作的起码要求，当然，教研论文也不例外。

具体而言，“言之有物”的“物”，指的就是文章内容，它包括文章的材料和思想两个方面。具体到教研论文，要想达到“言之有物”的要求，作者就得做到：材料的真实、新鲜，立意的明确、集中。

（一）材料真实

所谓“材料”，就是被作者用来提炼和表现文本思想的事实、现象、理论、言论、数据等。从形态上看，既有理论性材料，如名人名言、俗语、谚语、科学原理、规律、定理、公式等，也有事实材料，如历史记载、统计数据、实际发生的事件等，还可以是虚构和想象性的，如神话传说、科学幻想、文学故事等。

所谓“真实”，包含“事实”“可能”“可信”三种情形。历史上确曾发生过、存在过和生活中真实存在的是“事实”；按照普遍的情理和逻辑，在现实生活中有可能发生、但不一定真的会发生的是“可能”；即便发生某种事的可能性极小，但由于生活充满偶然性和巧合性，人们还是相信会发生的是“可信”。

不同类型的文章，对于材料真实的要求是不同的。一般来说，文学作品对材料真实的要求是比较自由的，“事实”“可能”“可信”三种情形的材料都可以，而且，文学创作更喜欢“可能”与“可信”的材料。但是，对于应用性文章，包括论文在内，材料真实的要求就主要是“事实”类材料，文章材料要符合客观事实，不能弄虚作假、随意编造。因为，应用性文章是面对现实，为解决实际存在的问题而写作的，因而所使用的材料必须是“事实”这种情形的材料。

例如，《现代文阅读试题命制的五种错误倾向》一文，从中小学一线教师命制的 1325 道现代文阅读试题中精选出 12 道典型试题加以分析，从中发现小学语文教师命制现代文阅读试题的 5 种错误倾向。这 12 道试题“货真价实”，都是来自教学一线的小学语文教师所命制的现代文阅读试题，作者没有弄虚作假、随意编造。这样的材料是真实的、可靠的，因而由这些材料研究推导出来的观点或结论是可信的。

（二）材料新鲜

文章的材料当然要真实，但是真实的材料未必会激起读者的阅读兴趣。文章的材料还需要新鲜，因为新鲜的材料可以激发读者的好奇心，让读者产生阅读文章的冲动。人人皆知的材料、陈旧过时的材料是不会激起读者兴趣的，写文章的目的就难以达到。所以，文章的材料在真实的基础上，还需要尽量新鲜。

新鲜材料的来源，主要有三个：

1．新发生的事情

新近发生的事情，带有鲜活的时代气息，贴近人们的当下生活，容易被读者认可接受。用这样的材料写出来的文章，更能凸显其现实价值。这是写作中应该首选的材料。大家要密切关注身边新近发生的事情，同时还要借助现代媒体密切关注其他地方新近发生的事情，从中获取可用的真实材料。

例如，《现代文阅读试题命制的五种错误倾向》一文所用的12道试题，都是近年来统编版语文教材全面使用以来所命制的，属于新近发生的事情，非常贴近语文教学实际，容易引起语文教师的阅读兴趣，这些新鲜的材料是教研论文首选的好材料。

再如，《基于教学设计寻找线上教学的支点》一文，它以新冠肺炎疫情防控期间各地中小学开展的“离校不离教、停课不停学”的线上教学为研究对象，思考疫情条件下如何更加有效地开展线上教学。文中所举的初中道德与法治课“法律保障生活”，就是作者在疫情期间上的一堂真实的线上课。由于材料真实而且新鲜，论述起来就会引人入胜，令人可信。

2．新发现的材料

新发现的材料包括新的考古发现、新发现的文献资料、往事钩沉等。这类材料尽管不是新近出现的事物，但是由于很少有人知道，对多数人而言很有新鲜感。由于受到多方面的局限，这些材料在中小学教师的教研论文里并不多见，但在一些大学问家的文章中却屡见不鲜。

比如邓拓在《生命的三分之一》一文中就使用了《汉书·班固》中的一句话“秦始皇躬操文墨，昼断狱，夜理书”，用来说明古代大政治家们是怎样珍惜时间的。对于秦始皇，人们熟知的是其暴君的一面，其勤政好学的一面却鲜为人知，这样引用就让人耳目一新。

3. **老材料翻新意**

如果换个角度，换个语境，旧的材料也能翻出新的意义。这样的选材，往往会收到意想不到的效果。

比如，《三国演义》的故事早已妇孺皆知，可是用这些故事来类比班级管理的谋略时，就会给人耳目一新的感觉。

老师们，判断教研论文是否“言之有物”，除了考察文章所用的材料是否真实、新鲜外，还要考察文章的立意或观点是否明确和集中。

（三）立意明确

所谓“明确”，就是清晰明白而确定不移。所谓“立意明确”，就是写文章必须有明确的观点，或者说，写文章必须有明确的中心或主题。大家应该都有这样的体验，我们写文章，只有把观点想清楚了、确定了，才能很好地选用材料，阐明道理。因此，观点明确是文章立意的基础和起点，也是“言之有物”的基本要求。

可是，就是这个简单而又重要的要求，却往往被一些老师所忽略。他们面对一个论题，不是老老实实搞研究，辛辛苦苦找素材，认认真真做规划，仔仔细细做准备，而是未加深思，随意而为，结果是下笔千言，离题万里。我们常常读到这样的稿子，洋洋洒洒，旁征博引，但文章所要表达的中心或主题却模糊不定、模棱两可，让人“丈二和尚摸不着头脑”。

文章立意，首先要把讨论的边界划定清楚，使作者和读者双方都明白说的是怎么一回事。写作除了有表达自我的功能外，还有与人交流的功能，所以，“明确”不仅是指作者要弄清自己的观点、理清自己的思路，而且还包括让读者理解和接受自己的观点和思路。作者在开笔前，要清晰把握文中的概念、术语、命题和观点，一方面有必要说明论述的角度、范畴和条件；另一方面，还有必要了解读者以及其他研究者的理解方式。立意明确，有的放矢，文章才能准确而有效地表达作者的思想，达到发表的目的。

例如，《单元教材中习作训练体系的常态构建》一文，首先对讨论的边界进行了明确界定，文章所要讨论的“习作训练体系的常态构建”，只是针对统编语文教材中相对于“习作单元”的普通单元。这样，作者和读者双方就明白这篇教研论文的研究对象是统编教材的普通单元；研究目标是在普通单元建构基于语文要素的单元习作训练体系。文中涉及的许多概念、术语，比如“单元习作为训练”“铺垫性训练”“靶心性训练”“补偿性训练”“提升性训练”“读写‘结合点’”“技能‘薄弱点’”“言语‘模糊点’”“潜力‘增长点’”都有生动形象的阐释，这样让读者易于理解，乐于接受。

（四）立意集中

所谓“立意集中”，就是指不同的意思和内容都要围绕一个中心论点来构思和阐述。我们知道，一篇文章往往要表达几层意思，或者涉及多方面的内容，但是不管有几层意思，不管有多少内容，文章的中心论点只能有一个，绝不能搞“多中心”，当然也不能搞“无中心”。因此，文章的立意也是一个不断梳理思路、提炼主题的过程。一方面，要把论述的内容分出主次，理清逻辑关系，突出中心论点；另一方面，也要对同类内容进行筛选，以避免同义反复，造成“正确的废话”。

仍以《单元教材中习作训练体系的常态构建》一文为例，这篇文章的立意就非常集中。文章在确定了研究对象与研究范围后，分三个层次展开阐述：先阐明“单元习作微训练”的五个基本表征，再设计“单元习作微训练”的四个系统架构，最后指出“单元习作微训练”的四个操作策略。八千字的长文洋洋洒洒，我们读起来感到条分缕析、清清爽爽。为什么会有这样的感觉？就是因为全文只有一个中心“单元教材中习作训练体系的常态构建”，没有出现第二个或更多的“中心”。事实上，“立意集中”是合格论文的基本要求。

二、论文言之有理

“言之有理”是论文写作的基本要求。所谓“言之有理”，就是要求论点正确，能够以理服人。与“言之有理”相对的就是“言之无理”，就是论点错误，不能以理服人。论文写作必须要求“言之有理”。

“言之有理”的“理”，就是道理。我们可以从材料和思想两个方面来考量教研论文是否“言之有理”。实践证明，要想“言之有理”，就得做到材料切题、典型，立意正确、深刻。

（一）材料切题

切题是选材的首要原则和基本要求，就是要求所选用的材料完全吻合文章的主题思想。材料是用来说明主旨的，必须围绕主旨来选材。为此，选材时必须勇于割爱，那些与主旨无关或关系不大的材料，再真实、再新鲜都不要写进文章。否则，不仅无助于文章主旨的表现，还会破坏主旨的明确与集中。

例如，《现代文阅读试题命制的五种错误倾向》一文所选的 12 道阅读试题，就是围绕现代文阅读试题命制中的错误倾向而精选出来的。每一道试题都是用来说明试题命制的错误倾向的。而作者所用的12道试题是从1325道试题中精选出来的，还有不少与主旨相关的试题可以选用，但限于篇幅或为了主旨的明确与集中，作者主动"割爱"，至于那些与主旨无关或关系不大的材料，作者都一概舍弃。

（二）材料典型

材料不在于多，而在于精，只有典型材料才最有说服力和表现力。"典型"包含本质化与普遍性两重含义。所谓本质化，就是最能反映事物本质、最能说明问题的材料；所谓普遍性，就是所选案例带有普遍性，不是孤例，不是极少数，不是偶然的事件，不是个别、特殊的现象。

仍以《现代文阅读试题命制的五种错误倾向》为例，文中列有五种错误倾向，只选用了12道试题作为论据。其中，第一种错误倾向"阅读能力水平层级含混，命题随意怪异"、第三种错误倾向"客观题题干指向不明，客观性丢失"、第四种错误倾向"备选答案设置不合理，迷惑性欠缺"，都分别用了三道试题；第二种错误倾向"阅读命题策略欠缺，真实情境创设匮乏"，选用了两道试题；而第五种错误倾向"肆意解读文章，阅读测评'失真'"，只用了一道试题。只用一道试题来论述一种错误倾向，确实很不容易。这就要求所选用的这道试题或这个材料必须典型，否则就没有说服力。

让我们看看作者是如何用一个材料来论述分论点的：由于所谓"深度阅读"和"多元解读"的影响，一些老师在试题命制时常常"剑走偏锋"。表现为或者"掘地三尺"命制"出人意外"的试题，或者"创意解读"命制"新颖别致"的试题。但是，这两种倾向最终都走向"肆意解读文章，阅读测评'失真'"。作者以一位老师就《一个豆荚里的五粒豆》命制的阅读题为例，说明一些老师在现代文试题命制中违背正常阅读经验的错误做法。命题者试图在这四个选项中体现所谓的"深度阅读"和"多元解读"，结果却损害了儿童的正常阅读，损害了阅读教学测评的科学性。这个材料尽管只有一个，但是它很典型，完全能支撑起分论点的论述。

上面我从材料的切题与典型两方面，谈了"言之有理"的要求；下面我再从立意的正确与深刻两方面，谈谈"言之有理"的要求。

（三）立意正确

文章写出之后，尤其是发表之后，会产生一定的社会影响，为了对社会产生积极的影响，作者必须传播正确的思想观点。换句话说，立意要正确。立意正确，包括认知、价值观、道德观等方面，就是要正确认识客观事物，传递正面的价值观，引发读者对真善美的追求，对假恶丑的憎恶。

例如，《基于教学设计寻找线上教学的支点》一文，作者提出要正确认识疫情条件下的线上教学，注意线上线下教学的差异，探索适合线上教学的教学设计：活用学生经验，实现代入学习；发挥教师个人魅力，实现深度学习；体现教学关怀，实现教育性学习。总的来看，作者的立意无疑是正确的。分开来看，作者提出的几个分论点，都流露出作者对中小学生“离校不离教、停课不停学”的责任感与使命感，尤其是文中以疫情期间作者自己所上的一课——初中道德与法治《法律保障生活》为例，来谈“基于教学设计寻找线上教学的支点”，显得真实可信、自然贴切。《法律保障生活》分为“法律的特征”“法律的作用”两部分。前者从法律产生的角度，谈了法律的强制性和法律具有普遍约束力两个特点；后者则从社会和个人两个角度阐述了法律的规范和保护作用。教材条理清晰、重难点鲜明，在知识目标和价值观方面，与疫情防控时期的社会局势相适应，法律教育也正当其时。在教学过程中，教师先是引入两条防疫期间发生的真实新闻，让学生结合法律的特征，发表自己对朱某、陈某两人错误行为的看法；接着又让思考“疫情防控期间，我不想戴口罩，违法吗”，让学生从法律的权利与义务角度发表自己的看法；在此基础上，继续追问“特殊时期，不给社会添乱就是遵纪守法，你赞同这个观点吗？请在留言板上留下你的观点看法”……这些问题的设置，以及“体现教学关怀，实现教育性学习”的巧妙设计，都体现了作者正确的价值观、道德观和法治观。

（四）立意深刻

所谓深刻，是要揭示事物的本质与真相，反映事物的内部规律，挖掘出启人深思的思想意义。要想立意深刻，需要透过现象，看到本质；需要找出原因，对症下药；需要由此及彼，全面考量；需要对比研究，探究本质。而最厉害的则是能从平凡中挖出深刻意义，正如鲁迅所说，要用“显微镜”和“望远镜”看问题，才会看到事物的真相与规律。

例如，《单元教材中习作训练体系的常态构建》一文对“单元习作微训练”基本特征的分析就很深刻。对于统编教材中普通单元的习作训练体系的“应然”特征，前人和他人几乎都没有发表过观点和看法，这是一个带有“创新”意义的研究课题。然而，这又是一个较小的话题，研究的仅仅是统编教材中普通单元的习作训练体系，和其他关于语文教材、语文教学、语文课程、学科教学、课程育人等较大的研究对象相比，可以说微不足道。但是，作者并没有因为这是一个小课题就马虎大意，轻率断言，而是把整套教材的普通单元当成一个有生命的"小世界"，从整体上观照训练体系的特征，从宏观上考量体系各要素之间的关系，用发展的眼光观察训练体系的阶段性，用联系的眼光洞察单元前后内外的关联性，总结出"整体贯通""要素聚焦""上下关联""微型针对""包容并蓄"五个基本特征。这种能从平凡中发现深刻的本领，这种既能用好"显微镜"又能用好"望远镜"的本事，是实现立意深刻的良好条件。

当然，立意深刻不是故作高深，应以研究对象为基础，以作者的思想认识水平为基础。作者切不可故弄玄虚、不懂装懂、唬人蒙人。

上面我从论文的内容要求这个角度，讲了教研论文既要"言之有物"，更要"言之有理"。下面我从论文的形式要求方面，谈谈教研论文不仅要"言之有序"，而且要"言之有文"。

三、论文言之有序

"言之有序"也是写作的基本要求。所谓"言之有序"，就是要求文章有条理。与"言之有序"相对的就是"言之无序"，就是文章没有条理、结构混乱。如果言之无序、颠三倒四，文章难以卒读，写作就毫无意义。所以，文章写作都要求"言之有序"。

其实，"言之有序"的"序"，就是指文章的结构安排。对于教研论文来说，当然应该"言之有序"。要"言之有序"，就需要考虑下面四个问题：

（一）结构安排

什么是文章的结构？就是文章内部的组织构造，它是文章的"骨架"。一般来说，文章的结构安排，需要遵循下列原则：

1. 符合思维活动规律

前面已经讲过，论文的基本结构与人们对客观事物的认识过程非常吻合，那就是提出问题—分析问题—解决问题。这种基本结构，不仅是作者写作论文的基本形式，而且也是读者理解论文的基本过程。

例如《基于教学设计寻找线上教学的支点》这篇论文，就是按照提出问题—分析问题—解决问题的顺序撰写的。文章开头先提出疫情背景下如何提高线上教学质量的问题，然后由浅入深、由表及里地开始分析问题，应该正确认识疫情条件下的线上教学，应该科学区分线上教学与线下教学的差异，然后以自己的亲身实践为例，找到线上教学实际的三个支点，即“活用学生经验，实现代入学习”“发挥教师个性魅力，实现深度学习”“体现教学关怀，实现教育性学习”。这种基本结构，既符合作者的思维活动规律，也符合读者的思维活动规律。

2. **服从内容表达需要**

好的内容需要好的结构，好的结构服务好的内容。结构安排一定要以内容表达需要为准绳。如果结构安排不好，就会发生文章层次混乱、条理不清、文脉堵塞、上下脱节、前后抵触、行文不畅的情况，读者读起来吃力，作者的预期效果也难以实现。

仍以《基于教学设计寻找线上教学的支点》为例，这篇文章的结构安排非常合理。绪论部分开宗明义，既交代了这一论题的研究背景，又明确了本文的研究论题；本论部分由表及里、层层深入，第一部分论说要“正确认识疫情条件下的线上教学”；第二部分仔细区分“线上教学与线下教学的差异”；第三部分是重点，集中笔墨“探索适合线上教学的教学设计”；结论部分是对全文的自然收束，指出线上教学的不足，提出开展线上教学的必要。整篇文章条理清晰，文脉贯通，行文流畅。

3. **具有一定审美效果**

成功的写作会产生一定的审美效果。这种审美效果，一般体现在结构安排与语言表达两个方面。其中语言表达的审美效果，将在本讲第四部分“言之有文”里涉及，这里只讲结构安排的审美效果。它主要包含完整匀称、周严缜密、错综变化三项内容。

（1）**完整匀称**

完整匀称是美的事物的共同特征。教研论文也不例外，主要体现在结构安排的完整性和匀称性两个方面。结构安排的完整性，指文章的必要环节要具备，要有头有尾有中段，首尾圆合，自成一体，没有结构残缺的现象；文章的各个环节要服从整体表达的需要，彼此之间有恰当而巧妙的过渡照应，为文本结构整体感的形成提供保障。结构安排的匀称性，指各个环节之间在比例上适量匀称，不要出现头重脚轻、过大过小等情况，前面讲到的“凤头、猪肚、豹尾”，说的就是这个道理；结构安排与内容表达相互和谐、融为一体，既不让内容迁就结构，也不让结构迁就内容，而是让两者自然和谐，“行于所当行，止于不可不止”，行文中绝无斧凿、拼凑之痕迹。这是写作中很难达到的高境界，也是我们应当努力实现的高目标。

这三篇例文在结构安排的完整性和匀称性方面，都做得不错。一方面，三篇文章都是有头有尾有中段，首尾圆合，自成一体，结构安排非常完整；另一方面，三篇文章都是标准的“凤头、猪肚、豹尾”，文章结构非常匀称。

(2)周严缜密

好的文本结构安排总能给人以严丝合缝、浑然一体的美感，它是作者“匠心独运”的产物，同时，又没有斧凿、拼凑的痕迹，就好像自然天成一般。

结构安排中依次展开的各个环节之间必须具有逻辑上的连贯性，而且各个环节之间的承接转换关系必须安排缜密，无懈可击。作者如果仅仅根据内容表达需要，合理划分出全文的层次和段落，而不善于采用周严缜密的逻辑线索，将这些层次和段落的“碎片”结合起来，全文仍会像一盘散沙一样，形不成整体感。

例如《单元教材中习作训练体系的常态构建》一文中的第二部分，作者设想的“单元习作微训练”的系统构架，是以统编小学语文教材普通单元的编排结构为基础，依山傍水，步步为营，逐渐形成层次分明的训练体系。在这个训练系统中，写作知识贯穿其中，经历着“生产—激活—运用—内化”的过程，使得相对于“习作单元”的普通单元，也有扎扎实实的读写训练。作者所设计的“铺垫性训练”“靶心性训练”“补偿性训练”“提升性训练”，安排细密，思虑周详，只要真正落实落地，精准到位，步步夯实，读写效能必能得到大大提升。这种结构安排，逻辑线索周严，读起来整体感很强。

(3)错综变化

错综变化也是美的事物的一个共性。那些结构古板、形态呆滞的东西，是无法带给人美感的。教研论文的结构安排也不例外。这就要求作者在不违背结构安排的基本要求的前提下，体现作者的个性化特点，让不同的文章结构各具特色、富于变化；同时，需要作者掌握一些美化结构的艺术手法，如虚实变幻、张弛变化等。

一般来说，教研论文的结构安排，主要考虑层次段落、过渡照应、开头结尾三个主要环节。

（二）层次段落

层次与段落的安排，是结构安排的核心问题。层次与段落安排好了，文章的基本结构也就确定了。因此，有经验的作者特别重视这个问题。

层次是指文章各主要部分的划分和表达次序的安排。层次安排合理、清晰，文章内容就会表现得脉络分明、气势贯通。可以说，层次安排是结构安排中最重要的事情，它的意义在于从整体上确定全文的逻辑关系。写作前先拟一个提纲，主要是解决层次安排问题，使作者对全文的整体布局成竹在胸，这样再去进行各个局部的精雕细刻，就不会出现层次不清、逻辑混乱的局面。

段落就是自然段，它是在文字表达形式上体现文本内容表达过程中的停歇与转换的一种标志，这种标志就是“换行”。如果说层次是体现文本内容内在逻辑关系的结构概念，那么段落则主要是文本内容外在表现秩序的结构概念。段落安排得适当，既可以使文本内容表现得眉目清晰，也可以使阅读轻松自然。

层次与段落的关系，在多数情况下层次大于段落，一个层次包含几个段落。不过，在一些短小的文章中层次往往等于段落。在特殊情况下，层次又可能小于段落，如一些只有一个自然段的短文，其中就包含几个层次。但不管哪种情形，层次都是表示文本内容内在逻辑的结构概念，是仅次于篇的结构单位。一篇文章是由若干层次组成的，而不是由若干段落组成的。就像一个营是由几个连组成的，而不是由几十个班组成的一样。

层次安排的基本原则有两个：一个是组合部分不可或缺，文章的每个层次都是表达中心思想的不可或缺的重要组成部分；一个是组合次序不可调换，层次组合次序为推进和展现全文内容服务，调换排列次序就会造成文本结构布局的混乱。

对于段落而言，还有两条基本要求：一是单一而完整，一段文字集中表达一个意思，不要把不相关的几个意思放到一个段落里表达，而对计划集中表达的一个意思要完整地加以表现。二是长短要适度，这主要是从阅读效果提出的要求，段落过长，内容繁杂，读起来眼花缭乱，难以把握；段落零碎，把一个意思分成几个段落表达，给人杂乱无章的感觉。

教研论文本体的结构不外乎三种基本逻辑关系类型：纵向关系、横向关系以及纵横交错关系。

所谓纵向关系类型，是按照客观事物各个发展阶段的先后顺序或客观事理的各个侧面层层深入的递进关系，来安排文本内容的结构形态。在教研论文里它表现为依据从现象到本质、从历史到现实等多种逻辑关系来安排结构层次。

例如，《基于教学设计寻找线上教学的支点》的结构安排就是纵向关系，作者按照客观事理的各个侧面层层深入安排结构。其结构安排如下：

中心论点　基于教学设计寻找线上教学的支点

分论点1　正确认识疫情条件下的线上教学

分论点2　注意线上教学与线下教学的差异

分论点3　探索适合线上教学的教学设计

所谓横向关系类型，是根据文本思想表达的需要，从不同角度、侧面和范围选取若干材料或事件，分别进行叙说或论证的结构形态。它的各个层次之间的关系一般来说是并列的。在教研论文里它表现为把论证的中心论点分解成彼此并列的几个分论点来分别进行论证，以求得认识的全面性。

例如，《现代文阅读试题命制的五种错误倾向》就是横向关系类型，作者罗列的五种错误倾向之间的关系属于并列关系。其结构安排如下：

中心论点　现代文阅读试题存在五种错误倾向

分论点1　阅读能力水平层级含混，命题随意怪异

分论点2　阅读命题策略欠缺，真实情境创设匮乏

分论点3　客观题题干指向不明，客观性丢失

分论点4　备选答案设置不合理，迷惑性欠缺

分论点5　肆意解读文章，阅读测评“失真”

所谓纵横交错关系类型，是依据事物发展本身就具有多样性和复杂性，以及客观事理所包含的多侧面、多层次的性质，来安排文本层次的结构形态。它一般有两种具体表现方式：一种是以“纵”为主、以“横”为辅，一种是以“横”为主、以“纵”为辅。

例如，《单元教材中习作训练体系的常态构建》的结构安排就是纵横交错的关系类型。从一级标题的关系来看，属于递进关系，属于纵向关系，表现在由表及里地揭示“单元习作微训练”的基本表征、系统架构和操作策略。一级标题结构安排如下：

一、“单元习作微训练”的基本表征

二、“单元习作微训练”的系统构架

三、“单元习作微训练”的操作策略

从二级标题的关系来看，既有并列关系的横向型结构，也有递进关系的纵向型结构。比如，“单元习作微训练”的系统架构里的四个二级标题就属于横向型结构。

1. 基础的“铺垫性训练”

2. 聚焦的“靶心性训练”

3. 生成的“补偿性训练”

4. 延展的“提升性训练”

而“单元习作微训练”的操作策略部分的四个二级标题，则按照教学过程的先后顺序排列，属于递进关系的纵向型结构。

1. 精读课文：寻找最对位的读写“结合点”

2. 习作教学：锁定最缺位的技能“薄弱点”

3. 作后点评：开掘更下位的言语“模糊点”

4. 拓展提升：开辟有品位的潜力“增长点”

纵横交错类型的结构安排比较复杂，中小学教师一般较少采用。

（三）过渡照应

过渡与照应是使文本内容前后连贯的一种重要结构手段。结构安排要求做到布局严密、衔接自然、前后贯通，形成有机整体，就离不开过渡与照应的巧妙安排。

过渡是指上下文之间的衔接和转换。它在文本结构安排中起着承上启下的作用，使上下相关的两个层次或段落衔接紧密，转换自然，天衣无缝。自然地过渡往往能够不露痕迹，使文章前后语气一贯，让读者的思路顺利地由前至后、由此及彼，而不致发生阻隔和脱节。

需要安排过渡的情况主要有三种：一是由开头部分进入主体部分或是由主体部分进入结尾部分，都应有过渡衔接，才能使文章结构严密而完整。二是当文本的内容转换时，例如由一个材料、一个事件、一个观点的叙述或论证转入下一个材料、事件或观点的叙述或论证时，一般要用过渡来衔接。三是当表达方式或表达手法变化时，例如由抒情转入叙述或者由叙述转入议论时，通常也应该安排过渡，以使读者的理解跟上作者的思绪的变化，不至于造成阅读理解上的混乱。

常见的过渡方式主要有三种：过渡词、过渡句和过渡段。过渡词一般由关联词来承担，如“因此”“由此观之”“然而”“但是”“总之”“综上所述”等。

这种表示过渡的词语，一般放在下个段落的开头。例如《现代文阅读试题命制的五种错误倾向》最后一段的开头用“综上所述”这个关联词来承上启下，起到了过渡的作用。过渡句一般放在前一段结尾或后一段开头，用以表示一种承上启下的关系。例如《单元教材中习作训练体系的常态构建》一文第一段末尾的一句话：“在基本的小学语文单元中，能逻辑自洽地建构一个基于语文要素的完整的‘习作微训练’系统，使得单元教学中读中有写，写中有读，读写充分融合，这是用好、用实、用优小学语文教科书的有益尝试。”过渡段的作用与过渡句一样，只是它包含的内容更具体一些，比如对前面的内容加以概括，对后面的内容进行提示。它一般用于两个层次之间的衔接，而且通常是在两个层次之间内容转换幅度较大的情况下使用。

照应是指前后内容上的彼此配合、关照和呼应。如果说过渡体现的是上下文之间的直接联系，那么照应体现的则是前后文之间的间接关系。合理而巧妙地运用照应，不仅能使全文前后贯通、首尾圆合，而且能使某些关键内容在这种“前呼后应”中得到强化，给读者留下深刻影响或某种启迪。

常见的照应方式主要有三种：首尾照应、照应标题和行文中的前后照应。

首尾照应使用得最为普遍，对于增强结构的整体感和突出文本思想具有重要作用。例如，《现代文阅读试题命制的五种错误倾向》就属于首尾照应。开头说：“本研究基于课题，特邀 11 位中小学一线教师参与研究，基于统编教材现代文编制的阅读试题 1325 个，从中发现了命制现代文阅读试题的 5 种错误倾向。”结尾说：“通过研究 1325 道现代文阅读试题，可以发现规范命制现代文阅读试题还有很多问题，迫切需要中小学一线教师正视目前命题中的误区，认真学习阅读理论，真切研究阅读命题策略，慎重对待每一道阅读试题的命制。”

照应标题的情况在写作中也经常可见。让标题直接或明显地标示文本思想的含义，可以强化和突出文本思想。例如《单元教材中习作训练体系的常态构建》，文中的三个一级标题都突出了“单元习作微训练”，与文章副标题中的“单元习作微训练课程”前后照应，使得文章的立意更加明确、集中，主旨更加突出、强化。

行文中的前后照应，是一种最具技巧性的结构手法。通常所说的“伏笔”“悬念”等都属于这种类型。这种方式在文学作品中普遍采用，但在应用性作品包括教研论文中却不多使用。

（四）开头结尾

开头和结尾，是文本结构中的两个独立层次，而且通常以独立段落的形式出现。由于它们在全文组织安排中处于重要地位，因而受到作者的格外重视，成为结构安排中一个不容忽视的重要环节。

常见的开头方式多种多样。教研论文常用的开头方式，或是直接提出将要论述的基本观点，或是指出论述的对象和范围，或是交代写作的背景和动机，或是借助谈古说今来引出话题等。纵观多种开头方式，可以归纳为两种基本类型，即直接入题和间接入题。

直接入题就是平常所说的“开门见山”。这种类型的开头，起笔不徘徊，直接入题，开宗明义，朴实无华。例如，《单元教材中习作训练体系的常态构建》与《现代文阅读试题命制的五种错误倾向》的开头都属于直接入题。

间接入题好像人们所说的“曲径通幽”。这种类型的开头，起笔先要进行铺垫，通过巧妙迂回，逐步转入正题。教研论文的开头，大多属于直接入题，较少出现间接入题。

常见的结尾方式丰富多彩，概括而言主要有三种类型：一是总括全文，篇末点题；二是自然收束，事毕言止；三是面向未来，提出希望。不论哪种方式结尾，都要做到简洁、含蓄、自然。

例如，《现代文阅读试题命制的五种错误倾向》一文的结尾属于总括全文，篇末点题；《基于教学设计寻找线上教学的支点》一文的结尾属于自然收束，事毕言止。两者都指出存在的弊端或不足，提出努力的方向和希望。

四、论文言之有文

“言之有文”是写作的较高要求。所谓“言之有文”，就是要求文章有文采。与“言之有文”相对的就是“言而无文”，就是文章没有文采。古人说“言而无文，行之不远”，就是说没有文采就不能流传很远，所以，文章写作要力求“言之有文”。

要想“言之有文”，就得掌握好的语言表达。而好的语言表达，包括两个层面：第一个层面是把意思“说”清楚，主要体现在语言的准确、畅达和简洁；第二个层面是把意思“说”漂亮，主要体现在语言的文采之美。

（一）表达准确

成功的写作应当同时具备两个条件，一是作者的认识要正确，二是作者的表达要准确。一方面，没有正确的认识，就没有准确的表达。另一方面，即便有了正确的认识，也未必能有准确的表达。而没有准确的表达，论文写作必定会失败。

准确表达可以从大中小三个层面来实现：从宏观上看，通过正确安排文本的结构关系，从而鲜明表现文本的主要观点；从中观上看，按照语法与逻辑来组织语句，从而保证作者的主要观点通过正确的语言形式准确表现出来；从微观上看，通过使用最恰当的词语来准确表达作者的意思，这是语言表达准确的基础。

三篇例文无论从结构安排方面，还是从语句组织、词语选用方面，都非常准确。就拿《基于教学设计寻找线上教学的支点》这篇文章而言，其结构安排用了递进关系的纵向结构，由表及里，层层深入，鲜明地表达了作者的主要观点；其语句组织完全符合语法与逻辑规范，作者的所思所想、所论所述，都能精准地表达出来，为读者所理解接受；其词语选用也是经过再三推敲，使用最恰当的词语表达作者的意思，比如文中提到的“面对面”与“屏对屏”的交流机制、师生难以“沉浸式”的相互影响等。

（二）行文流畅

论文语言和文学语言一样，都要求行云流水、自然流畅，绝不能在词语堆砌、术语扎堆上自我舞蹈。而语言表达的自然流畅，与作者的语言基本功密切相关。语言不通顺，是写不出好论文的。实质上，行文流畅与表达准确的逻辑前提一样，都要求作者先“想清楚”。只有作者先“想清楚”了，才有可能“写清楚”。

从写的角度来看，行文流畅的宏观效果，体现在文本结构安排所具有的逻辑关系之中，即全文的各个组成部分被和谐一致地统一成一个有机整体，这一点前文已经讲过。行文流畅的微观效果，体现为语句通顺流畅，读起来没有滞塞之感，也不感觉“拉拉杂杂”。这就需要作者行文造句合乎语法与逻辑。

仍以《基于教学设计寻找线上教学的支点》为例，这篇文章阅读起来就有一种行云流水、自然流畅的感觉。作者的结构安排与自己的思维过程以及读者的接受心理完全契合，没有任何隔膜。身处疫情之中，作者面临一个绕不过去的真实存在的难题，即怎样利用线上教学保证学生的学习质量，这个难题也是摆在作者面前的一个研究课题。面对这个课题，研究者正常的思路就是：正确认识疫情条件下的线上教学，思考线上教学与线下教学的差异，探索适合线上教学的教学设计，按照适宜的教学设计实施线上教学。事实上作者也是按照这样的思维线索安排文章结构的。这样的文章结构，不仅与研究的逻辑顺序同频共振，而且与读者的接受心理高度契合，再加上通篇语句流畅、没有任何阻塞之感，自然会给人行云流水的体验。

（三）语言简洁

简洁就是用简练的语言表达出尽可能丰富的内容，而且要让人读得通，看得懂。从保证阅读交流的有效性来看，语言表达的简洁就是语言表达准确和流畅的必然结果，同时也是其必然前提。这三者相互关联，共同构成书面语言表达的基本特征。如果语言表达不够简洁，既不可能准确表达作者的思想，也不可能语句通顺、行文流畅。

怎样才能做到语言简洁呢？一是选材上紧扣思想表达的要求，不写与思想表达无关或关系不大的内容；二是在用词造句上力求准确、流畅，不可无话找话，提倡短而精的表达；三是按鲁迅所说“写完后至少看两遍，竭力将可有可无的字、句、段删去，毫不可惜”。

（四）富有文采

文采是文本语言表达形式所显示出来的一种审美特征。就语言表达与思维内容表里相融而言，文采表现为感性美与理性美；就语言表达和风格特色而言，文采表现为朴素美和华丽美。一般来说，文学性作品的文采之美多为感性美和华丽美，而应用性作品的文采之美多为理性美和朴素美。

所谓语言表达的理性美，是指作者在表述抽象思维成果时，其语言形式所具有的与文本的理性内涵表里相融的和谐效果。基本的表现形态有两种：一是对文本理性内涵的表述准确而清晰；二是对文本理性内涵的表述过程具有严密的逻辑性。这就需要作者善于选择含义最确切的词语，同时善于让语言表述过程具有最严密的逻辑效果。

《单元教材中习作训练体系的常态构建》一文就很好地体现了语言表达的理性美。这种理性美主要表现在两个方面：

一是作者善于选用最恰当的词语准确而清晰地表达理性内涵，比如在谈到“单元习作微训练”的操作策略时，作者这样写道：

“单元习作微训练”促动教师整体地解读单元“言语密码”，引导他们“用好”教材；帮助教师获得单元“操作指南”，引导他们“用足”教材；弥补学生单元读写“技能短板”，引导他们“用实”教材。

“单元习作微训练”的操作策略，既是一个实践问题，也是一个理论问题。

如何才能既生动形象又准确清晰地说明这个问题，是摆在作者面前的一道难题。作者精心选择恰当的词句，比如“言语密码”“操作指南”“技能短板”“用好”“用足”“用实”等，这些词语，应该是作者反复推敲、苦心打磨的结果；同时，作者使用了排比与比喻两个修辞手法：使用排比，让文章节奏鲜明、条理清晰、语气强烈；使用比喻，让深奥的道理浅显化、抽象的事理具体化，语言生动形象、富有文采，感染力强。文中这样的例子还有很多。

二是表达过程逻辑严密。仍以“单元习作微训练”的操作策略这部分为例，作者分四个层次展开：

1. 精读课文：寻找最对位的读写“结合点”
2. 习作教学：锁定最缺位的技能“薄弱点”
3. 作后讲评：开掘更下位的言语“模糊点”
4. 拓展提升：开辟有品位的潜力“增长点”

这是一个统编教材普通单元习作训练的系统，它基于普通单元的语文要素，读写融合，逻辑自洽。这个系统严格按照教学流程建构而成，前后顺序不可颠倒，彼此内容不可替代，操作策略具体明确。这样的文章，自然会散发出教研论文应有的理性之美。

所谓语言表达的朴素美，是指由于行文的朴实、简洁，语言不尚雕琢而形成的一种“清水出芙蓉，天然去雕饰”的“淡抹”效果。朴实和简洁，是构成语言朴素美的两个基本因素。一方面，朴实也会生动，朴实也会出彩；另一方面，一味朴实可能乏味，朴实需要和简洁结合，才会产生生动的美感。

《基于教学设计寻找线上教学的支点》一文就体现了教研论文的朴素美。我们随便从文中选摘一段话：

线上教学的教学内容是“博”与“精”的共存，但不统一。这里的“博”指线上教学资源丰富，获取形式多样；这里的“精”指线上教学内容要精讲精练。由于线上教学的时空限制，师生难以“沉浸式”地相互影响，加上线上教学时间被缩短，线上教学必须集中攻坚，教学内容选择以“精”为先。教学方式以精讲精练为主，这些“精”的内容被作为学生课前课后充分利用广博的网络资源的“脚手架”。

这段文字未加雕饰，质朴自然，作者如同与读者促膝交谈，除了一个专业术语（“沉浸式”）较难懂外，其余的话语通俗易懂。当然，这样的语言不同于生活中的“拉家常”，而是带有学术交流性质的“学理味”。教研论文的语言表达不同于文学作品和日常交流的语言表达，它在朴实之外，还要简洁、说理，是为学术交流而服务的，所以，优秀的教研论文除了具有理性美，还具有朴素美。

各位老师，一言以蔽之，一篇成功的教研论文，不仅要“言之有物”，而且要“言之有理”；不仅要“言之有序”，而且要“言之有文”。从作者的角度看，这就是“教研论文的成功之道”。

不管是这一讲所讲的“教研论文的成功之道”，还是上一讲所讲的“教研论文的常见问题”，都是从作者角度出发衡量所写教研论文成败与否的评价标准，指向都是作者自己所写的“教研论文（写得）怎么样”的问题。

参考文献

[1] 张杰，萧映. 写作［M］. 北京：北京大学出版社，2009：15-75.

第八讲 教研论文的投稿要诀

本讲提纲

一、做到有的放矢

（一）选择期刊

（二）选择栏目

（三）量身定制

（四）精准投稿

二、做好自查自纠

（一）先查形式

（二）再查内容

（三）写好简介

（四）方便联系

三、抓住退改机会

（一）退稿原因

（二）退回修改

（三）正确对待

（四）错误做法

四、采纳合理建议

（一）请人预审

（二）对比研究

（三）有效沟通

（四）切勿多投

老师们，众所周知，教研论文投稿的命中率是相当低的，一般的教研期刊大概只有不到5%的命中率，至于顶尖的教研期刊命中率可能不到0.5%。为什么稿件的命中率这么低呢？原因其实很多，可以从期刊、作者、论文几个方面寻找原因。但是，不管原因是什么，也改变不了投稿命中率低这个事实。大家所能做的，就是想方设法提高自己的投稿命中率。那么，如何提高投稿命中率呢？有没有一些可以借鉴的投稿诀窍呢？答案是肯定的，投稿确实有诀窍，命中率的确能够提高。

三十多年来，我一直从事编辑工作，目睹了不少作者由写作新手逐渐成长为写作高手的全过程，发现了一些行之有效的投稿诀窍。简单地说，就是投稿前要做到有的放矢、做好自查自纠，投稿后要抓住退改机会、快速改好稿件，同时，还要采纳好建议，避免犯错误。

一、做到有的放矢

我请教过不少写作高手，咨询他们投稿的成功经验。他们大多强调投稿前要做到有的放矢。具体就是投稿前要选择适合的期刊和栏目，量身定制，精准投稿。

（一）选择期刊

通常，我们先要选择合适的期刊。选择期刊时，要注意下面四个方面：一是看类别，确定自己的论文适合在哪个类别的期刊上发表；二是看级别，判断自己的论文适合在哪种级别的期刊上发表；三是看定位，通过分析不同期刊的定位来选择期刊；四是看期刊，根据不同期刊的特色来选定期刊。

1. 期刊类别

教研期刊可以分为学科教学类、教育综合类和其他相关类三种。

学科教学类期刊是主体，数量多，品种多，发文多，是推动我国中小学教研工作的主力军。比如《语文建设》《语文教学通讯》《数学教育学报》《数学通报》《中小学英语教学与研究》《历史教学》《物理教学》《化学教学》《中学地理教学参考》等，都属于此类期刊。

教育综合类期刊也是推动中小学教研工作的重要力量，虽然它们的数量没有学科教学类期刊多，但是其中不乏一些举足轻重的权威期刊，比如《基础教育研究》《课程·教材·教法》《人民教育》等，都属于此类期刊。

其他相关期刊，包括高校学报的教育科学版以及与教育相关的其他期刊，比如《中国考试》《中小学管理》等，都属于此类期刊。

2. **期刊级别**

从期刊在学术界的影响力来看，期刊可以分为核心期刊与普通期刊两种。

核心期刊就是由一定的遴选体系筛选出来的期刊。目前，在国内一共有七大核心期刊遴选体系：北京大学图书馆的“中文核心期刊”，南京大学的“中文社会科学引文索引（CSSCI)来源期刊”，中国科学技术信息研究所的“中国科技论文统计源期刊”（又称“中国科技核心期刊”），中国社会科学院文献信息中心的“中国人文社会科学核心期刊”，中国科学院文献情报中心的“中国科学引文数据库(CSCD)来源期刊”，中国人文社会科学学报学会的“中国人文社科学报核心期刊”，万方数据股份有限公司的“中国核心期刊遴选数据库”。其中和中小学教研论文关系最大的遴选体系是北京大学图书馆的“中文核心期刊”，每次进入北大核心期刊要目的教育教学类期刊有五六十种。一般来说，核心期刊对稿件的学术水平要求较高，加之核心期刊的数量有限，所以想在核心期刊上发表文章难度极大。

普通期刊与核心期刊一样，也有正式刊号，也是正式出版的连续出版物，只不过可能由于名额有限、引用率低等原因而没有成为核心期刊。其实，有些优秀的普通期刊，其质量和影响一点也不亚于核心期刊。相对而言，在普通期刊发表论文的机会要比核心期刊高一些。书末所附《中小学教育类期刊名录》（附录6)，将与中小学教师发表教研文章关系密切的教育类期刊分类罗列其中，供大家参阅。

3. **期刊定位**

所谓期刊定位，就是确定期刊在市场中的位置。期刊定位遵循两个基本关系：一是基本读者与“浮动读者”的关系，二是读者的共同需求与特殊需求之间的关系。基本读者是期刊的目标读者和主要读者，“浮动读者”是期刊的偶然读者，如传阅者或偶然购买者。期刊的定位应该立足基本读者，适当考虑“浮动读者”的需求。共同需求是多数读者都感兴趣的题材，特殊需求是少数读者感兴趣的题材。有的教育教学类期刊，基本读者为中小学教师，其共同需求为中小学教学涉及的各类研究课题；有的教育教学类期刊，基本读者为中小学教学管理者，其共同需求是中小学管理遇到的各种问题的解决策略。

4. **期刊特色**

经过长期的积淀，不同期刊逐渐形成了自己的独特风格。有的期刊偏重于教学一线的经验分享，关注的大多是教学实践中的具体问题，喜欢选发的文章多为短小精悍、直面问题的实用性论文；有的期刊偏重于教学理论的创新交流，关注的大多是教育教学的理论探究，喜欢选发的文章多为新颖睿智、启人心扉的思考性论文；有的期刊介于二者之间，既有体现权威性、探究性的理论文章，又有体现实用性、操作性的教研文章，有时理论文章多一些，有时实践文章多一些，有时两类文章平分秋色。作者要分析自己的论文属于应用性研究还是理论性研究，自己的论文最契合哪种期刊的用稿取向，然后做出选择。

（二）选择栏目

其实，与其说是在选择合适的期刊，不如说是在选择合适的栏目。因为，所有文章最终都需要放入合适的栏目里才能呈现在期刊上。大家看到的期刊，都是由长短不同、内容各异的文章组成的，要把这些文章有机地组合在一起，靠的就是栏目。有人说，栏目是期刊的骨架，这话很有道理。正是因为有了栏目，每期几十篇文章才能各安其位，井然有序，否则，期刊文章就会杂乱无章，毫无头绪。期刊设置栏目，就像商场分区一样。一个商场，会根据商品类别，分为服装区、家电区、百货区、鞋帽区、水果区、副食品区等，来商场的顾客可以根据自己的需求自由选择要逛的区域。商场这样做，不仅可以优化商场功能，而且还能改善顾客体验。期刊与商场一样，它的栏目就像商场的分区，相同类别或相同内容的文章组合在一起，读者可以根据自己的爱好或需要选择性阅读。

但是，并不是所有栏目都对中小学教师作者开放。大多数期刊的栏目设置分为封闭性栏目、开放性栏目和半开放性栏目三种。以《语文教学通讯》（小学刊）为例，“卷首”“人物”“论坛”等栏目就是封闭性栏目，作者基本上是定向邀约的专家、学者名师；“备课”“说课”“教研”等栏目是开放性栏目，作者多为广大一线语文教师；“品课”“课题”“视野”等栏目就是半开放性栏目，这些栏目的作者既有特别邀约的专家名师，也有自然来稿的普通作者。投稿前，作者要区分期刊的哪些栏目适合自己投稿。作者要仔细辨析，自己的文章到底最适合哪个期刊的哪个栏目？

（三）量身定制

有些写作高手说，他们最有用的一个窍门是给目标期刊“量身定制”稿件。每年年初，中国人民大学复印资料的学科类期刊都会发布年度重点选题。比如：

2021 年《小学语文教与学》发布的重点选题

1. 语文学科“立德树人”的内涵理解与落实路径
2. 语文拓展性课程资源开发与利用
3. 统编教材各板块的专题研究
4. 革命传统作品解读及教学
5. 古诗文教学与传统文化教育
6. 语文要素教学问题反思与改进策略
7. 以学生为中心的课堂教学变革
8. 长课文、难课文教学
9. 语用学视域下的语文教学
10. 整本书阅读的推进与测评
11. 阅读策略与方法
12. 汉字书写
13. 习作评改
14. 口语交际能力培养
15. 高阶思维能力培养
16. 教—学—评一致性研究
17. 小学语文名师成长研究
18. 教师专业理论与教学实践的转化

与此同时，《初中语文教与学》《高中语文教与学》等期刊也会分别发布年度重点选题。这些信息对作者的导向作用非常大，让他们在迷茫中找到了前进的方向。之所以这样说，是因为如果在人大复印资料上全文转载，在许多地方就等同于在核心期刊上发表，所以它们在相关研究领域具有“风向标”作用，多数相关期刊会根据人大复印资料发布的年度重点选题，设置或调整自己的选题方向，这就为中小学教师选择合适的论题提供了方向性指引。即便投稿时选择的目标期刊并没有公布它们的年度重点选题范围，也可从人大复印资料公布的选题中选择适合的研究课题。

当然，如果目标期刊正好公布了年度重点选题范围，则一定要优先从中选题，这样量身定制的稿件更容易获得发表的机会。比如：

《语文教学通讯》(小学刊) 2021 年重点选题范围

1. 热点选题

◉革命传统作品解读与教学

◉落实立德树人任务、发展学生核心素养

◉统编教材各板块的专题研究

◉用好经典作品，涵养文化自信

◉小学语文教学方式的变革

2. 常态选题

◉习作教学的优课和创新专题研究

◉语文常态课的效能提升

◉教—学—评一致性的研究与实践

◉大单元整体设计与实施

◉语文名师的成长研究

围绕这些重点选题“量身定制”的论文，被采用的概率会大大增加。

(四)精准投稿

为了方便作者自助分类投稿，不少期刊提供了多个与栏目或编辑对应的电子信箱，但许多作者粗心大意，在投稿的最后一步产生失误：没有按照期刊给出的分类投稿信箱精准投稿，不是错把稿件投到不知何处，就是误把这个栏目的稿件投到那个栏目的信箱。这种匪夷所思的事情时有发生，其后果是直接影响了自己的稿件被录用发表。

作者需要留意期刊提供的分类电子邮箱，比如《语文建设》(下半月) 投稿信箱：

ywjsxln@163.com〔关注〕〔学术前沿〕〔钩沉〕

ywjsxkt@163.com〔教学〕〔文学〕〔教材〕〔教学设计〕

ywjsgxzs@163.com〔争鸣〕〔语言〕〔开卷〕

ywjsks@163.com〔评价〕〔随笔〕〔名师课堂〕

投稿时要精确投放到相应邮箱，并在标题中注明“投××栏目，作者姓名，文章题目”。

二、做好自查自纠

确定了具体的投稿目标之后，就需要根据具体期刊、具体栏目的要求，认真做好自查自纠，力争做到“尽善尽美”。

（一）先查形式

1. 查要素

一般来说论文的形式要素包括七项：标题、署名、摘要、关键词、正文、参考文献、附录。少数期刊还要求加上中图分类号、文献标识码、注释等。投稿前先要查看论文的这些要素全不全，再逐项检查每个要素是否符合论文的规范和要求。

2. 查文体

教研论文不是教学案例，不能错把教学案例当成教研论文；同样，教育札记、教后反思、工作总结也不是教研论文，不能把它们当成教研论文。另外，论文写作不同于文学写作，不能过分依靠形象的手段，如果让思想的整体依赖形象的表达，可能弄得思想模糊不清，让人捉摸不定。

3. 查结构

论文的结构是文章的骨架，对论文起着重要的支撑作用。提交论文前，既要看文章的整体结构是否协调、稳妥、合理，也要看文章的局部结构是否层次清楚、逻辑合理。论文结构的优化，会直接影响论文的质量。

4. 查表达

提交论文前，一要检查有无语法错误，特别要避免文中出现无主句、歧义句、指向不明的句子；二要检查有无修辞错误，尽量避免使用具有浓厚文学色彩的修辞格；三要检查标点有无差错，标点错误属于文章“硬伤”，必须全部修正；四要检查是否顺“理”成“章”，看论文的表达是否遵循逻辑，环环相扣，是否起承转合，浑然一体。

上面是论文形式上容易出现的问题，形式问题往往表露在外，容易被自己发现，而内容问题深藏不露，需要作者更加认真深入地检查。

（二）再查内容

检查论文的内容，需要从观点、材料、论证三方面入手：

1. **查观点**

提交前，要审视中心论点及其所辖的各级分论点，看观点是否正确、明确、深刻、集中。例如《课堂改革刻不容缓》一文的立论是文章的标题“课堂改革刻不容缓”，但论文的内容，基本是讲课堂教学的困境，对课堂改革提出建议，而且也没有把推动课堂改革的“刻不容缓”写出来，因此，用“课堂改革刻不容缓”来立论不合适，根据论文内容，本文标题可以修改为《课堂教学困境分析及改革建议》。这样，论文的观点就变成了：当前课堂教学面临各种困境，需要采取措施，改革课堂教学现状。

2. **查材料**

检查材料，主要是查两个方面：

一是查材料与观点是否一致。一般来说，材料与观点完全脱节、毫无联系的情况比较少见。材料既然被引用，作者总是力图用来说明观点，然而初学写论文的作者，往往驾驭不了材料，材料脱离观点的情况也时有发生。这是因为，材料与观点的关系，并不是一种绝对统一的关系，而是在某一点上相通的关系。一个材料往往可以有许多方面与不同的观点相通。比如说，马克思和燕妮的爱情生活，既可以用来说明燕妮不顾家庭的门第观念，甘愿“下嫁”，过比较清寒的生活；又可以说明他们的爱情基础是高尚的共同理想；还可以说明，在共同理想的指引下，他们结成了灵魂同盟，在此基础上马克思去攀登事业的高峰。作者要检查文中所用的材料是否紧扣文章的观点。

二是查对材料的分析是否充分。观点与材料统一了，还要检查一下，材料被引用在这个观点之下，有没有得到充分的分析和发挥。刚才讲过，材料的属性是多方面的，被引用后就得从一个方面加以解释说明其中的道理。初学论文写作的人，往往引用事例还可以，分析材料时就显得力不从心。用事实材料直接说明还勉强可以，但是用理论材料阐述道理时往往就会捉襟见肘。

3. **查论证**

论证所处理的是材料与观点的关系。不论是从实践过程来说，还是从思维过程来说，观点都由材料决定，材料产生观点，没有材料就没有观点。但是，观点是否可靠，是否科学，是否经得起推敲，就得加以论证。提交论文前，既要检查论文的事实论证是否真实有力，也要检查论文的理论论证是否深刻严密。

（三）写好简介

除了检查文章的形式与内容，还要检查作者简介。作者简介是作者就自己的基本情况向编辑所进行的简要介绍，目的是方便编辑了解作者，为编辑编发文章提供辅助性参考。有些期刊对作者的职称、学历等有要求，因此写好对提高论文的命中率有帮助。如何检查自己的作者简介呢？主要是“三查”：

1. 查字数是否适宜

教研论文的作者简介不宜太长，以一两百字为宜。有的作者简介太短，只有二三十字，缺少必要的内容，不利于编辑了解作者；有的作者简介过长，多达一两千字，作者将自己所有的成果与荣誉全部列出，生怕编辑低估了自己的成绩。这两种情况都不可取。总之，简介要简洁明了，不能没完没了。

2. 查内容是否全面

作为教育教学类期刊的编辑，需要了解作者的哪些情况呢？一是作者的基本信息，主要了解作者属于老中青哪一代，还有作者接受的教育情况；二是作者的教学情况，主要了解作者的本职工作做得怎么样；三是作者的科研情况，主要了解作者的科研成果与科研能力。

3. 查结构是否适当

作者简介的写法没有固定结构，但是对于中小学教师来说，作者简介的写法还是有一些基本规律的。一般来说，教研论文的作者简介，最好分为三个小段来写。第一小段介绍作者的基本情况，包括姓名、年龄、单位、职称、职务、最高学历、学位；第二小段介绍作者的教学情况，包括教龄、荣誉等；第三小段介绍作者的科研情况，包括研究方向、科研成果等。

如果一位作者连自己的个人简介都写不好，又如何能指望其写好比个人简介还要复杂的教研论文呢？看着杂乱无序的个人简介，编辑们经常会叹息：“看看他的个人简介，就知道他的思维能力有问题，不可能写出好论文。”

请大家看下面这则个人简介：

张雪梅，35 岁，2009 年毕业于××师范大学中文系，文学学士，现任教于河南××市第一实验小学，教导主任，小学高级教师。

从教十三年，一直在××市第一实验小学教语文，由于教学成绩优异被评为市级教学骨干，2018 年在全市小学语文阅读课比赛中荣获二等奖。

主要研究方向是小学阅读教学，先后在《语文教学通讯》等期刊上发表论文十余篇，2019 年荣获全市小学科研先进工作者称号。

这则简介比较好，既简明扼要（只有 170 字），又全面具体。第一段介绍了作者的姓名、年龄、学历、学位、工作单位、职务和职称；第二段介绍了作者的教龄、教学成果及其荣誉；第三段介绍了作者的研究方向、科研成果及其荣誉。通过这则简介，编辑对作者有了一个基本的认识和判断。

当然，如果是名师，个人简介的写法可以适当变通，年龄与学历等可以略去，突出取得的成果与个人荣誉。另外，个人简介不一定非要分为三个段落，只要内容层次分明，合在一段说明也可。比如：

胡红，江苏省特级教师，正高级教师，教育硕士，江苏省“333 高层次人才培养工程”培养对象，南京市中青年拔尖人才培养对象，南京市基础教育专家培养对象，南京工业大学实验小学校长。曾荣获江苏省先进教育工作者、江苏省教育科技系统五一巾帼标兵、江苏省苏教版义务教育小学语文教材实验先进个人、南京市五一创新能手等称号。在小学课外阅读领域有深入研究，出版个人教学专著《课外阅读，原来可以很好玩》，发表论文百余篇。

（四）方便联系

除了检查上面三项内容，还要检查作者的联系方式。

为了方便编辑与自己联系，要多提供几个联系方式，包括：详细地址、邮政编码、手机号码、电子信箱、微信号、QQ 号等。检查自己提供的联系方式时，要“两看”：

1. 看是否准确

提供的联系方式一定要准确无误，有的作者粗心大意，提供错误的手机号码和电子信箱，导致编辑无法与本人联系，错失了发表文章的机会。

2. 看是否齐全

提供的联系方式要全面，不要遗漏。有的作者提供的联系地址残缺不全，不是忘写省市，就是忘写区县，或者忘写门牌编号，正确的写法应该是“省市区县路号”。有的作者不是忘写邮政编码，就是邮政编码数字不全。有的作者提供的单位也不齐全，比较大的单位应该具体到二级单位甚至三级单位，比如“××师范大学附属实验学校小学部”，不要使用单位的缩略语，比如“华师大”这样的缩略语，在当地大家知道是哪所大学，但读者就需要琢磨了：这个“华师大”，到底是“华东师范大学”“华中师范大学”，还是“华南师范大学”呢？作者提供的信息应该准确齐全，不要让编辑和邮递员根据其他信息推断你的单位。至于手机号码、电子信箱、微信号、QQ 号，常常也有少写数码或字母的情况发生。

本来这些要求不需要详细说明，但是在一些来稿中不是缺少必要的联系方式，就是提供的联系方式残缺有误，这给编辑同时也给作者自己带来了不必要的麻烦。编辑部经常会收到退回的样刊或稿费，多数情况是因为作者提供的联系方式有误或地址不够详细。

一般情况下，编辑不会与作者直接联系。如果编辑准备联系作者，或想提出修改意见、或想告知用稿通知、或想了解相关情况，只有提供详细准确的联系方式，才能保证编辑随时能联系到本人。如果作者没有提供联系方式或提供的联系方式残缺有误，编辑不能及时联系，那么就可能失去一次发表论文的机会。

投稿前作者要检查自己的联系方式是否准确齐全，联系方式可跟在“个人简介”后面呈现。

三、抓住退改机会

稿件投出后，就进入编辑部的审稿流程，稿件的命运就各有不同。多数稿件在初审过程中遭到淘汰，只有少数稿件才会成为“幸运儿”，进入二审、终审，最终在期刊上得以“亮相”。而在这个过程中，能够获得一次“退回修改”的机会，是多数作者梦寐以求的事情。作者应当抓住稿件退回修改的机会，认真领会审稿意见，精心完善教研论文，拿出自己的最高水平，争取让论文早日顺利发表。

有的作者感叹稿件投出去后“泥牛入海无消息”，既无退稿信息，也无用稿通知。下面，我就给大家讲讲一般退稿的原因和如何正确对待退回修改这种情况。

（一）退稿原因

过去，通常在稿件投出一两个月内，作者会收到编辑的回复，包括审稿人的意见和编辑的概括信。一般有下列几种可能：

原稿接受，不需要修改。（罕见）

稿件退回，需轻微修改。（少见）

稿件退回，需重大修改。（常见）

原稿退回，被完全拒绝。（常见）

作为资深编辑，我觉得常见的退稿原因主要有：

1. 内容不合

每种刊物都有自己的定位与风格，而刊物的每个栏目都有特定的内容要求。

比如《语文教学通讯》（小学刊）的“论语”栏目，刊发的大多是中青年名师的新锐文章，要求选题新颖、观点睿智，发人深思、给人启迪。如果给这个栏目投稿，在内容上就要符合上述要求，这个栏目不欢迎暮气沉沉、四平八稳的稿件。再如有的德育教师围绕语文学科如何落实立德树人写了一篇文章，尽管文中所举的案例大多属于语文学科，但是由于文章的主要观点属于德育教育的范畴，这篇文章的内容就适合发表在德育类期刊或综合类期刊，而不适合发表在语文类期刊。

2. **步人后尘**

有的老师发现某个刊物近期不断发表某个专题的文章，于是就认认真真也写了一篇关于这个专题的文章投给编辑部，结果却没有被刊物录用，这种情况还比较普遍。为什么会出现这种情况呢？从刊物的角度说，刊物的发稿是有计划的，尤其是重点选题的稿件，更要提前策划、定向约稿，不会“守株待兔”，而且每个专题安排几期、每期安排几篇稿件事先都有大致的计划。从作者的角度来说，当看到刊物发出一组一组专题文章时，再写这样的文章已经为时已晚，除非你的文章的确“高人一筹”，否则只能是“步人后尘”，很难在这个刊物发表。

3. **字数问题**

有的论文太长。我曾看过一篇关于习作教学模式研究的论文，全文一万多字，作者是位普通的小学语文教师，文章内容尽管有可取之处，但由于创新不够、字数太长，还是做出不予录用的决定。期刊的版面有限，也非常宝贵。对于一般稿件，每篇文章所占的版面往往只有一个页码，顶多可占两个页码。只有有影响力的专家名师的稿件，才会安排四五个页码的版面。刊物每个版面容纳的字数不太一样，一般在一千六七百字左右。有的论文太短。有的初学者提交的论文不足一千字，这么少的字数，不可能把一个教研问题讲清楚、讲到位。

4. **资格问题**

有的刊物对作者资格有特殊要求。比如，《语文教学通讯》的“封面人物”栏目，入选的作者主要包括三种类型：一是语文教育的专家、学者，包括国内师范院校中研究中小学语文教育教学的教授，如倪文锦、杨再隋、王荣生、郑国民、荣维东等；二是全国知名的中小学语文教学名师，如于漪、于永正、魏书生、窦桂梅、王崧舟等；三是有影响力的中小学语文教研员，如周一贯、白金声、黄亢美、张立军、谈永康等。这样的栏目通常是编辑部直接约稿，不接受作者的自我推荐，也不接受作者的自然来稿。还有诸如“卷首”“论坛”“讲座”

之类的栏目，都是所谓的“封闭栏目”，稿件不对普通作者开放。

由于人力不足、条件所限，现在大多数刊物都“概不退稿”，只是对外声明，过了稿件处理约定期限仍未收到用稿改稿通知，作者可将稿件另投他处。

（二）退回修改

许多基本达到发表水平的教研论文，在发表前都遇到过退回修改的情况。虽然退给作者修改的稿件并不代表已经被刊物接受，但是起码还有一次被刊物录用的机会。有的稿件改动一次就可被刊物录用，有的稿件改动多次最终也没有被刊物录用。录用与否取决于作者的修改能否达到审稿人与编辑的要求。

稿件修改有小修和大修两种情况：

小修，即对稿件微小“病症”进行修改完善，包括修改不太规范的词句、标点、数字、量词，修改文章的标题、署名、摘要、关键词、参考文献，补充作者简介与联系方式等。

大修，即对稿件较大“病症”进行修改完善，除了小修涉及的各种“病症”外，文章在篇幅长短、结构安排、论据选用、论证观点等方面存在的问题，都属于大修范围的问题。

小修稿件不会“伤筋动骨”，改起来比较容易，作者一般都乐意接受，并会迅速改好，发回编辑部，等待复审。

大修稿件往往要“伤筋动骨”，有时需要“推倒重来”，修改起来就比较困难。面对需要大修的审稿意见，作者一般都会感到痛苦，在改与不改之间苦闷彷徨。

（三）正确对待

面对审稿人提出的修改意见，正确的做法应该是：

1. 尊重审稿人提出的修改意见

仔细阅读审稿人提出的每条意见，并全面准确地理解这些意见。每条意见和建议都认真分析，所有列出的问题都要逐条回答。

2. 虚心接受审稿人的修改建议

比如审稿人提出某一方面的论述不够清楚，作者要明白：审稿人是文章的第一读者，这个方面如果连审稿人都没读懂，发表后一定会有更多的读者读不懂，作者应该改得通俗易懂才行。

3. 妥当应对审稿人的不当意见

遇到审稿人由于观点不同或某种成见提出让自己无法接受的意见时，要慎重回应、委婉沟通，不可激烈对抗、意气用事。当然，如果实在无法按照审稿人的意见修改，可以考虑放弃在这家刊物发表论文，转投其他刊物。

4. 及时回复审稿人的修改要求

对于审稿人提出的微小的修改要求，作者要迅速改好稿件，反复推敲无误后尽快回复审稿人。对于较大的修改，作者也不能掉以轻心，拖延时间，说不定在你拖延的同时编辑部又收到同样内容、更高质量的稿件，你因而丧失本该属于自己的机会。

5. 提交标示改动之处的修改稿件

方便编辑收录改后的稿件，同时方便审稿人了解稿件修改情况。

（四）错误做法

但是，有的作者并不重视审稿人的修改意见，在修改过程中出现了许多不该出现的问题，直接影响了自己的论文发表。

1. 修改不彻底

比如，审稿人提出五条修改意见，可是作者只改了两三条。这种“打折扣”的修改，是对自己的不负责任，结果本来可以发表的文章，因此而错失机会。

2. 修改不认真

比如，文章中的分级标题所用的数字序号，一级标题都要用大写的汉字数字，而且数字后面要统一用顿号，有的作者总是粗心大意，有的地方用了顿号，有的地方没用顿号。这些问题，看似细小，实则事大，细节决定成败，这话不假。

3. 不愿改文章

有的作者不认同审稿人的修改意见，又不能心平气和、有理有据地表达自己的看法，而是态度激烈地辩解，怎么也不愿意修改自己的文章。这种做法的结果可想而知。不管审稿人的意见是否正确，我们都不能带着抵触的情绪来解决问题。如果有意无意地让审稿人生气，那是非常不可取的错误言行。要知道，审稿人的思维与作者的思维角度不同，作者的思维是设法证明自己的观点，而审稿人的思维是多方质疑作者的观点。有时候，作者需要把审稿人当成“无知而傲慢的读者”，需要对其“耐心解释”。

4. 不会改文章

有的作者虽然认同审稿人的意见，但是没有能力按照审稿人的意见大修论文。这种情况时有发生，不少老师经过无数个日日夜夜的煎熬，也没有按照审稿意见完成修改，只好无奈地放弃了宝贵的发表机会。

5. **改动看不见**

有的作者将论文改好后，直接将修改的文章发回编辑部，但是编辑却看不出作者在哪些地方进行了修改，改前改后的内容难以便捷对比。这种情况会加大编辑的工作量，同时也会影响文章的录用与发表。

四、采纳合理建议

除了前面讲到的要做到有的放矢、做好自查自纠、抓住退改机会，还有几条建议，希望大家采纳。

（一）请人预审

为了提高投稿的命中率，有些作者写完稿件后不是直接将稿件投给编辑部，而是先请人预审，查找文章存在的不足，经过反复修改后，再把文章投送到杂志社。

有的作者将稿件拿给身边的同事，有的作者将稿件呈给认识的专家，有的作者将稿件发往熟悉的编辑，有的作者将稿件发给擅长写作的朋友，虽然稿件送往的对象不同，但是目的只有一个，就是想听到真诚的阅读感受和具体的修改建议，以便进一步改好自己的文章，让自己的文章在众多稿件里脱颖而出，得到采用。

请人预审文章，要提出具体要求。要告诉审稿者你希望他们做什么，不希望他们做什么，并告诉他们一个时间期限，而且要有礼貌地询问对方能否在期限内完成审稿。特别是请专家名师预审，由于专家名师工作繁忙，更要提出时间要求，否则很有可能贻误投稿良机。

请人预审文章，要端正自己的态度。如果审稿意见和风细雨、鼓励有加，你也不用沾沾自喜、盲目自信；如果审稿意见暴风骤雨、打击迅猛，你也不用垂头丧气、妄自菲薄。通常，喜欢“挑毛病”的人远比总是给你“点赞”的人，对你的帮助更大一些。

（二）对比研究

选定准备投稿的期刊之后，需要做一下对比研究，这样才能提高稿件的命中率。投稿前要通过对比研究回答两个问题：

一是自己的论文与这份期刊上近期已经发表的同类论文的选题与观点有无明显差异？如果没有明显差异，说明自己的论文缺乏新颖性，也没有正式发表的价值。如果存在明显的差异，或者选题新颖让人过目不忘，或者观点新颖让人耳目一新，那么这样的论文在编辑部的审稿过程中就很有竞争性，很可能胜出。

二是自己的论文与这份期刊上发表的论文在体例上是否一致？包括文章的标题、署名、摘要、关键词、文中分级标题的标示序号、参考文献、附录等，一定要与目标期刊的体例保持一致。对于编辑而言，更容易接受与自己刊物体例一致的稿件。

需要强调的是，投稿前一定要把选定的目标期刊找来好好研究研究。至少要找见半年以来的期刊，最好能找见一年以来甚至更长时间的期刊，认认真真地做“功课”。特别是要研究你选定的栏目及其发表的文章。比如《语文教学通讯》（小学刊）有个栏目“论语”，这个栏目是这本杂志的常设栏目，它的作者大多是中青年语文名师，发表的文章大多数是新颖独特、锐意进取、富有朝气的教研论文。比如2021年6期发表的杭州中青年语文名师方建兰写的《当前小学语文教学发展的新趋势》，就从六个方面（从语文教学到语文课程、从三维目标到核心素养、从小格局到大概念思想、从松散体系到严密结构、从浅层学习到深度学习、从教学经验到语文学理）介绍了当前小学语文教学的发展新趋势，给语文教学研究者带来了新的启迪。同期还发表有上海市中青年语文名师胡晓燕写的《全域观念下小学语文阅读教学新策略》，介绍了她们项目组逐步探索出的全域观念下的小学语文阅读教学新策略，即情意激发策略，推行浸润性阅读；整体把握策略，推行参与式阅读；问题引路策略，推行探究式阅读；合作共筹策略，推行合作式阅读；迁移运用策略，推行建构式阅读；内外结合策略，推行活动式策略，以促进学生在充分的语文实践中学用阅读方法，重构学习样态，全面提升语文核心素养。像这样新锐的文章几乎每期都有。如果你也是当地中青年语文名师，你的论文选题与观点，新颖、独到、有朝气，就可以考虑把稿件直接投到这个栏目的电子邮箱里。

（三）有效沟通

要学会与编辑进行有效沟通。在沟通中，既能了解你的文章的处理结果，也能知晓期刊的选题方向和约稿动态，还能增进你与编辑之间的相互理解。

一般来说，当你的稿件投出一个月左右，就可以给编辑部打个电话或发个邮件，询问你的稿件的处理情况。大多数期刊会在目录页或版权页提供编辑部的联系电话和电子信箱。不论作者的稿件是否被采用，编辑部都乐意与作者沟通与交流，都愿意及时告知作者稿件的处理进程或处理结果。

在与编辑的沟通中，不能提出诸如自己评职称急用、文章必须在几月前发表的要求，这类无理要求会引起编辑的反感。学术期刊是学术交流的神圣平台，不是评定职称的辅助工具。如果编辑知道作者写这篇文章的目的只是为了评职称，就会对作者写这篇文章的动机产生怀疑，进而影响编辑对这篇文章的价值判断。

在与编辑的沟通中，假如编辑对文章提出修改意见，一定要虚心听取编辑的意见建议。当然，如果对编辑提出的意见有不同看法，也可以委婉地提出来与编辑商榷。但是，切不可说自己水平有限或工作太忙，没能力或没时间修改这篇文章，希望编辑部找人帮忙修改，出点钱也没关系，只要能发表就行。这种“江湖气”很浓的口气，会让编辑心生厌烦，从而放弃改后选用你的文章的念头。

学会与编辑进行有效沟通，有时还能获得意想不到的收获。比如，有一次一位老师来电询问他的一篇稿件是否可以录用，我打开电脑浏览了一遍文章，告诉他文章存在较大问题，这篇稿件无法采用。他也没有失望，依然笑呵呵地连声跟我说：“谢谢主编！谢谢主编！”然后，他真诚地又问我：“今年是建党一百周年，我想写一篇利用统编教材传承红色文化方面的文章，不知道编辑部需不需要？”我一听就很高兴，因为我们正想选编一组这样的稿件，但是这样的优秀稿件又非常稀少。我就说：“好啊。这样的稿件正是我们需要的，您抓紧写吧，写好后请马上发来。”后来，这位老师的文章很快就发表在我们杂志上了。

（四）切勿多投

一稿多投是被禁止的。所谓“一稿多投”，是指著作权人为在不同期刊上发表同一作品而将之投给一个以上期刊出版单位的行为。我国《著作权法》第三十三条规定，著作权人向期刊社投稿的，自稿件发出之日起三十日内未收到期刊社通知决定刊登的，可以将同一作品向其他期刊社投稿，但双方另有约定的除外。根据该条规定，著作权人在获知某期刊出版单位决定刊登其作品后或者在等待期刊出版单位通知的法定（或约定）期限内，不可将同一作品再投给其他期刊；只有在期刊出版单位已经明确通知不予刊登，或者因期刊出版单位逾期未给通知从而可推断出其不予刊登的情况下，著作权人才可以把相应的作品再投给其他期刊。这条规定实际上授予期刊出版单位禁止一稿多投的权利，从而保证了期刊出版者的权益。

但是，在现实中，有些教师为了确保自己的文章能够早日发表，就同时将同一篇文章投给多家期刊社。虽然这种急于发表文章的心情可以理解，可是这种一稿多投的行为却不妥当。如果投出去的稿件同时被多家期刊发表，那么就会造成“一稿多发”的严重后果。一稿多发不仅会浪费有限的出版资源，而且也会浪费消费者的资金和时间，同时也会带来负面的社会影响。对于由于作者的原因而造成的一稿多发，作者应该承担相应的法律责任。

对于一稿多投尤其是一稿多发，国内学术界视其为一种学术不端行为而坚决抵制。全国一些学术期刊曾发布坚决抵制学术不端行为的联合声明，声明强调发现任何一种学术不端行为（包括一稿多投、抄袭剽窃、重复发表、虚假注释、不实参考文献），签署本声明的学术期刊将在十年内拒发其任何文章，以示惩戒。当然，并不是所有的学术期刊和教育期刊都会采取这样严厉的措施，但是，每家期刊都坚决反对作者一稿多投的行为，而且都制定有相应的惩罚措施。有的期刊会在显著位置刊登谴责声明，严厉批评一稿多发的作者违背学术道德；有的期刊会以杂志社的名义给作者单位去函，通报作者不遵守学术规范的错误行为；有的期刊会把该作者列入“黑名单”，几年内不再采用该作者的任何稿件。

老师们要特别留意期刊社的相关声明，这种声明一般在目录页等显著位置，在声明里，期刊社会提出处理来稿的约定时限，比如《语文教学通讯》提出：“来稿投寄满三个月未接到本刊刊用通知，方可改投他处。本刊人力有限，来稿一律不退，请作者自留底稿。”从投出稿件之日起三个月内作者不可另投他处，时限过后作者即可将稿件投向任何一家期刊社。不同期刊社处理来稿的时限约定可能长短不同，多数为两三个月，少数为五六个月。不管约定时限多长，只要过了期刊的约定时限，作者就可以将稿件改投他刊了。

最后，我要提醒大家的是，教研杂志拒绝稿件是一件非常正常的事情。据不完全统计，许多比较好的杂志，一般有70%至90%的稿件都会面临被拒的结果，所以，我们要保持良好的心态。投稿后的期望值不要太高，但也不要不闻不问、自暴自弃。教学研究，本该永无止境；教研文章，理应精益求精。只要我们不忘初心，加倍努力，总有一天会如愿以偿，取得成功。

参考文献

[1] 李冲锋. 教师教学科研指南 [M]. 上海：华东师范大学出版社，2009：193-197，209-216.

[2] 王晓光. 期刊编辑与制作 [M]. 武汉：武汉大学出版社，2014：114-115.

[3] 鲁玉玲. 期刊编辑实务 [M]. 北京：九州出版社，2018：39-40.

[4] 吴子祥. 如何征服同行审稿人——SCI论文写作到发表 [M]. 西安：第四

军医大学出版社，2011：25-28.

[5] 赵大良. 科研论文写作新解——以主编和审稿人的视角 [M]. 西安：西安交通大学出版社，2011：60-69.

[6] 裴栓保. 中小学英语教师科研论文写作方法指导 [M]. 南宁：广西教育出版社，2012：464-475.

[7] 蔡今中. 如何撰写与发表社会科学论文 [M]. 北京：北京大学出版社，2009：92.

第九讲　教研期刊的审稿流程

本讲提纲

一、审稿基本知识

（一）何谓审稿

（二）为何审稿

（三）审稿标准

（四）审稿程序

二、稿件如何初审

（一）分配稿件

（二）谁来初审

（三）初审流程

（四）初审重点

三、稿件如何复审

（一）复审流程

（二）复审重点

（三）匿名外审

（四）复审结果

四、稿件如何终审

（一）谁来终审

（二）终审重点

（三）终审结果

（四）终审之后

各位老师，有的作者性子比较急，稿件才投出去一两天，就想知道自己的稿件能否被采用，这是不太现实的。一般情况下，作者把稿件投到编辑部的信箱后，需经过严格的审稿流程，才能得到稿件处理的最终结果。那么，什么是审稿？为何要审稿？审稿标准有哪些？审稿程序是什么？如何才能顺利通过“审稿关”呢？

下面我就讲讲教研期刊的审稿问题。

一、审稿基本知识

审稿是期刊编辑工作的关键一环，审稿之前是选题与组稿，而审稿之后则是修改、加工、编辑、校对等。审稿对作者而言非常重要，它直接决定着稿件的命运。因此，我们必须对审稿有所了解，下面我先介绍一些审稿的基本知识。

（一）何谓审稿

关于审稿的定义，武汉大学王晓光教授主编的《期刊编辑与制作》进行了很好的阐述：

审稿是从出版专业的角度，对稿件进行科学地阅读、审核、筛选和评价的行为。审稿人不仅要阅读与鉴别期刊的稿件内容与形式，还要对其进行全面、客观的评价，并提出是否录用的意见。对于退回的稿件，有的还要说明具体的拒绝理由。

（二）为何审稿

审稿是期刊编辑的把关环节，是保证期刊质量的关键，所以，审稿具有非常重要的意义，具体体现在以下四个方面：

第一，对期刊而言，审稿既可以淘汰不合格的稿件，又可以发现有价值的作品。通过去粗取精、去伪存真的筛选过程，期刊萃取了最好的稿件资源，为高质量出版提供了必要条件。反之，如果让不合格的稿件顺利过关，最终发表在期刊上，带来的是期刊质量的下降和读者评价的走低。

第二，对作者而言，无论是稿件被拒，还是得到了退改机会，或是直接被刊物采用，都得经过严格的审稿过程，稿件的问题和不足、稿件的亮点和长处，都会在审稿过程中被发现。从退稿原因或退改意见中，作者可以发现自己的差距和努力的方向。同时，优秀的作者也会通过审稿环节脱颖而出，引起编者的关注。

第三，对编者而言，审稿可以拓宽自己的知识面，提高自己的编辑能力和鉴赏能力，通过审读文章可以发现高水平的作者，培养作者队伍。

第四，对读者而言，审稿是保证期刊质量的关键一环，能否读到高质量的刊物，与审稿工作密不可分。审稿工作的好坏间接影响着读者对刊物的好恶。

（三）审稿标准

关于审稿的标准，有共同性的标准，也有差异化的标准。一方面，不同的教研期刊，有不同的审稿标准；另一方面，不同的教研期刊，也有相同的审稿标准。这里讲讲教研期刊共同性的审稿标准。

关于教研论文的审稿标准，我想从选题方向、立场观点、语言文字、学术规范四个方面来说。

1. 选题方向

作者的选题方向，应该与刊物的选稿方向保持一致。如果作者的选题方向偏离了刊物的选稿方向，那么文章被录用的可能性几乎为零。

无论是综合性期刊，还是专业性期刊，多数教研期刊都有比较稳定的学科属性、选题范围和选稿方向。比如《课程·教材·教法》属于综合性期刊，它主要发表关于课程、教材、教法方面的文章。多年来已形成了以中小学相关学科、教研院所的作者为主的固定发表生态。作为国家基础教育的高端学术平台，它直观反映了全国基础教育在课程、教材、教法方面的学术研究生态。专业性期刊也一样，多数也有比较稳定的学科属性、选题范围和选稿方向。再如《语文教学通讯》，发表的都是语文教育教学方面的文章，每年都有一般性选题范围和年度重点选题范围，选用稿件时特别倾向于应用性教学研究的文章。

有的教研期刊会在每年年初发布年度重点选题，希望作者能围绕这些选题撰写稿件，而编者在选稿时必然优先选用列入重点选题的文章。比如，中国人民大学主办的《中小学教育》的选题预告：

2022 年《中小学教育》研究重点展望

◉基础教育现代化的内涵、标准与实现路径

◉基础教育优质均衡发展

◉普通高中育人方式改革

◉高中普职分流

◉优秀传统文化教育

◉劳动教育与课程开发研究

◉科学教育

◉体育与健康教育

◉美育研究

◉学科/课程核心素养研究

◉基础教育评价改革（基础教育质量监测、中高考改革、增值评价、综合素质评价、课程/教材评价）

◉义务教育课标修订

◉线上线下融合教学

◉乡村教师队伍建设

◉“双减”政策研究（作业设计与作业改革、学业负担研究等）

作者在投稿前，甚至在动笔前，要对期刊的选题方向有所了解，然后判断自己论文的选题方向是否符合刊物的选稿方向。

2. **立场观点**

审稿既要把好“政治立场”关，又要把好“学术观点”关。

(1)**政治立场**

审读论文首先要看稿件的政治立场是否正确，因为政治是稿件的“高压线”，也是审稿的首要问题。责任编辑要善于区分政治原则问题、思想认识问题、学术观点问题，切实把好政治导向关、学术质量关、价值取向关。

(2)**学术观点**

对于期刊来说，作者向编辑部投稿，初审向复审荐稿，复审向终审推介，期刊向读者推广，背后有一个大家都能接受的判断标准：这篇文章有一定的学术价值，值得在期刊上发表。

判断一篇论文的学术价值，应从以下几方面进行：

第一，看稿件的论题是否科学，论据是否充分，论证是否合理，论证过程不允许歪曲和割裂事实，对事实断章取义。证明探索类的稿件尤其要注意这一点。

第二，看稿件的论据是否创新，是否提供了更多的新材料、新论据，或者即便没有新论据，但对旧论据有了更新的论述等。

第三，看稿件的观点是否有新意，稿件的学术价值往往取决于文章有无新观点、新知识，是否充实了本领域的研究成果，推动了本领域的研究发展。

作者在投稿前要问问自己：这篇文章究竟有没有学术价值？它在什么研究课题、什么研究范畴，做出了什么样的学术推进？如果在投稿时能简单陈述自己所投文章的学术贡献，则更容易打动审稿人的心。

3. 语言文字

审稿当然要看语言文字。稿件的语言文字是作者写作能力的具体反映，也是刊物读者选择阅读期刊的主要参数。

针对语言文字的审稿，可以归纳为以下几点：

文章体裁是否适当；

文章结构是否合理；

文章逻辑是否清楚；

用词造句是否讲究；

稿件内容是否适时；

读者是否愿意阅读。

4. 学术规范

审稿还要留意稿件是否符合学术规范。讲到这里，我想向大家介绍赵联飞博士的一本书——《期刊论文投稿解惑与写作建议》，这本书介绍了论文发表的一些基本知识，同时也讨论了如何才能更好地做好研究，对中小学教师写好教研论文很有帮助。作者的基本情况如下：

赵联飞，社会学博士，中国社会科学院研究员，社会学研究所社会调查与方法研究室副主任，2011—2019 年任《青年研究》副主编。主要的研究兴趣包括社会学研究方法、互联网与社会、青年研究和港澳研究，著有《现代性与虚拟社区》（2012）、《澳门中产阶层现状探索》（2019，合著）、《网络参与的代际差异》（2020）。

书中的许多观点，我都很赞同。该书第一部分是“学术期刊的选稿原则”，作者特别强调“遵循学术规范是期刊选稿的基本要求”，其中的一些论述非常精当，下面我为大家简要介绍一下。

他说，稿件的学术规范是选稿的基本要求。学术规范是科研工作者长期形成并共同遵守的工作标准，它是保证学者之间顺利交流的重要条件，同时也是学术期刊约束自身的基本准则，并且还是保证学术成果具有社会公信力的重要基石。正因为如此，学术规范作为科研活动的准则贯穿科研活动的全过程。可以这样说，不管文章看起来多么好，只要被发现违反了学术规范，都不会被发表。

一是杜绝学术不端。在学术论文发表的过程中，学术不端的常见情形主要包括：剽窃、抄袭、占有他人的研究成果，或者伪造、修改研究数据等。此外还有“一稿多投”，也需要引起作者的高度注意。

二是遵从学术伦理。主要是研究方法的规范性和文章写作的规范性。研究方法是指系统地获取知识的一整套原则、规范和技能。

三是注意方法的规范性。学术期刊在选择稿件时，研究者用的研究方法是否规范也是重要的考察条件。对于那些研究方法应用不规范的论文，如果程度较轻可以纠正（比如定量分析中的数据描述有问题），编辑部或许会给作者修改的机会；但如果研究方法的应用不规范程度非常严重，并且不可纠正（比如数据收集程序错误、抽样方案不合理、问卷设计有问题），编辑部通常会直接退稿。

四是注意写作的规范性。文章写作的规范性往往被一些初学写稿的老师所忽略。对于有经验的编辑来说，基本上读一遍论文就可以判断出作者是不是一名写稿新手。概念引用是否严谨，理论表述是否清晰，参考文献是否合理，图表形式是否规范，标点符号是否正确，等等，这些都是写作规范的表现。

按照期刊出版要求，所有论文必须遵循国家规定的基本规范。

前面我已讲过，教研论文的基本规范，包括格式规范和书写规范两个方面。先要看论文的格式是否完整规范，论文格式包括：文章题目、署名、摘要、关键词、正文、参考文献、注释、作者简介等，有的学术期刊还要求提供中图分类号、文献标识码、致谢等内容。还要看论文的书写是否规范，论文书写规范包括语言文字规范、标点符号规范、数字用法规范、计量单位规范四种。

（四）审稿程序

期刊审稿是编发流程中一项非常严肃也非常重要的工作，也是决定文稿能否发表、刊物质量高低的一道非常严格的程序。

在介绍审稿程序前，我先给大家介绍一下教研期刊编辑部的组织架构与人员分工情况。一般来说，教研期刊编辑部包含这么几类人：主编、副主编，主任、副主任，责任编辑、编辑，编务。这几类人的职责分工如下：

主编负责整个期刊的全面工作，对期刊内容的合规性以及学术质量负总责，一般由主编负责稿件的最后审定，即由主编决定刊发哪些文章。副主编协助主编工作。

编辑部主任负责组织落实整个编审过程。包括刊发征稿启事、安排人员分稿、和责任编辑协商匿名审稿人员、组织统稿会和发稿会、组织稿件的编辑和审校，有的还需要组织各类研讨会。对于一些比较小的编辑部，编辑部主任通常兼任副主编，有时还会担任责任编辑。编辑部副主任协助主任开展工作。

责任编辑是指出版单位为保证出版物质量符合出版要求，专门负责对拟出版的作品内容进行全面审核和加工整理，并在出版物上署名的编辑人员。责任编辑主要负责稿件的初审、联系审读专家，以及文章的编辑、修改和审校等工作。通常情况下，一名责任编辑负责一个或数个研究领域，责任编辑需要从稿件中挑选出有学术价值的稿件，并联系相关领域的专家进行匿名审稿，然后综合审稿意见联系作者修改稿件，直至稿件最后定稿。在定稿之后，责任编辑还需要完成后续的编辑、校对等工作。普通编辑协助责任编辑完成任务。编辑分为文字编辑和美术编辑两种，有的期刊有专门的美术编辑，有的期刊则聘用外部的美术编辑。

编务负责对初审、复审、终审的作者稿件如实登记或标注，务必使稿件登记本上需填的内容完整、齐全、清楚；及时总结并整理各种信息，做好读者、作者的信息反馈和服务登记工作，建立起主要读者群数据库、作者数据库、编委专家数据库；做好本刊版权保护工作，对每篇投稿稿件的内容进行搜索查询，杜绝刊登抄袭和盗版的稿件；做好编辑部和期刊日常事务，包括信函、传真件和通知的取送，稿件的取送，样刊的送寄，原稿、校稿和稿酬表的整理和归档以及期刊各种报表的整理和归档等；做好稿件与编委、作者之间的快速有效的传递、登记、整理以及有效版本的保管备用等。

以上是关于教研期刊编辑部的组织架构和人员分工的介绍。这是比较理想的编辑部人员构成及其分工形式，现实中有的编辑部会有一些出入。有的可能没有副主编，有的可能没有副主任，有的可能没有编务，由于组织架构的差异，会带来人员分工的调整和变化。

在了解了编辑部的组织架构和人员分工之后，我们再看编辑部的审稿程序。

经过长期的期刊编辑的实践活动，我国现代期刊已经建立了比较完善的“三审制”审稿机制。为了进一步保证期刊出版质量，2001 年国家新闻出版总署发布了《关于严格执行期刊“三审制”和“三校一读”制度保证出版质量的通知》，提出期刊出版单位应严格执行稿件的“三审制度”，切实做好稿件的初审、复审和终审工作。2021 年 5 月 18 日中共中央宣传部、教育部、科技部印发了《关于推动学术期刊繁荣发展的意见》，文件中明确指出：对“三审三校”等制度执行情况、期刊负责人任职资格等加强检查，强化期刊主编终审职责，有效解决编辑出版制度执行不到位、主编“挂名”“缺位”等问题。

期刊稿件的“三审制”，是期刊三级审稿制度的简称。通常是指责任编辑初审、副主编或编辑部主任复审、主编终审。需要指出的是，学术期刊，尤其是自然科学类学术期刊以及专业性较强的技术性期刊，由于受专业学科知识和对学科研究发展了解的局限，编辑人员不可能全部决断各自专业的研究文稿，更不可能审读其他学科的专业论文，因此，学术期刊和技术期刊的复审必须邀请专家担负，此类期刊的审稿程序是：责任编辑初审、学科专家与副主编复审、主编终审。

随着社会和科技的迅猛发展，人类的各种知识日新月异，交叉科学与边缘科学不断兴起，社会对期刊的审稿提出了更高更严的要求。当前，请学科专家复审文稿，不但是学术期刊和技术期刊的必要程序，而且逐步被其他期刊效仿和采纳。当然，其他期刊并非需将全部文稿都送专家复审，主要是编辑无法决断的稿件才需专家复审。相对而言，中小学教育类期刊依赖外审专家审稿的迫切性和必要性，没有一般的学术期刊突出。不过，无论是教育教学类期刊，还是一般性学术期刊，在完善同行评议机制方面都应该进一步强化。

二、稿件如何初审

初审是在审读全部稿件的基础上，对稿件的社会效益、文化价值和学术价值进行审核，严格把好导向关、知识关、文字关等，形成初审意见，对稿件提出取舍看法和修改建议。

大家知道，初审工作的前提是分配稿件，而分配稿件之前需要明确把稿件分给谁，即由谁来初审稿件，而负责初审工作的人又必须清楚初审的流程和初审的重点。

（一）分配稿件

在实际操作中，分配稿件大约有两种方式。一种方式是统一分配稿件，主要做法是对外只设立一个投稿电子信箱或投稿平台，由编务或普通编辑负责接收稿件，并根据要求分配给责任稿件；另一种方式是作者自助分稿，主要做法是编辑部设立多个投稿信箱，每个信箱对应相应栏目，作者需在投稿时自行判断自己的稿件属于哪个栏目，然后精准投到相应的电子信箱中。

比如，《中国教育科学》只提供了一个投稿平台：

https://bkstg.pep.com.cn

而《语文建设》（下半月）提供了多个投稿信箱：

ywjsxln@163.com〔关注〕〔学术前沿〕〔钩沉〕

ywjsxkt@163.com〔教学〕〔文学〕〔教材〕〔教学设计〕

ywjsgxzs@163.com〔争鸣〕〔语言〕〔开卷〕

ywjsks@163.com〔评价〕〔随笔〕〔名师课堂〕

分稿的作用，主要有以下几点：

第一，分稿时判断稿件是否符合办刊宗旨。明显不符的稿件直接淘汰，比如，有的学术期刊全部要求是学术论文，那么教学案例、教学反思、教学设计等稿件就会被直接剔除在外。

第二，分稿时判断来稿是否符合篇幅要求。与学术论文相比，教研论文的篇幅相对要短，一般以3500—6500字为宜，特殊情况下才发10000字左右的长文。一般的教研论文，太长或太短都不考虑；高质量的教研论文，可适当加长篇幅。

第三，分稿时判断来稿是否符合形式要求。教研论文必须提供规范的摘要、关键词、参考文献和详细的联系方式等。如果来稿缺少这些重要的形式要求，尤其是缺少详细的联系方式，大多会遭到淘汰。

（二）谁来初审

赵联飞博士在《期刊论文投稿解惑与写作建议》中对责任编辑的作用进行了精辟的概括，并对作者如何与责任编辑打交道提出了几点很好的建议，下面我为大家简要介绍一下。

他说，责任编辑是编辑部里直接和作者打交道的工作人员，在稿件发表的整个过程中起着十分关键的作用。一篇稿件要发表出来，首先要得到责任编辑的认可。责任编辑通常是对某个领域或某几个领域较为熟悉的编辑人员，一般会长期跟踪某些领域，对该领域的发展历史和最新动态、重大事件和研究力量的分布情况都比较了解，这也是责任编辑能够相对准确地判断稿件学术价值的原因。

他认为，责任编辑的作用，主要体现在三个方面：

第一，守好第一道门，甄别稿件的学术价值。作为一名责任编辑，最重要的职责是甄别稿件的学术价值，承担好稿件第一道守门人的责任。当稿件分配给责任编辑后，责任编辑首先会逐篇阅读稿件并进行横向比较，筛选出送给二审的稿件。筛选时需要考虑的因素包括：文章的选题是否有价值，研究的问题是否受到广泛关注，研究水平是否处于同学科或同领域的学术前沿，文章发表出来后的影响力会如何，等等。有的责任编辑还会注意作者的文字水平。有的责任编辑喜欢用剔除法，即首先剔除最差的稿件，然后再剔除次一些的，最后留下几篇比较优秀的稿件。这些稿件通常在选题、观点、写作等多方面综合情况比较好，然后将它们交给副主编进行二审。有的责任编辑却喜欢使用挑选法，即首先选择那些最引人注目的稿件，如果数量基本够了，就会停止挑选；如果数量还不够，再继续选择相对比较好的稿件。两种选稿的方法，最后的结果差不多，但相对而言，剔除法会相对费时。

第二，维护联系管道，与作者和外审沟通好。一方面责任编辑是作者与编辑部之间的沟通桥梁，另一方面责任编辑还是编辑部与外审专家之间的沟通桥梁。稿件通过初审之后，责任编辑就开始和作者进行一对一的联系。如果稿件没有通过匿名外审，责任编辑会告诉作者；如果稿件通过了匿名外审，责任编辑需要汇总评审人的意见，有时候还要加上自己的意见，转告给作者，请作者修改稿件并给出回应。在这个过程中，作者与责任编辑需要多次沟通，尤其是在对稿件的修改意见不一致的时候。在作者完成稿件的最后修改之后，责任编辑负责判断稿件最终是否达到了发表要求，并把那些达到要求的稿件提交给主编或发稿会进行终审。而在终审环节，责任编辑将代表作者对稿件进行介绍，阐述稿件值得发表的理由。有的时候，发稿会还会提出一些修改意见，这时责任编辑要继续与作者联系，讨论稿件的修改事宜。从上述过程可以看出，责任编辑实际上对稿件的发表起着关键性的作用。

第三，负责文字加工，确保稿件高质量发表。对于通过终审的稿件，责任编辑负责对稿件的内容进行全面审定，并根据版面情况对文章的篇幅进行调整，走完一校、二校、三校等流程，最终完成文章的编辑工作。在这个过程中，文字内容的加工和出版格式的检查是最主要的工作。同时，由于期刊的版面数量是固定的，期刊管理部门对期刊的排版有严格的要求，比如空白不能超过半页等，因此有时候在稿件定稿后责任编辑还会要求作者适当增删稿件篇幅。

他建议，作者与责任编辑沟通的时候要注意三点：

第一，要尊重责编。人们通常用“为他人作嫁衣裳”来描述编辑的工作，这句话当然是从成果的归属角度来说编辑的工作，不一定全面，但每一篇文章的发表都凝聚着责编的心血。责编不仅要负责帮助作者消除一些明显的小失误（如文字、表述、参考文献等），有时候还要站在作者的立场，在学理方面应对外审专家以及主编的质疑和批评。行内有一句经常被提起的话——“编辑是个良心活”，这句话的意思是，责编在一篇文章上投入多少精力实际上有非常大的弹性。一名负责任的责编会仔细检查文章的缺陷，尽力使文章变得完美；不负责的责编只花最少的时间使文章达到勉强可以发表的水平就行了。从我个人担任责编的感受来说，编辑加工一篇文章，从头至尾至少要花上十天左右的时间，多的花上一个月时间也不稀奇。有些文字水平或者论证质量稍差的文章，编辑所花费的时间会更长。从这个角度来说，作者应感谢责编，尤其要感谢那些一遍遍给你打电话或者给你写邮件，要求你修改文章的责编。因为，文章一旦发表出来就是白纸黑字，无论好与不好，都会跟着作者一辈子。因此，如果作者碰上一位严格的责编，其实应该感到幸运而不是沮丧和挫折。

第二，要以严肃的态度对待学术沟通。作者与责编的沟通主要集中在稿件的修改意见上，当匿名评审意见返回以后，责编通常会要求作者参考匿名审稿人的意见进行修改，有的责编还会明确提出自己的看法，这在那些由研究人员兼职担任责编的编辑部中尤为常见。换句话说，责编和匿名评审人提出的意见都代表了同行专家提出的意见，作者需要以严肃的学术交流态度对待这些意见，逐一回应，不能随意处置。如果作者不接受匿名评审人提出的意见，也需要认真地写出理由，提供充分的证据，来和匿名评审人进行对话。在这个过程中，责编会作为评判人居中审议作者和匿名评审人的意见，看哪方更有道理，并做出选择。

第三，和责编的沟通要有耐心和技巧。目前，发表一篇文章的周期通常在六个月以上，并且这一期限还有加长的趋势。作者在这个过程中通常会处于不同程度的焦虑之中，有时候会写邮件或者打电话询问稿件的发表进度。对此，我的个人建议是，虽然焦虑，但仍然要保持耐心，或者说“淡定”。对于多数期刊来说，稿件只要通过了匿审，再通过终审的概率就很大了，最多是需要再多修改几次。另外，和责编沟通也需要一定技巧，这个技巧主要是掌握询问的时间间隔。我建议一个月内询问一次。因为一个责编往往需要同时处理很多稿件，而每篇稿件的处理都需要一定周期，过于频繁地询问编辑，不仅得不到结果，还会起反作用。

（三）初审流程

责任编辑收到分好的稿件后，才能进入初审。初审流程大致是：

1. 粗读稿件

包括文章的题目、作者简介、摘要、章节标题等，将稿件初步归类。

2. 通读稿件

全面了解文章的内容，同时判断文章有无政治问题，是否违规违法；有无学术价值，值不值得发表。

3. 浏览稿件

思考选题是否适当，观点是否正确，论据是否充足，论证是否有力，研究水平如何。检查结构是否合理，论述是否畅达，语言文字的表达和基本规范的使用等表现如何。

4. 提出建议

针对以上审读情况，写出初审意见，提出处理建议。

5. 提交复审

清理稿件与随稿附件，核对无误后，按要求交给复审。

一般来说，责任编辑在确定通过初审的稿件后，会以各种方式告知作者。如果从投稿之日算起，收到初审通过的通知，一般会在2—3个月之后。快的也有在一个月之内的，这个跟编辑部的具体工作流程有关。

（四）初审重点

初审稿件时，责任编辑主要看五个方面：

1. 文稿是否有价值

责任编辑要在审读稿件的基础上，对稿件的社会效益、文化价值和学术价值进行审核，尤其是从稿件是否具有一定的学术价值的角度，对稿件进行审核。对教研论文而言，稿件质量和学术价值永远是审稿的第一要素。如果稿件达到了审稿标准，同时还是受到国家基金资助的项目研究结果，将有利于通过初审。

2. 选题是否受关注

选题是稿件成败的关键，这话一点也不假。作者写稿前如果仔细研究过期刊的征稿启事，或者仔细研究过期刊的全年选题计划、栏目用稿要求，作者的选题就比较容易与编辑部的重点选题吻合，这样投稿的成功率就会大大增加。或者，虽然作者的选题并不在期刊的选题规划之列，但却是近期广受关注的新鲜话题，比如，2021 年 7 月中共中央办公厅、国务院办公厅发布《关于进一步减轻义务教育阶段学生作业负担和校外培训负担的意见》后，有的作者立即围绕学科教学中如何落实“双减”政策撰写论文，这样的选题抓住了热点问题，容易引起读者的关注，也容易引起责任编辑的关注。

3. **研究是否在前沿**

好的选题固然很重要，但是选择好的选题未必就有好的研究成果。只有那些处于领先水平的研究成果，才会被编辑所青睐。也只有那些处于领先水平的研究论文，发表之后才有可能产生良好的影响，不仅对该领域的研究产生推动作用，而且对发表该成果的期刊产生加持作用。从这个意义上说，编辑就是发现上乘佳作的“伯乐”，而奉献上乘佳作的作者就是“千里马”。

4. **刊物是否很需要**

从长期来看，每种期刊都有自己的办刊宗旨和办刊特色，因而不同期刊对稿件的需求就会产生差异，同一篇稿件也许只适合这种期刊，不适合其他期刊；也许不适合这种期刊却适合其他期刊。从短期来看，即便是同一种期刊，不同的时间所需要的稿件也有所不同，可能受限于特定期数的选题策划，有的常设栏目不需要安排稿件，这方面的稿件就不会被录用。比如《语文教学通讯》（小学刊）2021 年 7—8 期的内容是“统编小语教材单元整体教学设计与实施”，那么与单元整体教学无关的所有稿件就都无缘这两期杂志。

5. **文稿是否很完整**

很多作者会忽略一些重要的细节，比如作者的联系方式、手机号码和电子信箱等，都是必须注明的，以备编辑随时联系作者；还有期刊需要的其他要件，比如摘要、关键词、参考文献、作者简介等，都是投稿时必不可少的重要内容。这些看似并不重要的信息，能体现作者的专业素养，同时也能给编辑审稿带来便利。

三、稿件如何复审

所谓复审，是在审读全部稿件的基础上，站在比初审者更高的层次，以更高的要求来审读稿件，解决初审中提出的问题，并形成复审意见，做出总体评价，向终审者提供决策依据。对于初审通过而在复审时存在争议或疑义的稿件，可参考外审专家的审稿意见，一般由副主编或编辑部主任予以取舍。

（一）复审流程

复审的基本流程是：

第一，收到初审后的文稿后，复审者可依据初审意见，有针对性地审读稿件。为了做到客观、公正，一般要求复审时要通读原稿，不能走马看花、蜻蜓点水。

第二，遇到文稿中存在难以理解或难以决断的问题时，可以启动外审专家审稿程序，请一两位外审专家帮助审稿，并请外审专家填写外审专家审稿意见表。

第三，对照初审提出的问题和建议，结合复审的实际情况，参考外审专家的审稿意见，写出复审意见。

（二）复审重点

前面我已讲过，复审者要在审读全部稿件的基础上，站在比初审者更高的层次，以更高的要求来审读稿件，解决初审中提出的问题，并形成复审意见，给出总体评价，向终审者提供决策依据。

初审者已经对稿件的社会效益、文化价值和学术价值进行了审核，并就每篇文稿的五个方面，即文稿是否有价值、选题是否受关注、研究是否在前沿、刊物是否很需要、文稿是否很完整，做出了各自的判断，提出了初审意见。复审者除了要将初审意见与稿件进行对照审核外，还要站得更高一些，从刊物的整体统筹、作者分布、引领作用、刊物风格等方面审核稿件。

1. 整体统筹

复审环节需要从某期刊物的总体出发考虑稿件的录用与否，而不像初审环节，更多是从单篇稿件或某个栏目需要的稿件出发考虑问题。从刊物的整体出发思考，就会发现有的栏目选送的稿件比较多或比较少，比较多的栏目应该优中选优，淘汰部分优秀稿件，而比较少的栏目应该从来稿中继续遴选。尤其是一些综合性期刊，在合理体现学科重点研究成果的同时，还需保持学科之间的平衡，正确处理学科大小的关系。

2. 作者分布

一是要看某期刊物的作者分布是否合适。一般情况下，期刊选择稿件时，在稿件质量相差不大的情况下，也会考虑作者的年龄和区域分布。为了期刊的长远发展，期刊希望自己的作者队伍中既有行业内德高望重的老者，也有行业内如日中天的中生代，还有行业内崭露头角的“未来之星”。同时，期刊希望自己的读者能够遍布祖国的四面八方。为了吸引各地的读者，期刊愿意刊发在当地有影响力的作者的优质稿件。有时候为了照顾更多区域作者的稿件，也会忍痛舍弃一些教育发达地区的优质稿件。二是要看近期刊物的作者是否重复。除非是特约的专栏稿件，一般情况下，期刊不愿意连续发表同一位作者的稿件，即便其稿件质量优于其他作者的稿件。如果期刊的作者长期固化，对期刊的发展不利。

3. **引领作用**

教研期刊应该成为教学研究的引领者，所以它非常青睐那些敢于创新、善于探究的教改“弄潮儿”。对于那些具有前瞻性和学理性的教研论文，往往能得到特别的眷顾和特殊的优待。比如，中共中央办公厅、国务院办公厅于 2021 年 7 月印发了《关于进一步减轻义务教育阶段学生作业负担和校外培训负担的意见》，9 月我就接到浙江外国语学院汪潮教授与人合写的一篇文章《“双减”政策下的语文教学新方案》，这篇文章从“课”的线索出发，提出小学语文教学“减”与“加”的六条新方案，为真正落实“双减”要求提出一些新的思考，是小学语文教学改革的“及时雨”。选题抓得非常好，稿件来得特别快，观点明确，方案可行，行文流畅，通俗易懂，正是我们期刊急需的好文章。于是，该文进入审稿“快车道”，很快就发表在《语文教学通讯》（小学刊）2021 年 11 期上。“期期有变化，月月有新意”，是许多教研期刊共同的追求，墨守成规、暮气沉沉是办好期刊的大敌。

4. **刊物风格**

经过长期的积淀，每种刊物都会逐渐形成自己的办刊风格。与其他期刊相比，教研期刊有着浓郁的“教育”味道，但就教研期刊内部而言，各自又有与众不同的特色。有的期刊喜欢学理性很强的学术文章，给人强烈的严谨而深刻的感觉；有的期刊喜欢实用性较强的教研文章，给人强烈的实在与朴素的感觉；有的期刊兼具二者的特色，既有学理性很强的学术论文，又有实用性较强的教研论文，将权威性、实用性较好地融为一体。同一篇教研论文，往往适合在某个刊物刊发，却不适合其他刊物。

学术期刊，包括教研期刊，要办好自己的特色栏目，就要向“专、精、特、新”的方向发展，为此，复审时要为特色栏目留足位置，重点关照。

一般情况下，提交到副主编或编辑部主任手里的稿件要多于期刊的载文量，假如一期可发三十篇文章，那么交到副主编手里的稿件可能有五十多篇。副主编将根据上述几个因素对稿件质量进行评估并分类排序，然后根据某期刊物的选题策划，对稿件进行再次取舍。

（三）匿名外审

对于学术期刊来说，复审通常由同行专家完成，这样可以保证审核的质量和客观性；对于教研期刊来说，复审主要由副主编或编辑部主任完成，当某些稿件的内容无法审定时可转送有关专家，请其对文稿进行指定性问题的审阅。

为了提高复审水平，期刊应该建立外审专家库，以便给特定稿件选择最适合的专家，避免误送不对口的专家让其审稿。

一是编辑要从刊物自身的作者队伍中推荐一些有影响、有水平的专家、学者或教学名师进入外审专家库，这些作者是最可靠的外审专家。他们本身是刊物的好作者，同时也是刊物的好朋友，大多会带着感情欣然接受审稿任务，而不会寻找各种理由推脱拒绝。二是从其他刊物的作者队伍中选择外审专家，办得再好的期刊也不可能发表过全国所有高端作者的稿件，编辑应该养成阅读同类期刊的习惯，并留意同类刊物的高端作者，并设法取得联系，邀请他们进入自己刊物的外审专家库。同时，也可请外审专家推荐一些教育教学方面的学者和名师担任外审专家。

稿件外审一般采用匿名评审的方式，因为匿名评审可以消除人情关系的影响，显著提升审稿的质量。事实上，那些长期坚持匿名外审制度的期刊一般都是较为优秀的期刊。

现在，越来越多的期刊开始采用双向匿名外审，在责任编辑吃不准文章内容、对文章总体质量的判断不够准确的情况下，就需要参考外审专家的匿名评审意见作为重要参考。由于外审专家在相应的领域都有比较深厚的学术修养和研究能力，所以，只要他们本着对期刊负责的态度，都能提出中肯适当的审稿意见。对于这些意见，编辑部未必会全部采纳，但是这些意见对编辑客观准确地评价稿件会有很好的帮助作用。匿名评审一般会给出相应的评审意见，编辑部会根据外审意见最终决定稿件是否被录用。如果录用，会让作者根据外审意见修改自己的文章，这些专业的修改意见会极大地帮助作者修改文章，提升文章总体质量，避免出现低级错误。

实际上，匿名评审对于编辑部来说还有另外一个作用：合法拒绝质量低劣的关系稿件。越是办得好的期刊，处理关系稿的压力就越大。虽然关系稿中也不乏一些优质稿件，但是多数关系稿件质量堪忧。碍于情面，碍于关系，编辑无法直接拒绝，需要设置一道有效的“防火墙”。事实上，匿名外审制就是一个非常好的“防火墙”。

（四）复审结果

责任编辑收到外审专家的审稿意见后，应立即对稿件做出相应处理。通常有两种情况：

第一，将外审专家提出的修改建议转给作者。责任编辑要督促外审专家为作者提供高质量的审稿意见。为了减少责任编辑的压力，有的编辑部把这项工作交给编务或普通编辑来做。

第二，外审专家复审稿件之后，编辑结合初审情况，提出意见，将稿件呈送副主编或编辑部主任，由副主编或编辑部主任再将稿件呈送主编终审。

四、稿件如何终审

所谓终审，是根据初审和复审意见，对稿件的出版导向、学术质量、社会效果、是否符合党和国家的政策法规等方面给出评价，最终确定录用与否。对涉及重大选题备案内容的稿件，要按规定履行重大选题备案程序。

（一）谁来终审

终审是对初审、复审意见进行核定，站在全局的高度评价文稿质量，并根据期刊要求做出录用与否的决定环节。目前，国内外期刊的终审工作一般由主编来做。

中共中央宣传部、教育部、科技部于2021年5月18日，印发了《关于推动学术期刊繁荣发展的意见》，其中第六部分“优化发展环境”的第十条“规范学术期刊出版秩序”明确指出：对“三审三校”等制度执行情况、期刊负责人任职资格等加强检查，强化期刊主编终审职责，有效解决编辑出版制度执行不到位、主编“挂名”“缺位”等问题。

在终审过程中，主编要注意以下问题：

第一，坚持质量至上，杜绝人情稿件。终审是把好期刊质量的关键环节，必须始终坚守“以质论稿、择优选文”的原则，不论作者亲疏，只论质量高下。

第二，坚持审稿标准，统一把关尺度。不要采用“双标”，要“一把尺子量到底”。不能只把审稿标准挂在墙上，还应该把审稿标准记在心里、握在手里、落实在行动里。

第三，尊重专家意见，着眼刊物发展。对于专家提出的审稿意见，既要给予充分的尊重，也要进行客观的分析。专家提出的中肯意见，要不打折扣地落实；专家提出的不当意见，也要心平气和地对待。既要尊重专家的辛勤劳动，又要保护作者的撰稿热情；既要发挥专家的学术专长，又要激励作者的专业发展。

第四，要有时间观念，及时终审稿件。期刊是连续出版物，出版时间是固定的，加上有的稿件时效性比较强，这就需要终审工作必须按照编辑计划按时完成，切不可随意延后终审时间，耽误期刊正常出版。要提高审稿的时效性，为重大的有创新观点的高质量论文设立快速审稿、发稿的通道。

（二）终审重点

对于教研期刊来说，终审时要把握以下几个重点：

1. 出版导向

切实把好期刊的政治导向关是办好期刊的头等大事。教研期刊肩负助力教育、助推教研的功能，必须确保期刊定位不偏差，把关不疏漏，这就必须严格执行“三审”制度，尤其是落实主编终审责任。终审环节是审稿流程的最后一关，直接影响着刊物的质量和效益，一点也马虎不得。

2. 学术质量

切实把好期刊的学术质量关是办好期刊的重中之重。只有坚持走高质量发展道路，教研期刊才能行稳致远，才能有长久的生命力与持续的影响力。教研期刊的生命力与影响力在于能够源源不断地刊发引领学术创新与学术发展前沿的原创性成果。对此，教研期刊主编必须要有清醒认识，不断增强对各种学术不端行为以及抄袭剽窃之风的“免疫力”，始终坚守高质量发展这一底线，多管齐下地推动学术期刊的高质量发展。

3. 社会效果

切实把好期刊的价值取向关是办好期刊的重要保证。教研期刊要把社会效益放在首位，做到社会效益和经济效益相统一。教研期刊在现代教育发展和课程改革过程中，对教师的专业发展一直发挥着重要作用，主要体现在四个方面：促进教师专业理想的建立，促进教师专业知识的拓展，促进教师专业能力的发展，促进教师专业自我的形成。

主编是期刊的第一责任人，既要考虑期刊的经济效益，又要考虑期刊的社会效益。当两个效益发生矛盾时，应当自觉地把社会效益放在第一位，同时兼顾经济效益。比如，有的作者、单位愿意花钱发表作品，而作品质量没有达到发表水平，作为主编必须舍弃经济效益，拒绝平庸稿件。

4. **政策法规**

主编要进一步提高政治站位，坚守工作岗位，带头严格遵守国家的相关政策法规，自觉抵制和纠正学术不端行为。加强质量自查，反对买卖刊号，不搞承包经营等违规行为，绝不发表质量低劣的论文。严格执行“三审”制，强化期刊主编的终审职责，对学术不端行为“零容忍”，杜绝“关系稿”“人情稿”，带头遵守出版伦理、行业规范。

此外，遇到重大选题，还必须履行备案手续。

（三）终审结果

终审的结果一般为：退稿处理、改后再审、改后录用、直接录用。

1. **退稿处理**

退稿的原因，主要有下面几点：

存在学术不端，直接退稿处理；

有违办刊宗旨，直接退稿处理；

学术价值不大，而且缺乏新意；

质量虽然不错，同类文章太多；

近期重复作者，优先退稿处理；

反复退回修改，仍然不能达标。

2. **改后再审**

出现下列情况时，需要改后再审：

两位审稿专家意见相差较大，又无法断定哪位专家的意见更合理，可把评审意见发给作者，改后送第三人评审；

审稿专家提出改后再审，并提出具体修改意见；

论文选题很好，但需要进行大的改动，提出修改意见。

3. **改后录用**

论文选题新颖、价值较大，但有一些细节问题需要修改，例如，表达不够简洁，结构不太合理，原理没有阐明，参考文献太旧，图标不太规范，文章篇幅太长，结论啰里啰唆，标点符号错用，数字使用不当，等等。这种情况可返回作者修改，改后达到要求的稿件即可录用。

4. **直接录用**

如果稿件完全符合期刊要求，学术性高，创新性大，逻辑性强，语言流畅，论据可靠，论证有力，结论正确，篇幅合适，就可直接录用。其中，时效性和创新性较强的教研论文可以优先刊登。

（四）终审之后

终审结果出来后，编辑要进行相应的处理，具体分为三种情况：

1. **对录用的稿件**

对于可以直接录用的稿件，责任编辑应列入编辑加工流程，由编辑或编务向作者发送用稿通知单。

对于需要改后录用的稿件，编辑或编务应把审稿意见发给作者，改后的稿件达到发表要求后，责任编辑应列入编辑加工流程，并向作者发送用稿通知单。

2. **对备用的稿件**

对于改后再审的稿件，编辑或编务将审稿意见发给作者，要求作者在规定时间内完成修改，改后稿件再次进入审稿流程，视终审情况而定是否录用。

还有一些已经通过三审并确定采用的稿件，因同类稿件冲突而延后刊用，这种情况时有发生，编辑或编务应及时给作者发送用稿通知单。

3. **对不用的稿件**

终审确认不会录用的稿件，编辑应该及时退还给作者，但不少期刊由于人力所限，无法及时退稿。只要在约定的稿件处理时限内没有收到期刊的处理结果，作者就可将稿件另投他处。

编辑或编务要坚持做好审稿记录。让审稿记录长期可追溯、可核查，是学术期刊，包括教研期刊，应当坚持的良好行为。

各位老师，为了让大家了解稿件投出去后会经历怎样的审稿过程，我介绍了审稿的基本常识和基本流程，希望对大家的写稿、投稿、改稿有所启迪和帮助。

参考文献

[1] 龚维忠．现代期刊编辑学［M］．北京：北京大学出版社，2007：191-206.

[2] 鲁玉玲．期刊编辑实务［M］．北京：九州出版社，2018：70-83.

[3] 王晓光. 期刊编辑与制作 [M]. 武汉: 武汉大学出版社, 2014: 192-214.

[4] [美] 金坤林. 如何撰写和发表 SCI 期刊论文 [M]. 北京: 科学出版社, 2008: 146-165.

[5] 赵大良. 科研论文写作新解——以主编和审稿人的视角 [M]. 西安: 西安交通大学出版社, 2011: 37-53.

[6] 赵联飞. 期刊论文投稿解惑与写作建议 [M]. 重庆: 重庆大学出版社, 2020: 41-71.

第十讲　教研期刊的编辑策划

本讲提纲

一、期刊整体策划

（一）期刊定位

（二）期刊特色

（三）全年策划

（四）整期策划

二、期刊栏目策划

（一）栏目性质

（二）栏目设置

（三）实例解说

（四）栏目类型

三、期刊选题策划

（一）选题价值

（二）选题原则

（三）注意事项

（四）选题实例

四、期刊组稿策划

（一）稿件来源

（二）选择作者

（三）明确要求

（四）其他方式

老师们，教研期刊的编辑策划，如果按项目划分，可分为整体策划、栏目策划、选题策划、组稿策划，此外，还有经营策划、广告策划、发行策划、活动策划等。这里我想给大家讲讲与作者密切相关的整体策划、栏目策划、选题策划、组稿策划，希望能对大家的写稿、投稿有所帮助。

一、期刊整体策划

期刊的整体策划，从时间维度看，包括长期策划、中期策划、近期策划；从大小维度看，包括宏观策划、中观策划、微观策划。几种整体策划，既相互联系，又各自独立。

长期的、宏观的整体策划，主要指向期刊定位和刊物特色。

（一）期刊定位

一般来说，在期刊初创时期就得为期刊定位，而且期刊一旦定位就不会随意改变，后来的编辑应该“不忘初心，牢记使命”，沿着前辈开创的道路继续前行。

为期刊定位，主要是确定刊物的办刊宗旨和读者定位。

办刊宗旨是指创办刊物的主要目的、主导思想、办刊方向等，是刊物之“根”，刊物之“源”。

读者定位是指刊物的目标读者群，每种期刊都只能满足某一特定人群在特定时间、特定场合的需求。

定位准确是现代期刊成功的基础，定位越模糊，期刊越不好办。期望一本杂志老少咸宜的时代早已成为历史。面对激烈的市场竞争，期刊的定位越准确，它的社会效益和经济效益才会越好。

下面以人民教育出版社主办的《中国教育科学》为例，其办刊宗旨是：

专心教育学术，注重深入研究，促进理论创新，展现中国教育科学研究成果，向世界宣传中国教育科学重大成就，展示教育科学研究的中国特色和中国风格，促进中国教育科学发展，服务教育强国建设。

其读者定位是：

教育科研人员、高校教育专业教师和研究生、热心教育研究的教育实践工作者。

创办二十多年来，《中国教育科学》始终坚持自己的办刊宗旨和读者定位，精心打造高质量、高品位的教研期刊，赢得了广大作者和读者的好评。

（二）期刊特色

普通人很难在人群里脱颖而出，同样，普通期刊也很难在众多刊物里崭露头角。两者的问题一样，都是因为缺少辨识度。正如过于普通的人容易流于平庸一样，过于普通的期刊也难有卓越的表现。实践证明，要想办好期刊，必须办出特色，让读者“认得清、记得住、乐意读、愿意买”。

期刊的特色是年复一年逐渐形成的，而不是短时间内一蹴而就的。要想办好期刊，不可随心所欲，任意而为，也不可变来变去，没有定力。事实证明，过于频繁的变化，很难形成期刊特色。

期刊特色不能凭空产生，要根据办刊宗旨、读者定位、作者资源、刊物财力、时代背景等因素，慎重地确定期刊特色。而且，期刊特色一旦确定，就要坚持不懈，不要中途变更，给读者留下变化无常的印象。

仍以人民教育出版社主办的《中国教育科学》为例，上面讲过它的办刊宗旨和读者定位，那么根据办刊宗旨和读者定位，加上人民教育出版社的作者资源和财力条件，编辑部确定的核心特色为：

以专心教育学术为定位，以注重深入研究为特色，以促进理论创新为追求，是发布和展示中国教育科学研究成果、宣传和推广教育思想理论、交流和沟通教育科研信息的高端平台。

人民教育出版社主办的另一本期刊《小学语文》的办刊宗旨是：

结合国家统编教材，引领小学语文教学实践，促进教研成果交流，助推小学语文教师专业发展。

其读者定位是：

主要是面向小学语文教师和教研员以及关注语文教学发展的专家、学者和社会人士。

其核心特色确定为：

国家统编教材权威解读——及时刊登国家统编教材主编、编写团队对教材的深入解读以及各地优秀的教学经验与方法。

贴近小学语文教师——紧跟教材教学进度，满足教研教学需要。

专家办刊、名家助刊——由中国教育学会小学语文教学专业委员会的领导和专家担任主编、副主编，保证了期刊的权威性、高水准，由教育名家、作家、著名学者助刊，及时关注语文教育前沿动态。

期刊特色需要期刊编辑代代相传，因为期刊特色是关乎期刊长期规划的问题。每位编辑都应该抓好刊物风格这根“接力棒”，让刊物的特点更加鲜明，让刊物的亮点更加亮丽。

（三）全年策划

中期的、中观的整体策划，主要是指期刊的全年整体规划。

确定期刊的全年整体计划，需要处理好守常与创新的关系。

从读者的角度看，读者之所以长期订阅一种期刊，一般是因为这种期刊的特色和风格对其有吸引力。每位读者都有自己的阅读习惯和偏好，怎样才能让更多的读者喜爱自己的刊物并产生阅读黏性，是对期刊的一大考验，也是每种期刊都要注意的问题。轻易改变期刊的风格和特色，容易破坏原有读者的阅读惯性，容易引起原有读者的流失。

从编者的角度看，保持刊物风格的相对稳定性是明智之举，对于已经广受好评的知名栏目，不仅不要轻易丢弃，而且还要加大力度办得更好才行。有些期刊意识不到守常的重要性，认为只有不断花样翻新才能与时俱进，其实这是非常片面的认识。结果改来改去，不仅弄得期刊面目全非，也让读者摸不着头脑，更谈不上喜爱了。

当然，强调守常并不是否定创新的重要性。守常指的是稳定性，创新指的是变化性。两者是矛盾的统一体，守常是相对的，创新是绝对的。期刊在规划全面计划时，不仅要坚守自己的风格，而且要力求创新，做到稳定性与变化性的统一。

任何一种期刊，如果只强调守常不进行创新，不顾读者阅读需求的变化，就会让读者失去阅读兴趣，从而失去读者。正确的做法是，既要守常，又要创新，这样才能做到“年年老相识，期期有变化”。

比如，《语文教学通讯》（小学刊）为每月一期，每期都安排一位“封面人物”，但因为每年的7期和8期是合刊，只需要一位“封面人物”，所以本刊全年只需要十一位“封面人物”。这十一位“封面人物”如何产生，是一个非常重要的问题。我们在确定封面人物的人选时，坚持几个原则：一是高水平原则，所有入选的封面人物或者是在省（直辖市、自治区）内外有较大影响的小学语文名师，优先选择教研成果丰富、教学水平高超的特级教师；或者是在国内语文教育界、文学界较有影响的专家、学者、作家，优先选择国内重点师范院校中长期关注并研究小学语文教育教学的专家、学者；二是均衡性原则，既要考虑高校专家、学者与小学语文名师的平衡，又要考虑教育发达地区与欠发达地区的均衡，尽量照顾刊物在全国各地的辐射面和影响力；三是先进性原则，重点安排江苏、浙江、上海、北京、重庆、广东等发达地区的语文名师，因为这些地区的语文教育水平相对来说也比较先进。从守常与创新的角度看，年年坚持安排“封面人物”、期期坚持“封面人物”的入选条件，就是守常；但是，每期“封面人物”都是新面孔、新特点、新文章，就是创新。而年复一年的“封面人物”，就形成了《语文教学通讯》的传统与特色。

此外，出专题或专辑是全年整体策划需要考虑的问题。

出专题，指的是在一期刊物中，用一定的篇幅刊载同一个专题的文章，除了该专题之外，其他内容和通常情况下没有区别。从某种意义上说，出专题类似于增加了一个栏目。出专题这种形式，从总体上讲，没有破坏期刊本来的特色和风格，可以确保期刊的稳定性，也适应读者的阅读习惯和偏好。但从局部来看，又使期刊拥有了创新的特征。一个专题，因为涉及的内容都是同一方面的，所以，可以在这个专题上给读者提供相对全面、系统的知识和见解，这样就又满足了读者的求新心理，迎合了读者对阅读变化性的需求。当然，也有一些期刊将专题作为固定栏目或常设栏目，几乎每期都安排“专题”内容，反而成了期刊的一个特色。比如，《小学语文教与学》《初中语文教与学》《高中语文教与学》，几乎每期的第二个栏目都是“专题”。

出专辑，就是用一期或两期的刊物刊登一个专题稿件。也就是将一个专题的篇幅扩大到一期或两期，平常出现的其他栏目内容在专刊里就不安排了。从期刊属性来看，期刊又名杂志，顾名思义，期刊的特点是“杂”，体现出来的就是内容的多样化，形式的新颖性。但是，期刊也应该偶尔“专而不杂”，给读者提供

"陌生化"体验。同时，由于期刊姓"杂"，往往难以"专""深"，对某一焦点的冲击就"火力不够"，有时只能"蜻蜓点水""走马观花"，读者，尤其是行家就会感到"意犹未尽""隔靴搔痒"，所以，期刊不能一味求"杂"，偶尔还需要改改口味，"专"味十足。

从编者角度来看，好的专辑还是提升期刊品质、博得更多读者点赞的有效手段。如果某家期刊长期坚持出版某种专辑，就有可能成为这种期刊的"招牌菜"，甚至变成它的"压轴戏"，让刊物的"食客""戏迷"们欲罢不能，流连忘返，把阅读刊物的专辑变成一种"嗜好""偏爱"，甚至"偏执"。有位读者当面和我说过，他就是因为特别喜爱本刊的暑期专辑，才年年续订本刊的。可见，出好专辑是办好刊物的一个好办法。

从读者的角度来看，如果能遇到"久旱逢甘霖""雪中喜得炭"的情形，那是再好不过的事了。编辑所要做的，就是要敏锐地发现读者需求，"急读者之所急，忧读者之所忧"，千方百计，想方设法，组织全国名师、专家，集中力量，攻坚克难，及时拿出解决难题的具体办法，让广大一线教师想清楚、教明白。而专辑正是期刊为广大读者提供这种帮助的最佳载体。

总之，出版专辑是期刊为集中解决某个中心问题或展示某方面重要内容而一改常态的出版形式，出好专辑对于提升期刊的美誉度、提高刊物的社会效益和经济效益均有益处。

据统计，《语文教学通讯》（小学刊）从2000年创刊到2022年第2期，共出了38个专辑，其中有面向学生的17个专辑，都是历届"语文报杯"全国小学生作文大赛辅导专辑，还有21个面向小学语文教师的专辑。

（四）整期策划

刊物微观整体策划，主要是确定某期刊物的整体计划。

对于某期刊物来说，它既是一个独立的"小系统"，又是置身于全年期刊"中系统"和长久期刊"大系统"中的一个有机组成部分。所以，确定某期刊物的整体计划，既要有局部性，也要有全局性；既要有独立性，又要有关联性，只有这样，才能摆正位置，搞好策划。

针对某期刊物制订计划，要做到以下几点：

一是确定好每期的核心内容。有人习惯性地把期刊称之为杂志，说明"杂"是期刊的一个特征，不仅作者杂、内容杂、稿件杂，而且体裁也杂，即便是专业性期刊，其作者和内容也杂。要把不同作者、不同内容、不同体裁的稿件编在一本期刊里，就必须找出这些文章的核心内容，否则就会给人“大杂烩”的感觉。

二是安排好每期的结构形式。根据稿件内容和选题计划，适当调整板块结构、微调常设栏目、增设临时栏目、变更栏目顺序，使得刊物目录看起来更加和谐愉悦。

三是要凸显每期的专题稿件。虽然教研期刊的新闻性不是很强，但它与一般图书不同，天然带有一定的时效性。所以，在特定的时间节点出版的刊物，要提前策划、开设专题、重磅推出，发挥刊物的舆论导向作用。

二、期刊栏目策划

一般情况下，期刊都会设置数量不等的栏目，如果把期刊看成是一个稿件的集合体，那么，栏目就是这个集合体的黏合剂。同时，每个栏目又是一个小集合体，把具有某种共性的稿件集合在一起。如果没有栏目，期刊就会杂乱无序，让人难以卒读。

（一）栏目性质

所谓栏目，是期刊相对独立的内容单元，是期刊结构的主要元素，是期刊的主要组成部分，也可以说是期刊的骨架。它有固定的名称、宗旨和要求。栏目设置和栏目内容具有系统性，栏目服务于期刊的办刊宗旨、读者对象、内容定位、刊物特色。

有的期刊只有一级栏目，有的期刊设有二级栏目，也有人将分级栏目表述为版块与栏目。

下面我们以人民教育出版社主办的《中小学教材教学》为例，其办刊宗旨是：

打造教师交流的平台、教学探索的园地、教材研究的窗口，引领教学实践，推进教材建设，服务教师发展。

其读者对象是：

中小学教师和基础教育教学研究工作者。

其内容定位是：

探讨基础教育课程改革，反映基础教育学术动态，解析中小学教学重难点，交流教育教学方法，引领教学实践，推进教材建设，服务教师发展。

其主要特色是：

学科齐全——涵盖中小学所有学科；专家办刊——由人民教育出版社、中国教育学会各学科教学专业委员会的著名专家担任主编和编委，保证期刊的权威性与高水准；贴近一线教师需要——站在基础教育的学科前沿，瞄准中小学教材教学改革的核心问题，传递前沿的教育教学理念和思想观点；与教材教学紧密联系——发布最新的教材教学改革动态，提供丰富的教材教学资源，对课改政策、课程标准、教材进行权威和专业的解读，并提供有针对性的指导。

《中小学教材教学》设有两级栏目。一级栏目有三对，分别是“教材 | 课程”“教学 | 学科”“教研 | 教师”；二级栏目主要有“统编教材”“教材研究”“课程研究”“学科研究”“教学探索”“教研员论坛”，此外，还有“深度学习”“文献资料”等。无论是一级栏目，还是二级栏目，都符合刊物的办刊宗旨，都服务刊物的读者对象，都限于刊物的内容定位，都体现刊物的主要特色。

（二）栏目设置

栏目设置需要把握三点：一是栏目应该展示与刊物特色密切相关的内容；二是栏目名称要言简意赅、通俗易懂；三是要讲究栏目排序，重点内容要前置，次要内容要后移。

设置栏目的路径有两种：一种是从内容方面进行构思，一般综合性的教研期刊，可以从学科出发构思，如“语文”“数学”“物理”“化学”等；还可以从题材出发构思，如“课程研究”“统编教材”“教材研究”等；也可以从性质方面构思，如“深度学习”“学科育人”等。另一种是从形式方面构思，不管稿件内容，只管稿件形式，将同类项归入某个栏目，比如，按照体裁分为“教学设计”“教学实录”“教学反思”“教学评论”“教研论文”等。

（三）实例解说

下面以《语文教学通讯》（小学刊）为例，谈谈栏目策划的具体操作。我们先看《语文教学通讯》（小学刊）的办刊宗旨和读者定位。办刊宗旨是：

传播先进的语文课程理念，提供科学的语文教材解读，分享有效的语文教学方法，促进小学语文教研成果交流，帮助小学语文教师专业发展。

读者定位是：

全国小学语文教师、教研员和语文教育研究专家。

根据这样的办刊宗旨和读者定位，结合刊物的作者资源与风格追求，我们设置了五大版块、近二十个栏目。

打开目录，你就会发现本刊分为人物、论坛、课堂、教研、成长五大版块。每个版块下面设有一些或多或少的栏目。下面我分别加以解读。

第一版块：人物

人物：4—5 页，期期安排。一般情况下，每期安排一位封面人物。

访谈：3—4 页，随时安排。主要是请专家、学者或著名特级教师谈经验、谈看法、谈建议等。

解说： 封面“人物”一直是我们的特色栏目。据统计，从 2000 年第 1 期到 2021 年第 12 期，《语文教学通讯》（小学刊）向全国读者重点推介过的封面人物共 243 位。这些封面人物中有 100 多位是享誉全国的老中青小学语文名师，有 60 多位各省市区小学语文教研员，还有 60 多位是享誉全国的高级专家。

“访谈”也是本刊的一个特色栏目。这个栏目最早开设于 2005 年第 2 期，源于我们对当代教育家霍懋征老师的专访。本刊发表“访谈”文章最多的是 2018 年，这一年我们共发表了 9 篇系列访谈文章。

第二版块：论坛

讲坛：4—5 页，期期安排，约请专家、学者和名师撰稿。内容是关于语文教育、语文课程、语文教材、语文教法、课题研究、教师专业成长、语文教学走向等较为宏观的内容。

论语：3—5 页，期期安排，通常安排 1—2 篇优质稿件。主要面向青年教师选稿，选发那些有见地、有创意的新锐观点和先锋见解，旨在反映小学语文界的青春朝气和新鲜活力。

综述：4—6 页，岁末年初安排，通常安排 1 篇稿件。主要邀请有影响力的专家、学者盘点年度教研成果，有时也针对某个历史节点的语文教研进行综述。

争鸣：2—4 页，随时安排。本栏目延续了以往“论辩”栏目的功能，鼓励彼此“商榷”，呈现正反“交锋”，允许双方“辩解”。

解说： 这是我们最具特色的一个版块，因为它突显了“论坛”的特点。“讲坛”讲究高屋建瓴、宏观指导，作者大多是专家、学者，重在引领。“论语”是留给思想敏锐的青年作者的园地，文章必须睿智深刻、新颖独到。“争鸣”也是面向青年教师的，它倡导平等辩论，只要言之成理，无论身份高低均可参与，旨在分辨是非、提高认识、兼听则明。文章篇幅，一般不要超出 5000 字（3 页内），提倡短文3500字内（2页内），特殊情况除外。“综述”是指就某一时间内，作者针对某一专题，对大量原始研究论文中的数据、资料和主要观点进行归纳整理、分析提炼而写成的论文。综述类文章很难写。一篇综述的质量如何，很大程度上取决于作者对本专题相关的最新文献的掌握程度。如果没有做好文献检索和阅读工作，就去撰写综述，是不可能写出高水平的综述的。正是由于这样，一般作者不愿意写综述类文章，一般杂志也不愿意开设“综述”栏目。这些年来，我们特意邀请一些有思想有见地的研究专家撰写述评文章，为广大小学语文教师的教改探索和教学研究提供理论支撑。比如，西南大学荣维东教授撰写的《20世纪上半叶我国作文课程内容考察》《新中国建国以来作文课程内容发展审议》等文章，从历史的维度对我国作文教学课程内容进行了系统考察和客观评议，并呼吁建立科学有序、系统高效的中小学写作课程内容体系。类似这样的述评本刊数不胜数。

第三版块：课堂

备课：10—12页，期期安排（除专刊外），以创新设计和备课札记为主。

说课：4—6页，经常安排，全年5次为宜，每次2—3篇，兼顾不同课型、年级，面向全体青年语文教师。

评课：6—8页，经常安排，主要形式为“课堂观察”，以“教学实录（片段）+专家评点”形式为主，兼顾其他形式。

诊课：4—6页，经常安排，旨在通过诊断普通教师的常态课堂而提升一线教师的教学教研能力。

专栏：4—6页，经常安排，我们曾经连载由上海大学教授、写作教学研究专家李白坚先生专为本刊撰写的用学案进行习作教学的系列文章，为习作教学改革开辟了一条新路径。

解说：“课堂”版块是本刊的重头戏。每期所占的比重占全刊的1/4到1/3左右。其中，“备课”栏目非常重要。大家知道，备课是教师根据教学要求、学生特点、自身风格所进行的教学设计的过程。但备课不等于写教学设计。备课包括钻研教材、搜集信息、了解学生、考虑教学思路和教学方法、撰写教学设计等。写教学设计只是备课的最后一个环节，它只是一个“备忘录”而已。我们会主动邀约一些名师采用案例分析的办法，介绍他们的备课经验。但我们更欢迎一线教师提供稿件，与大家分享备课过程中的心得与收获。

“说课”是具有中国特色的一种课堂教学行为，是课堂教学的延伸与扩展，是教师对自身教学进行的较为系统细致的梳理。在课改背景下，每次说课，都应该成为教师反思自身行为、探究教学存在问题、明确教学努力方向、积聚教学实践智慧的良机。说课是开展校本教研的重要手段。这些年，语文刊物上刊登的说课稿件不多，但是一线教师非常需要说课范例。因为，在上公开课、评职称等多种场合，都需要说课。

“评课”是在课堂观察的基础上才能实施的教学行为。课堂观察是教师常见的一种参与教研的方式。在观察的过程中，既要全方位观察，又要多视角分析；既要定性观察，又要定量观察；既要观察整体，又要关注个体，最后还要借助多种手段还原课堂真相。在此基础上，邀请专家进行客观、精彩的点评，是本刊“点评”栏目的初衷。所以，“评课”栏目，一般只是定向约稿，有时也有自然来稿。

“诊课”的对象，聚焦于普通教师的日常课堂，主要是把脉问诊，找出病因，开具“药方”，改进课堂。这个栏目不像“评课”栏目，注重名师名课和专家点评，它带有浓浓的“草根味”，更多关注的是普通教师和日常课堂。换言之，它关注的是田间地头，它关注的是粗茶淡饭。欢迎一线教师特别是教研员多写这样的稿件。

第四版块：教研

研讨：6—8页，经常安排，旨在加强本刊对语文教研活动的参与和关注，增强本刊的新闻性与鲜活性。对于需要重点报道的活动，既要有活动综述，更要有现场回放。单以2019年为例，本刊先后刊发了南京市小学应用文写作教学专题探讨活动综述和八个教学设计，江苏省海门市文化语文研究所关于日常生活语言教育的一组研讨文章，江苏省江阴市关于读写融合教学研讨活动的一组文章，浙江省杭州市下城区教研室关于三年级下册第八单元整体教学研讨活动的一组文章等。

专题：6—8页，随时安排，每期选发3—5篇同一专题的文章，地域不分南北，资格不分老小，只要围绕这个专题，言之有物，言之成理，言之有趣，就有可能入选。文章尽量短小精干，观点尽量独到深刻。多关注青年教师，多眷顾骨干教师。编辑要发声，要求每期均写二三百字的“编者按”，说明编辑缘起，交流编后体会。

教法：8—12页，期期安排，着眼于语文教学的方法研究，每期选编5—6篇，每篇最少的是1600字（占1页），最多的是5000字（3页）。选稿原则是尽量安排优秀短文，较少安排长篇大论；尽量贴近课堂教学，不可远离教学实际。该栏目主要从自然来稿中选编。

测评：4—6页，经常安排，既要有关于小学语文教学评价的理性研究，更要有分年级分学期的语文测评设计。既要让老师明白道理，又要让老师能够操作。“拿来可用”“用了有效”“用了叫好”是衡量“测评”栏目办得好不好的标准。

解说：“教研”是本刊的重要版块，每期篇幅约占全刊的30%—40%，旨在关注教研活动，关注教研成果，关注教学方法，关注教学评价。

第五版块：成长

问道：2—4页，经常安排，以青年教师提问的方式，请有影响力的名师回答。旨在解读名师成长的密码，引领青年教师快速成长。

书语：2—4页，经常安排，推荐适合语文教师阅读的新书，从专业报刊里选摘相关的文章。开阔教师视野，提升专业素养。

沙龙：3—4页，经常安排，每期围绕一个话题，组织名师工作室讨论。我们曾经刊发过江苏淮安市杨永彬名师工作室组织的沙龙实录，主题是“语文课程：有清单，才能更清晰”，读者反响非常好。

点滴：2—3页，经常安排，每次多篇。本栏目旨在激励和培养青年教师，提高广大青年教师的参与度和关注度。不一定都是整页安排，可以见缝插针，安排在其他栏目版面的空白处。内容主要是专业成长中的点滴收获，可以是小短文，也可以是小诗词。

解说：“成长”版块也很重要，虽然每期只占10%—20%的篇幅，但对读者开阔视野、开放心态、创新思维，对教师更新知识、解放思想、借鉴经验，都有比较大的帮助作用。

（四）栏目类型

教研期刊的栏目类型，可以分为常设栏目与临时栏目，也可以分为开放式栏目与封闭式栏目。常设栏目是体现办刊宗旨和办刊特色、保持期刊内容与风格稳定性的主要栏目，一般情况下几乎每期都会安排常设栏目。临时栏目是为体现期刊创新性、适应期刊时效性而临时设置的栏目。比如，“课标”就是在新课标颁布之后临时设置的栏目，旨在集中版面为读者及时提供重要的解读课标的文章。所谓封闭式栏目，是指不对普通作者开放的重要栏目，其作者多半是行内的专家、学者。所谓开放式栏目，是面向所有作者的普通栏目，无论是专家、学者、名师，还是普通的一线教师，都可以撰稿投稿。

仍以《语文教学通讯》（小学刊）为例，常设栏目包括“卷首”“人物”“讲坛”“论语”“备课”“评课”“说课”“教法”“研讨”“问道”“专题”“视野”等，临时栏目有过“关注”“课标”“综述”“沙龙”等。在这些栏目里，有的属于封闭式栏目，比如“卷首”“人物”“讲坛”三个栏目，因为它们的潜在作者，不是国内知名的语文教师，就是造诣很深的语文教育专家；有的属于开放式栏目，比如“论语”“争鸣”“备课”“说课”“诊课”“教法”“测评”“沙龙”“点滴”等。

三、期刊选题策划

选题策划是前期编辑工作的重要一环。了解编辑部为什么重视选题策划、如何进行选题策划，对于作者选择合适的论题，具有不可低估的重要作用。

下面要讲的“选题价值”，其实是说编辑部为什么重视选题计划；随后讲的“选题原则”和“注意事项”，其实是说编辑部如何进行选题规划；最后讲的“选题实例”，是用我所亲历的真实案例说明编辑部的重点选题是如何产生的。

（一）选题价值

1. 关乎办刊方向

期刊选题关乎期刊的办刊方向。教研期刊肩负着引领教研理论研究、助力教研创新发展的重要使命，教研期刊的工作者应该在习近平新时代中国特色社会主义思想的指导下，深入调查研究，广泛征求意见，精准把握新时代中小学教育教学改革的脉搏，精心策划期刊选题，为中小学教学和中小学教师提供良好的服务。

2. 关乎研究导向

从作者的角度看，提前知悉期刊的选题计划，有助于自己研究方向的调整。一般来说，教研期刊的年度选题计划往往是教研工作的“风向标”，尤其是中国人民大学复印资料具有较强的“导向”作用，其通常在每年元月发布年度重点选题的展望性启事。比如，《中学政治及其他各科教与学》2022 年的重点选题是：

◉新版义务教育课标解读与实施

◉新教材教学适应性研究

◉“双减”下的作业设计

◉人工智能课程

◉大中小学思政课一体化

◉计算思维

◉系统思维

◉学科融合（跨学科实践，STEM 教学）

◉社会性科学议题教学

◉政治认同

◉生态文明教育

◉科学建模教学

◉信息技术与教学深度融合

◉教师专业发展与教研团队建设

◉核心素养与学业质量评价

◉高考改革研究与试题评析

◉复习备考研究

3. **关乎稿件质量**

从编辑角度看，选题计划是编辑工作的“指挥棒”，日常的编辑工作基本上都是围绕选题计划展开的，尤其是编辑的前期准备环节，从明确选题计划，到定向组稿约稿，再到审稿改稿，都与选题密切相关。选题的难易程度，选题的价值大小，都直接影响稿件的质量。

4. **关乎刊物质量**

从读者角度看，如果经常能从某种教研期刊读到权威专家的解读性文章、一线名师的示范性课例、教研难题的研究性成果、迫切需要的操作性知识，定是一种幸福的体验。而所有这些美好体验的源头，都来自教研期刊选题的制定和落实。从这个意义上说，不仅“题好一半文”，而且“题好一半刊”。

（二）选题原则

1. **体现刊物宗旨性**

每一种期刊都有自己的办刊宗旨，期刊选题就是落实办刊宗旨的具体行动。

比如，中国人民大学主办的《高中语文教与学》，它的选题就很好地体现了自己的办刊宗旨。它的办刊宗旨是：

关注高中语文新课程改革的新动向，既体现语文教学方面的新观念、新理论，又注重教学实践的实用性、操作性，力求全方位展示高中语文最新教学信息与成果，使其真正成为高中语文教学与教研最全面、最权威的“资料库”。

它的读者定位是：

广大一线高中语文教师、教研员及其他语文研究工作者。

2022 年它的研究重点是：

◉语文“三种文化”教育与教学策略

◉“新课标、新教材、新高考”与高中语文教育改革

◉语文知识与核心素养

◉初高中课程目标差异与教学衔接

◉学习任务群实施的问题与对策

◉语文教学中的任务设计与情境创设

◉统编教材分析与教学

◉任务群中写作的教学设计与实施

◉大概念、大单元教学

◉语言文字积累、梳理与探究

◉实用类文本写作

◉文学阅读与创意表达

◉思辨性阅读与表达

◉整本书阅读教学与评价

◉语文项目学习

◉跨媒介阅读与表达

◉高考评价改革

◉教师语文核心素养的现状与提升路径

◉国外母语教育实践与研究

2. **体现刊物时效性**

期刊出版具有强烈的时效性。相对于报纸，期刊又有深、精、广的特点，所以，期刊的时效性是在深度、广度基础上的时效性。这就要求期刊编辑在策划选

题时，要随着时代的发展、教育的变化、读者的兴趣差异而不断调整。同时，期刊的时效性还表现在对教育新焦点的快速反应上。教研期刊的编辑必须关注教育领域发生的重大事件，并拥有快速捕捉选题、敏锐发现作者、及时刊发稿件的能力。

3. **体现刊物超前性**

期刊选题要求有计划性。选题是期刊出版之前的计划，所以选题必须有前瞻性。期刊编辑必须有超前意识，通过分析当前教育信息和舆论方向，把握未来几个月乃至一年的研究热点、重点，进而在信息传播中抢占先机，扩大影响。这就要求期刊编辑具有敏锐的政治意识、过硬的业务能力、超前的预见能力。比如，人民教育出版社主办的《课程·教材·教法》，每年元月都会发布年度重点选题范围，对全国中小学课程、教材、教法的研究，起到了权威引领的作用，具有极强的前瞻性。比如，《课程·教材·教法》2022 年重点选题范围如下：

◉习近平新时代中国特色社会主义思想进课程教材研究

◉“党的领导”等新时代重大主题教育进中小学课程教材研究

◉中国特色课程论、教材论和教学论的学科体系及话语体系构建

◉培根铸魂、启智增慧、适应时代要求的精品教材建设理论与实践研究

◉义务教育与普通高中课标修订及其在教材编写、教学改革及评价中的落实研究

◉中小学三科统编教材的教学使用研究

◉以课程与教学改革为中心的中小学高质量发展研究

◉高质量学科教学与跨学科教学的理论与实践研究

◉人工智能时代课程教学体系变革与数字教材开发研究

◉主要发达国家的最新基础教育课程教材教学改革研究与启示

4. **体现刊物特色性**

教研期刊的竞争也非常激烈，要想在激烈的竞争中生存发展，必须办出自己的风格，在同一细分市场中找到独特的领域，尽量避免选题雷同，用新颖、别致、独特的选题吸引潜在的读者。

（三）注意事项

1. **重点与一般**

期刊选题要处理好重点与一般的关系。期刊选题既要突出重点，也要兼顾一般；不能为了重点，就忽视一般。重点选题与一般选题相互依存、不可或缺，只

有重点选题、没有一般选题的期刊是不存在的。重点选题与一般选题的关系，类似红花与绿叶的关系，所以，期刊在制订选题计划时，要统筹兼顾，全面考虑选题之间的比重，充分发挥期刊的最佳效用。

2．传统与创新

期刊选题要处理好传统与创新的关系。任何优秀的期刊都有其传统的办刊特色，虽然刊物特色的表现是多方面的，但是传统的选题内容是其非常重要的方面。坚守传统并非不思创新，只有不断创新，才能与时俱进，才能不被时代淘汰，不被读者遗忘。期刊出版的传统与创新主要体现在选题上。

3．近期与长期

期刊选题还应该处理好近期与长期的关系。期刊出版是定期的连续出版物，这就决定了很有必要研制期刊不同时期的选题计划。一般来说，三个月内的选题计划为近期计划，半年左右的选题计划为中期计划，一年左右的选题计划为长期计划。教研期刊要有学年意识、学期意识、教学进度意识，有的教研文章要与教学进度暗合。

4．选题的途径

选题主要来自三个方面：

一是来自刊物编辑。在选题原则的指导下，期刊多数选题和策划是在编辑部内部完成的。一般情况下，编辑部通过召开选题策划会，由主编、副主编、责任编辑、文字编辑、美术编辑参加，大家集中讨论，畅所欲言，最后形成大致的选题计划。

二是请人帮助制订选题计划。对于大多数期刊来说，选题计划不是闭门造车的产物，而是广泛征求各方意见之后的结晶。尤其要倾听专家、学者的选题建议，更能大幅提升期刊的选题质量。邀请专家、学者或者名师参与选题计划，是提高期刊质量的一个明智之举。

三是邀请作者和读者参与选题计划。邀请作者和读者参与选题计划，有助于改进期刊质量，使期刊更加贴近教学、贴近教研、贴近教师。但是，期刊必须保持足够的警惕，防止被部分作者和读者“带偏”，毕竟期刊才最了解读者的整体情况，而不是部分作者和读者。

（四）选题实例

下面我以《语文教学通讯》（小学刊）2020 年重点选题产生的过程为例，说明选题的价值、原则和途径。

2019 年 10 月，我就开始考虑 2020 年《语文教学通讯》（小学刊）的重点选题应该有哪些。

我先后和编辑部的编辑以及二十多位作者交流意见，但没有形成比较理想的选题计划。为了保证期刊质量，我决定邀请几十位深谙小学语文教学教研的专家和一线名师共同参与重点选题的策划。于是，我专门起草了一份给专家和名师的信件。

关于 2020 年《语文教学通讯》（小学刊）重点选题 向专家与名师征求意见的函

××老师：

您好！感谢您一直以来的关心与支持！近来编辑部准备研制 2020 年重点选题计划，非常想听听您与各位专家名师的建议。想请您在百忙之中填写《2020 年〈语文教学通讯〉（小学刊）重点选题建议》，并于本月 25 日前发到我的微信里。

编辑部初步计划明年重点关注 5 个方面 20 个选题（每个方面所占选题的数量初步划分如下），请您至少填写 15 个您认为的重点选题。您的选题建议都将作为编辑部制订明年编辑计划的重要参考。

非常感谢您的建议和指导！

《语文教学通讯》编辑部

裴海安敬上

2019 年 10 月 22 日

征求意见函起草好后，我根据本刊的专家资源和名师资源，精心选择了 52 位咨询对象。他们中有熟悉中小学语文教学的学者，如华东师范大学的叶立新教授，上海师范大学的李重教授，西南大学的荣维东教授、魏小娜教授，浙江外国语学院的汪潮教授，杭州师范大学的王崧舟教授；还有在全国各地声名远播的小学语文名师，如江苏的薛法根老师、孙双金老师、潘文彬老师、吴勇老师，浙江的周一贯老师、何夏寿老师、罗树庚老师等。征求意见的人数虽然不多，但是却涵盖了祖国的四面八方，其中，邀请了四大直辖市的 18 位专家、名师，邀请了

11 个省、自治区的 34 位专家、名师，具有较强的代表性和较广的覆盖面。下面是我发出邀请的名单：

2020 年《语文教学通讯》（小学刊）重点选题
征求意见名单

一、四大直辖市 18 人

北京

吴琳　李怀源　王玲湘

天津

刘军

上海

胡根林　丁炜　叶丽新　周子房　李重　李冲锋　邓彤　朱煜

重庆

荣维东　魏小娜　王小毅　李斌　瞿涛　谢永龙

二、其他省、自治区 34 人

华北

山西：崔云宏

东北

吉林：孙世梅

黑龙江：白金声

华东

福建：鲍道宏　施茂枝　石秀银　刘仁增　何捷

江苏：李亮　孙双金　薛法根　潘文彬　吴勇　马建明　刘红

浙江：王崧舟　汪潮　周一贯　罗树庚　何夏寿　曹爱卫　季科平

山东：林志芳　商德远　宋道晔

华南

广东：李敏　钟传祎

华中

湖北：罗昆霞　董琼

西南

四川：刘晓军　罗良建　熊生贵　李海容

西北

新疆：鱼利明

不久，我陆陆续续收到了这些专家、名师的回复。让我非常感动的是，几乎所有的专家、名师都在百忙之中提出了建议，而且提出的建议非常有参考价值，让我和编辑们大开眼界、受益匪浅，见识了专家、名师的学识与水平，学习了他们做人做事的认真态度。

下面就和大家分享两位老师的建议，一位是江苏省正高级、特级教师薛法根老师的，另一位是华东师范大学博士、中国浦东干部学院教授李冲锋老师的。

2020 年《语文教学通讯》（小学刊）重点选题建议

（推荐人：薛法根）

一、语文课程

1. 小学生语文学科素养专题研究

2. 小学生语文关键能力测评研究

二、统编教材

3. 语文要素解读

4. 教学要素解读

5. 单元整体教学研究

6. 特殊单元教学研究

三、课堂教学

7. 统编教材解读与活动设计研究

8. 整本书阅读教学专题研究

9. 立德树人的课堂教学实践研究

10. 名师不同风格比较研究

11. 指向关键能力的课堂教学模式研究

四、课题研究

12. 人工智能背景下的语文教学改革研究

13. 新时代语文教师素养研究

14. 新时代语文教师课程开发研究

15. 语文跨界学习专题研究

2020年《语文教学通讯》（小学刊）重点选题建议
（推荐人：李冲锋）

一、语文课程

1. 语文课程要素解读（对课程标准或教材单元提示里出现的语文课程要素进行知识内容支撑）

2. 语文课程理解（很多语文教学问题表面是教学问题，其实是课程理解的问题）

二、统编教材

3. 单元目标的课时解读（单元目标如何落实到本单元每一课的具体课时）

4. 统编教材文本解读与教学解读（文本解读是教学前提，很多教学问题出在文本解读的浅与误上）

5. 课后练习的语文要素分析（分析每课的每一道课后练习所指向的语文要素，解析具体内涵，以便在教学中落实）

6. 教材编辑意图解读（解读统编教材的编辑意图，以准确把握与实施）

三、课堂教学

7. 教学设计的理论与实例（刊发高质量的教学设计理论与优质教学设计，供老师们参考）

8. 课堂实录与评析（刊发高水平课堂教学实录与专家点评，供老师们参考；或刊发高质量的语文课例研究理论文章）

9. 教学案例或故事（以案析理，以案明理，由点到面，促进深入思考）

10. 教学反思或随笔（刊发高质量的教学反思或随笔，深入探析教学机理）

11. 教学新论（刊发教学新认识、新发展方面的高水平论文）

12. 教学争鸣（刊发对同一课文或课堂教学的不同评论与看法，促进认识提升）

四、课题研究

13. 整本书阅读教学设计与实施

14. 单元教学设计与实施

15. 群文阅读教学设计与实施

16. 跨学科教学设计与实施

17. 阅读教学策略研究

18. 写作任务与学习支架的创设研究

（因是面向全国语文教师，所以只能提供课题研究方向，不宜提供具体课题）

五、其他方面

19. 成长（刊发名师或一线教师的成长故事，为更多教师树立榜样）

我和编辑部的编辑一遍遍阅读各位专家、名师的建议，反复讨论 2020 年重点选题计划，终于在 2020 年 1 期对外发布了本刊年度重点选题范围：

2020 年《语文教学通讯》（小学刊）重点选题范围

一、语文课程

1. 语文课程建设与学科核心素养

2. 国外语文课程建设的成功经验

二、统编教材

3. 语文要素解读

4. 教学要素解读

5. 单元整体教学研究

6. 特殊单元教学研究

三、课堂教学

7. 文本解读与教学设计

8. 名师优课范例

9. 整本书阅读指导课例

10. 不同文体的课型研究

11. 指向关键能力的课堂教学

12. 以“学生为本”的课堂教学

四、课题研究

13. 人工智能背景下的小学语文教学

14. 小学语文跨界学习专题研究

15. 语文教学如何兼顾人文性与工具性

16. 小学语文如何推进深度学习

17. 统编教材与其他教材的对比研究

18. 促进学生学习的语文评估

五、其他方面

19. 语文名师成长经验的传播

20. 语文教师专业素养的提升

四、期刊组稿策划

在期刊的选题策划确定之后，期刊编辑就要根据选题要求从众多的自然来稿中选择合适的稿件，或者寻找合适的撰稿人约稿，以组成期刊所需的文章内容。

（一）稿件来源

教研期刊的组稿来源，主要有以下几种：

1. 自然来稿

教研期刊的不少稿件来自自然来稿。从期刊角度看，需要安排适量的开放性栏目，发表高质量的自然来稿，以此丰富期刊的内容，培养期刊的作者，扩大期刊的影响。从作者的角度看，在细致研究期刊风格和栏目要求后，基于丰富的教研实践精心撰写的教研论文，也是期刊非常需要的稿件。

2. 特别约稿

约稿就是组织特定的作者，约写与期刊特定选题相关的稿件。约稿保证了期刊的稿件是独一无二的。它基于编辑对作者的了解，基本可以保证稿件的质量。

约稿基本上是针对期刊的封闭式栏目。比如，《语文教学通讯》（小学刊）的“卷首”“人物”“讲坛”等栏目，都是编辑部向作者定向约稿，基本上不接受作者的自然来稿。约稿的数量，往往和期刊的封闭式栏目有关。通常情况下，封闭式栏目越多，约稿的数量就会越多。

3. 应征稿件

征文也是一种常见的组稿方式，特别是对一种长期选题来说，通过征文的方式更能获得有针对性的主题集中的稿件。这种方式在教研期刊中被经常使用。

4. 内部稿件

教研期刊一般较少采用编辑部内部稿件，但是，为了加强编者与读者的沟通，促进编者与作者的交流，有的期刊会常设一些相应栏目，比如“编读之间”“编者”之类。这类稿件大多来自编者撰写或加工过的稿件。也有一些资深编辑同时又是教研专家，他们往往也会撰写一些教研稿件发表在刊物上。

（二）选择作者

需要约稿的栏目，编辑首先要根据选稿计划和主编意图，制订约稿计划。约稿计划需要具体到每一期刊物、每一个栏目、每一篇文章。约稿计划要尽量细致、周全、清晰。

约稿计划做好后，就是确定具体的撰稿人选。优秀期刊一般拥有强大的作者队伍，他们“招之能写，写之能用”。有的期刊专门建立“签约作者库”，详细了解作者的研究专长和写作特色，能够快速从数据库里找到最合适的作者，从而保证稿件的质量和效率。

一般来说，主要有两类栏目需要特别约稿：一类是面对专家、名师群体的栏目；一类是面向专家、名师个体的栏目。

下面以《语文教学通讯》（小学刊）为例：

1. 面向不同作者的栏目

“卷首”是《语文教学通讯》（小学刊）的固定栏目。从 2000 年创刊到现在，每期都有这个栏目。只不过栏目的名称一开始叫“本期首页”，后来改为“卷首语”，再后来为了保持全刊栏目名称均为两个字的特色，就干脆改成“卷首”。

对于期刊而言，“卷首”在每期杂志最醒目的位置，发表什么样的文章，发表什么人写的文章，对这期杂志来说，关系重大。同时，要写好“卷首”文章绝非易事。一要篇幅短小，千字为宜，言简文约；二要意蕴深厚，言之有物，言之成理；三要专业引领，指点迷津，指明方向。这些年来，我们坚持邀请在各地有影响力的语文教育专家和全国著名特级教师撰写卷首短文，这些文章或引领教研方向，或针砭教研时弊，或褒奖教研新风，或述说教育思考，言简意赅，释疑解惑，发人深思，催人奋进。

2. 面向同一作者的栏目

“问道”栏目就是直接为青年教师的专业发展而开设的。下面，我就以“问道”栏目为例谈谈本刊是如何为青年教师的专业发展做出努力的。

本刊的“问道”栏目开始于 2014 年 1 期。“问道”栏目，有两个含义：一是向名师、专家请教为师之道，怎样成为一名合格的小学语文教师，进而怎样成为一名优秀的乃至卓越的小学语文名师；二是请名师、专家支招，如何通过阅读系列指导文章，逐渐夯实语文教育专业基础，不断提高语文教学水平，走上一条自学自修的专业发展之路。教育教学类期刊无法替代教育研究部门对青年教师的培训，只能在力所能及的范围内提供可能的帮助。从 2014 年 1 月开始到 2016 年 12 月结束，这个专栏坚持开设了三年，余映潮老师撰写了三十篇文章。这些文章，言简意赅，生动活泼，读后让人如沐春风，如饮佳酿。

（三）明确要求

确定合适的作者人选后，应该初步联系落实候选作者是否有时间和精力完成约稿任务。初步联系一般采用手机或微信方式进行，如果作者众多，也可以微信建群，这样可以提高约稿效率。约稿时，要让作者了解约稿的缘由，告诉作者写什么、怎么写、写给谁看、写多少字、截稿日期、回稿信箱及其他注意事项等。期刊编辑在交代这些要求时，要注意方式方法。要用婉转的、商量的语气，而不是命令的口气。期刊编辑不能因为手握媒体资源和组稿权，就对作者发号施令，要尊重作者，与作者平等交流。比如，我代表《语文教学通讯》（小学刊）编辑部给《同步作文名师导写》的作者写的约稿信如下：

约稿信

各位老师：

大家好！为了配合今年秋季即将全面使用的小学语文统编教材，《语文教学通讯》编辑部面向语文教师策划编辑了第 7—8 期“习作教学设计专辑”；同时，为了更好地配合语文教师教好统编教材的习作，更好地指导学生通过课本习作训练有效地提高写作素养，我们决定编辑出版《同步作文名师导写》（三至六年级上册，与统编小学语文教材配套使用）。为此，我们从本刊核心作者中精选了三十多位语文名师组成“同步作文名师导写”四个（三上、四上、五上、六上）微信群，想在微信群里和大家分享我们的编辑想法、编辑体例、撰稿要求、分册作者设想等，希望得到大家一如既往的大力支持。相信在大家的共同努力下，全国各地的小学语文师生会在不久的将来看到一套高质量、高品位的习作教学指导读物。

进入这四个微信群的朋友，多数是参与《名师同步教学设计》和本刊今年第 7—8 期“习作教学设计专辑”撰稿的领衔名师，还有一些是在习作教学方面比较活跃的本刊核心作者。在这里我代表编辑部全体同人，热烈欢迎各位老师加入微信群！

需要说明的是，为了保证稿件质量，撰稿作者集中在基础教育发达的几个省份。同时，为了保证写稿的速度，每位领衔名师的写稿任务都不多，多数只有一个写稿任务，而且之前多半写过与此相关的教学设计。考虑到领衔名师期末的事情较多，加上写稿时间只有二十多天，所以提倡领衔名师带领两位骨干弟子共同完成，文稿署名方式详见“撰稿模板”末尾。

每册《同步作文名师导写》由三部分组成：

第一部分“单元习作名师导写”，每册教材均有八个单元，每个单元均有习作训练，每次习作训练均须名师导写，每次名师导写均须完成八九千字的稿件。这部分是主体部分，具体编写体例和撰稿要求见附录。

第二部分“课后练笔名师导写”，每册教材均安排有课后小练笔，但不是每篇课文都安排课后练笔，三上至六上，少的只有三次，多的也只有五次。此外，教材里还安排了两三次课后“选做”的练笔题。课后小练笔也需要名师导写，但不必过多指导，每个课后练笔的指导有1800字足矣。编写体例和撰稿要求附后。

第三部分“考试作文名师导写”，每个学期安排两次，期中、期末各一次考试作文。考试作文的命题，要研究统编教材的习作体系和习作要求，考试作文的考试佳作不需要提供学生姓名、学校和班级信息。而“单元习作”和“课后小练笔”两个部分的“学生佳作”最好能提供学生姓名、学校和班级信息，以便给学生稿酬。

为了让大家规范便捷地撰写稿件，每个部分我们都设计了“撰稿模板”。稿件标题和各部分的格式、字体、字号、字距、署名等，都做了统一设计。领衔名师安排弟子用“撰稿模板”更换相应内容，最后名师自己再认真把关即可。

为了便于教师使用，提供稿件时请同时提供：“名师讲解”音频（每份稿件中都有“名师讲解”栏目，文字很短，录音大约三分钟，最好由领衔名师亲自讲解；加上领衔名师的一张照片与二百字内简介）和精美简要的“教学课件”（八幅左右）。为方便学生使用，我们计划在专业的微信平台开启有声作文栏目，选取稿件中的优秀学生佳作播出。

特此约稿

期盼支持

《语文教学通讯》编辑部

裴海安敬上

2019年5月24日

(四)其他方式

教研期刊的组稿方式主要是自然来稿、特别约稿、应征稿件、内部稿件。此外，还有一些其他的组稿方式，比如，召开线上线下的专题研讨会，从参会代表提交的参赛稿件中遴选高质量的文章。编辑也可以主动出击，到教学改革的前沿地区采集优秀稿件，还可以到引领教育理论研究的师范院校采集高水平的文章。这些都可以作为组稿的补充形式。

为了让大家更好地了解教研期刊的编辑策划，我为大家准备了我写的两篇文章——《办有品位的教研期刊》（附录7）和《答读者提出的九个问题》（附录8），希望能对大家有所启发和帮助。

各位老师，综上所述，我为大家讲了四种策划：整体策划、栏目策划、选题策划、组稿策划。之所以给大家讲这四种策划，是因为这四种策划不仅与编辑的选稿、用稿密切相关，而且与作者的写稿、投稿密切相关。相信大家了解了教研期刊的编辑策划后，能更加理性、更加智慧地写稿与投稿。

参考文献

[1] 鲁玉玲. 期刊编辑实务［M］. 北京：九州出版社，2018：23-69.
[2] 王晓光. 期刊编辑与制作［M］. 武汉：武汉大学出版社，2014：110-180.
[3] 董树荣. 期刊编辑十日谈［M］. 石家庄：河北教育出版社，2009：52-58.
[4] 龚维忠. 现代期刊编辑学［M］. 北京：北京大学出版社，2007：150-174.

回顾十次讲座，围绕教研论文的写作，我讲了四个问题：教研论文为何写？教研论文写什么？教研论文怎么写？教研论文写得怎么样？围绕教研论文的发表，我讲了三个问题：教研论文怎么投？教研论文怎么审？教研论文怎么编？大家可以依次阅读，通览全书；也可以根据需要，自由选读。希望我的这些讲座，对大家写好教研论文、发表教研论文有一定的启迪和帮助。

附录 1

写着写着，你就有水平了

管建刚

一、不会写真的不要紧

经常有年轻老师说，自己的文笔不好，读书的时候就怕作文，不会写啊。

不会写不要紧，不要让“不会写”成为“放弃写”的理由。不会写才要多写。写着写着你就会写了。没人能什么都不做就等来“会”的。站在岸上不肯下水的人，永远是“旱鸭子”。母语写作不用学，拿起笔来就可以。安徒生、高尔基、沈从文都没上过大学，毕淑敏、鲁迅是学医的，他们完全是自己写出来的。

从 2005 年出版第一本书，到今天我出版了十八本教育教学的书，这些书还很受老师们的欢迎。但老实说，我真不是什么有写作才华的人，上学时语文是我所有学科里最糟糕的，我是阴差阳错成为语文老师的。我不是会写了才去写的，而是写着写着有点会写了。不要等条件成熟了才去做。等你心中的所谓的条件都成熟了，“条件”本身又涨价了，你又得去等“条件”了。做着做着，条件就真的成熟了。

英国青年科莱特考入了美国哈佛大学，常和他坐在一起听课的青年叫比尔·盖茨。一天，比尔·盖茨找科莱特商议一起退学，去开发 32Bit 财务软件。科莱特摸了摸比尔的额头，说：“你没发烧吧，开发 Bit 财务软件，不学完大学的全部课程，那怎么可能?”十年后，科莱特成为 Bit 方面的博士，比尔·盖茨进入《福布斯》杂志亿万富豪排行榜。又过了两年，科莱特成为博士后，比尔·盖茨成为美国第二富豪。又过了三年，科莱特认为自己能开发 32Bit 财务软件了。此时的比尔·盖茨已经绕过 Bit 软件，开发出 Eip 财务软件，速度比 Bit 快 1500 倍，两周内占领全球市场，比尔·盖茨成为全球首富。

等所有条件都成熟才行动，那得永远等下去。一边做一边学，效果好，速度快。

二、自己的东西永远写不完

经常有老师抱怨，说没什么东西好写，“巧妇难为无米之炊”啊。

你有经验就写经验，有教训就写教训，教训、经验都没有，就写教育上的碌碌无为。只要写自己的东西，你永远写不完。你老觉得没东西写，那是你不再写自己，总想着写别人那样的东西。“瘌痢头的儿子自己的好”，写什么，就那么回事。

不少青年教师，一拿起笔来就想要写成文章，苦恼不堪。文章是一座房子的话，日常你就要去准备好钢筋、水泥、砖块、木料等。这些都准备充分了，造房子没什么难的。准备的东西都没有，绞尽脑汁也只能换来痛苦不堪。

日常要勤于记录，你记录了自己的十条经验，一篇经验论文一定不难写了；你记录了十个失败教训，一篇教训论文也让人耳目一新；你记录了自己教育生活的碌碌无为，记录多了，说不定能写成一本不错的励志书呢。记录失败挺好的。哪天我写一本书，写日常的教育失败，书名就叫《我的教育失败》，那可能是本好读好卖的书。一线教师的教育写作和大学教授、教科研专家的也不一样。表述风格不一样，写作内容不一样。不要刻意去模仿，那是他们的长项。一线教师的长处是鲜活的一线故事。记录这些，每个人都能手到擒来。写着写着你会发现，自己好像总停在某个水平上，总在皮上挠，挠不到里面去；写着写着你会发现，自己讲故事的能力还有缺陷，还得往前走一步。那我恭喜你，你有了大进步，你已经自动自发地发现了自己的问题所在，这比专家看了你的东西、指出你的问题所在要宝贵得多。

逮到什么就写什么，哪一“点”有感觉就写哪“点”。只要有东西写，笔就不要停。教育故事、课堂反思、教育批判、教育争鸣、教育理想，每天常想：今天能逮住什么来写？这个阶段，要敢于为难自己，强迫自己。1998 年 10 月，我花了大半年的收入，狠心买了电脑。我对爱人说，我会把买电脑的钱“写”出来的。那时候，一篇八九百字的教育随笔，我要敲打一个星期：每天晚上 7 点到 9 点，雷打不动地坐在电脑前。冬天，家里没空调，爱人搬来一个纸箱，纸箱里铺了棉被，脚伸进去，棉被裹住腿和脚，在电脑前敲打两个小时。一星期十几个小时，生产一篇千字文，平均一小时只写了五六十字。

小孩学刷牙，你逼着他刷牙，他躲猫猫似的，少刷一次是一次。刷牙成了习惯，哪天没刷牙，他会“噌”地从床上爬起来，刷了牙，嘴里清新了才睡得着。写的习惯也是这么回事。

三、没有多少理论也不要紧

也有年轻老师说，读书不多，肚子里没什么理论，写不出东西。

没有理论不要紧，要紧的是有没有教育教学的故事。一线教师重要的不是理论，而是思考，对自己的教育实践有自己的想法，好在哪里，不好在哪里。太白话，大实话，心里话，有什么不好？我就喜欢读。身边的一线朋友也喜欢读。倒是那些满脸严肃的理论文章，一线的朋友们大都丢在一边，懒得去碰。

其实，“缺理论”只是你的想当然。好多发表出来的文章，也没多大的理论。比如你现在读的这篇。有思考就行了。别跟我说“我没有思考”。人本身就是思考的动物。一个人能够做到不思考，心无所思，不得了，那是得道高僧。我们一直在思考，思考到了睡梦里。普通人的思考没条理，凌乱，零散，浅显。你拿起笔来写，“写”本身就是帮助你的思考进入“条理”“集中”“深入”的状态。用写的方式练上一两年，你的思考就比别人强多了。

看大家的职称论文，我很难受。一线教师教育写作的重心要转向自己的故事和思考。我没有力量改变体制下的“八股论文”，但我可以保证，你有十个精彩的教育故事，我确保你能提炼出一篇精彩的、真正意义上的一线教师的论文。你有一百个精彩的教育故事，我确保你能出版一本真正意义上的、属于一线教师的专著。

游泳的理论、技巧全装进肚子里，再去学游泳的人，那叫书呆子。那样的书呆子去学游泳，比没看过什么游泳理论、技巧的人未必快。搞不好，淹死的那个，就是满肚子游泳理论的。

四、写了才真正知道自己的不足

有老师说：管老师，你推荐几本书吧，我读了再去写。

不，你先写，写了就知道不足，就知道该读什么。写了后知道“不足”，能知道“不足”的具体位置。不写只知道“不足”，不知道“不足”的具体位置。看出了问题再阅读，阅读就好像“水滴到了海绵上”，而不像以前，“水滴到了蜡油上”。

我的作文教学改革做了好几年，想写成一本书。我知道不能光把做法罗列，还得把做法背后的东西讲出来。我讲不清楚，写不明白，只好去读有关作文教学的理论书。哎呀，这里有一句和我的做法相吻合的“理论”，哈哈，那里也有一句和我的做法相吻合的“理论”，我一边读，一边找，一边乐。读的背后有着那个写的等待，再枯燥的书，你也能读下去。很多老师读“理论”，觉得枯燥、晦涩，读不下去，他们不知道什么时候能“用”上，去读可能一辈子也“用”不上的东西，越读越泄气，越读越烦心，只好对不起那本书了。一线的我们，不是要有了一肚子的理论，才能写作：写的时候，遇到不明白的，去寻找相支撑、相呼应的理论，那样子，一边写一边读，读的东西，会很快和写的东西调和起来。

这么读有很强的功利性，而“功利”是个中性词，不是贬义词。这样的阅读不只发生在老师身上，各行各业都有。可能老师比较清高，比较纯粹，有点阳春白雪。从事营销的人，看了很多营销书，一边做营销一边读营销书，书里的“营销智慧”转化为自己的“营销行动”，越读越有滋味。从事计算机、网络工程的人，看的大都是计算机原理、网络编程，一边读一边应用，“读”“用”结合。

读流行书就像吃糖，上口甜，读了几年，也就是甜，吃就吃了，不吃就不吃，上不了瘾。啃专业书，就像抽烟、喝酒，上口苦、涩，不是滋味，啃出味道来，也就离不了了。关键是，最初上口的苦味，能不能熬过。

五、要能改变自己行为的写作

有老师说，教师的写作不是评职称就是争荣誉，教育写作华而不实。

的确有一些老师对教育写作产生了误解，走上了“华而不实”的路。真正的教育写作一定能促进你增强教育本事。我在每天的记录中，经常发现自己做得不够好的地方，第二天就去弥补了。有的时候，写着写着产生了新的实践的灵感，第二天马上付诸行动了。

做过的事情是要回头去看一下的，只有回头看，才能发现自己做得好的和不好的地方，才会知道哪些是要经常做的，哪些是要改进了做的。反思不是写几个反思的字，而是重新“阅读”自己的教育行为。这个“阅读”须细致和专注。教研课你可以用摄像机拍摄下来，反复“阅读”。然而一线教师的很多教育教学的行为，是无法录像的，这个时候就需要“写”——这部随时随地可以使用的摄像机。

写的时候，大脑的放映机慢慢“回放”现场，你会发现自己的教育智慧，这些教育智慧经由笔的传递，在你的大脑皮层留下深刻的印象，智慧由此深入你心；你会发现自己的教育缺陷，这些教育缺陷经由文字的剖析，在你的大脑皮层留下深深的遗憾，教育缺陷由此转化为“刻骨铭心”的教育经验，你由此知道教育的“沟”和“坎”。有时候，写着写着把前面写好的东西删除了，从头再写，从头再“读”自己的教育行为。写好一个故事，要多次“阅读”自己的教育行为，从而将自己的教育行为里的纹理，看得清清楚楚、明明白白。

这种阅读，谁也无法替代。除了你自己，谁也无法进入。只有你才能“读”到自己脑子里的“书”。正是这个意义上的“读”，教育写作充满了唯一性，谁经常出入于这个“唯一”，谁就能变得敏锐起来，清楚起来，明白起来。

你问鲁迅写作文有什么秘诀，鲁迅说没听说过；你问老舍写文章有什么技巧，老舍说最大的技巧就是无技巧。你问我，我告诉你，写作的最大秘密就在于你马上就去写，每天五百字，坚持写一年，一年后你再看自己的文字，再看自己的文笔。

我等着，一年后的你。

〔本文选自《小学教学》（语文版）2017 年第 5 期，作者单位：江苏吴江实验小学〕

附录 2

尽享“笔耕”的成功与快乐

戴正兴

我曾经在小学语文骨干教师研修班参与“教师怎样做研究”的讨论。在讨论过程中，不少教师提出了有关如何撰写教育教学类文稿的问题。有些问题来自教师的困惑，有些问题则是教师对撰写文稿的误解。我认为他们提的问题也可能是一线教师在做研究时所思考的问题。

十多年来，我发表了百余篇小语教研文章，备尝甘苦，同时也获得很多体会，现根据研修班教师所提的问题，以答问的形式把它写出来，供有志于小语教学研究的一线教师参考。

一、语文教师写教学论文，对于修炼自身、指导教学有诸多益处

问：教师应该精于备课，长于传授，善于创新，做教学上的“能手”就可以了，根本没必要撰写教学论文。你是否认可这种说法？

答：随着教育教学改革的不断深入，注重教学科研和教学研究，已成为世界范围内促进教育教学改革的一个新趋势。通过教育科研和教学研究促进教育教学质量和效率的提高，已逐渐成为越来越多教师的自觉选择。作为新世纪的教师，新课程的践行者，除了要完成教书育人的基本任务，还应自觉地从事教育教学研究，探索教育教学的新途径，从而更有效地促进教育教学的发展。一线教师做个教育教学改革的研究者，是成功教师的必然选择。

问：语文教师辛苦得不得了，作业批改的量很大，月考、单元考、期中考、期末考，光批阅卷子就压得老师们喘不过气来，有必要撰写论文吗？

答：教师撰写论文，既是对其各方面能力的检验，也是不断提高自身素质的一个重要途径。有研究者认为，教师撰写论文有诸多益处：一是可以起到锻炼和提高分析概括能力的作用，有助于扩大眼界，形成严谨的科学态度，把自己原来肤浅、零散的教学经验和认识提高到更深刻、系统的理论高度，进而提高自己的理论水平和业务水平；二是教师撰写论文是更新知识、发展能力的最佳途径；三

是教师撰写论文不仅有助于解决一些实际问题，还能弥补知识、能力乃至性格上的某些缺陷，从而改变自己的理念，增强从事教学工作的信心和成就感。

二、不必把论文写作看得那么神秘，也不要把它看得过分简单

问：撰写教学论文是专家、学者、名师、特师的专利，一线教师写写年终小结已经是蛮吃力的了，哪里写得出什么论文？

答：近十年来，在“科教兴国、科研兴教”方针的指引下，教育部陆续出台了一系列政策文件，《教师专业标准》的颁布实施，更为新世纪的教育发展注入了新思想、新理念。每一位教师都应站在时代发展的高度，与时俱进，创新发展，要善于把教育教学工作自觉地纳入研究的轨道，有意识地培养自己的研究习惯，学会在研究的状态下工作。专家、学者、特级教师固然擅长于撰写论文，但教学研究需要第一手活生生的教学资料，一线教师一般都具有丰富的教学经验，这正是一线教师的优势。我们完全可以鼓足勇气、树立信心，根据自己的教学经验和切身体会，选择具有独创性和新颖性的课题及科学的方法进行研究。

语文教师要改变长期“动口不动手”的状态，要敢写、勤写。教研型教师不是一朝一夕可以造就的，必须通过不懈努力，勇于探索、善于总结，才能逐步“登堂入室”，成为教学研究的行家里手。我们不必把论文写作看得过于神秘。论文写作的门槛并不是那么难于跨越。要知道，因为写，才会写。

问：有人认为，“撰写论文只要写几条教育学、心理学原理或者引入课程标准的基本理念，再举几个例子就成了”。撰写论文真的就这样简单吗？

答：对于撰写论文，不要把它看得过于神秘，也不应将它看得那么简单。

我看了许多小学教师写的论文，发现其中使用的说理方法较为单调。方法的单调，必然带来研究视野的狭窄和思维上的陈旧。表现在写作上，往往就是讲一两个教例，然后得出一个结论，或者先提出论点，再列举一两个教例，始终摆脱不了“论点+事例”的模式。写的论文总是这样一种模式：第一段，提出论点；第二段，举例；第三段，小结全文。其实，这是一种很不好的模式。如果我们在议论中光举举例子，不进行说理分析，即使材料再丰富，也不能论证得很透彻，因为它不能体现作者在写作上的智力因素。

语文教育教学理论文章要打破“论点+事例”的模式，一要穿插运用不同的论证方法进行论证，除事例论证，还有比喻论证、类比论证、引用论证；二要加

强事例与论点的高度统一；三要加强对事例论据的点化。学会对事实论据的点化，是撰写理论文章必备的能力之一。

点化，即对事例给予客观的科学的评析。有这样一则教例：

著名特级教师斯霞备《刘胡兰》一课，自己先反复朗读，边读边体会，晚上伴着孤灯读到深夜，第二天一大早在校园里自读自听，特别是课文中刘胡兰回答敌人的话，读了一遍又一遍，越读越有力量，刘胡兰不屈不挠的革命斗争精神，像一股强大的气流猛烈地冲击她的胸膛，她恨不得马上飞跑进教室，把自己的感受传达给学生。课堂上，斯霞老师带着感情朗读，情真意切，字字千钧，孩子们被深深地打动了。

笔者在撰写《备课一定要备读》一文时，用了这一教例，并对它进行了点化：其一，斯霞老师能把教材中的思想感情真实地传给学生，产生了良好的教学效果，这是她把自己摆进课文里去的结果；其二，每一个语文教师都必须学会以身传情，以情动人，激发学生，让其产生情感的共鸣，使审美的主体和客体融为一体；其三，“入境”是感情朗读的基础，没有这个基础，朗读就没有真感情。

笔者认为，要想对材料进行点化，就要学会因事述理、借事论理，学会如何去探求材料的内蕴和材料隐寓实质的方法，就可以力避就事论事的简单思维，而迅速把握材料的主旨。

三、撰写教学论文，如何避免“撞车”，“十大策略”为你解密

问：尽管我们在选题前对相关信息做了一些搜集，但经常与人“撞车”，稿件投给报刊后往往成为明日黄花。如何避免“撞车”现象，能否给我们支支招？

答：我退休后，专攻语文教学研究，撰写了百余篇教学论文，无一篇废稿，全被刊物所用。为了避免“撞车”，我平时注意阅读最新的语文教学论著，翻检中小学语文类期刊，做出索引，确定选题。力求做到：人无我有、人有我新、人新我特、人特我快。

避免“撞车”，可以从下面几方面探究。

1. 找盲点

虽然教育类杂志林立，稿源充足，硝烟弥漫，但仍有一些颇有潜力的课题未被读者所关注，成为选题的盲点。如能善于捕捉新的信息，练就一双独具视角的慧眼，就能准确发现选题的盲点，相机开发，撰写的论文会受到欢迎的。比如，

阅读课的“导语”大家都十分重视。在一堂优课里，教师如何敲响第一声引领学生向“新知”进军的鼓点，需要进行精心的艺术构思。但作文教学就很少有人注重“导语”设计。据此我写了一篇名为《小学作文课导语更需要别具匠心》的文章，介绍了五种导入的方法：（1）顺应心理，乘势疏导；（2）以诗引趣，触动心弦；（3）输入信息，开掘源泉；（4）回想生活，唤起情趣；（5）创设情境，诱发情感。文稿很快被《演讲与口才》录用。

2. **瞄热点**

回首新一轮小学语文教学的改革和发展，人们可以发现很多令人瞩目的“闪光点”，给人的直觉是：改革发展迅猛，热点问题凸现。近几年来，小学语文教学研究的热点，集中在解读新课程标准中提出来的课程性质、识字写字和读写领域的新要求，以及具有纠正性质的教学建议。未来小学语文教学研究的重点将继续关注新课程标准的落实问题：一是语文教材分析和课程资源的开发利用；二是语文学习的心理和学情分析；三是语文教师的专业素养提升；四是落实新课标提出的新要求，如语文的实践性、语文的综合性、语言文字的运用、与教材编者的对话等。

3. **寻疑点**

“正确理解和运用祖国的语言文字”历来是语文教学大纲和课程标准的重要内容。出人意料的是，《义务教育语文课程标准（2011 年版）》却去掉“理解”只留“运用”，这是为什么？是不是意味着“理解”不重要了？一线教师在初学新课标时，曾经产生了疑惑。如何面对新课标表述中的“理解”悄然“隐退”，必须以辩证的思维全面领会新课程的理念。浙江乐清育英学校的陈传敏老师在《新课标背景下“去理解”的辩证思考》中提出，新课标去掉“理解”，并非完全排除“理解”，“运用”的过程包含了“理解”。二者是一种交织、递进、融合、螺旋上升的关系，不能简单地割裂，更不能偏重或舍弃任何一种语文学习活动。

4. **抓反思**

新课程改革，促使人们以新理念、新视角审视传统的“教学行为”，沿用多年的基本常规和习惯做法，也成了人们所关注的问题。诸如“对传统的教案是改革，还是革命”“语文课程改革，还要不要双基”“语文到底要不要讲”皆属老生常谈的问题，这些问题之所以被重新提出并热议，无疑与近几年来被淡化、被边缘化，甚至被“妖魔化”有直接关系。在不少专家的反思文章中都涉及“双基”“训练”，讨论热烈，新见颇多。

新一轮课程改革已进入“深水区”，我们一定要保持清醒的头脑，认真领会新课程的内涵，不可“谈双基色变”“谈训练色变”。

5. **取逆向**

文章出新出彩，往往采取逆向法。一是角度的转换，人家从这个角度来论述，你可以从相反的角度来论述。二是立意的逆向，就是提出与别人完全相左的观点，人家是肯定的，你却来一下否定；人家认为应该这样，你却觉得应该那样。比如，语文教育研究专家周一贯先生的语文教育理念不仅表现在“宏观视野”上，也体现在“微观思辨”中。他善于利用“逆向”的思维，探寻教与学的统一。在论及学生的学习自主性时，他以幽默的笔触写出《语文教师“懒”亦有道》。他认为，语文教师“懒”一点，其实是一种另类的教学智慧，是“智”的另一张面孔。课堂上教师“抓而不紧”，往往被当成一种不良现象受到指责，而周先生基于一分为二的“反常”思考，在《课堂：“抓而不紧”是“善抓”》一文中强调，课堂教学与一般工作相比，有其特殊性。他提倡“抓中有放”“寓抓于放”，教师要尽量淡化“抓”的痕迹，并将其融合在“放”的自然状态之中。

6. **寻夹缝**

小学语文教学分为很多板块：识字与写字、阅读、习作、口语交际、综合性学习，板块间有着许多夹缝“市场”。由于众多作者在不同的板块“市场”上竞争，而对身旁的夹缝“市场”往往疏于关注，所以不少夹缝“市场”还是“处女地”。它们虽然容量不大，但对于毗邻的大型板块“市场”来说，因为竞争对手较少，所以比较容易开发，也很少有“翻船”的危险。比如，现行小学语文课本，每课均设“思考·练习”，它制题精，扣文准，充分体现出语文训练的意图，是课文的重要组成部分，恰当地选用“思考·练习”导学，有助于克服课堂教学常常偏离“准星”的现象。有一位作者写了一篇题为《要重视选用题后“思考·练习”导学》的文章，提出选用“思考·练习”进行导入、导读、导议，一线教师很受启发。

7. **拾边角**

所谓边角，是指不属于热点、每每被人轻视或遗忘的内容。初次撰写论文，相当多的教师都在努力开发“大市场”，而对于边角“市场”的开发不屑一顾。这时，如有人能拾遗“经营”边角“市场”，就可通过开发边角“市场”避开竞争对手，取得整体“营销”效应。比如，我在指导师范实习生备课或到小学听课时，发现教师在理解文章中心思想方面存在着诸多误区：把主要内容当成中心思想；把派生的教育意义看成中心思想；把副主题视为中心思想；把文章的表现手法看成写作目的。教师在理解文章的中心思想时为什么不同程度地陷入这些误区？根本的原因是没有吃透教材，弄不清教材的本质，据此，我写了一篇题为《理解课文中心思想的几个误区》，被《湖北教育》刊用，受到读者关注。

8. **攻冷僻**

近年来，从总体上看，各种教育报刊的栏目设计可以说是应有尽有，研究的课题越来越丰富，但仍有一些课题未被众多作者发现和重视，以致稿源不足，处于冷僻状态。另外，一些教育报刊还具有求僻心理，编辑们为了办出刊物特色，一见到冷僻稿件，就毫不犹豫地刊发。比如，关于阅读的“导课”艺术，杂志上发表的文章相当多，而一堂课的“结课”艺术，却很少有人涉及；再如，除了“导课”和“结课”，还有“断课”艺术也待人们去研究。一位作者在《小学语文教师》发表的《独具匠心的结课三例》，还有一位作者在《小学语文教学》刊登的《“断课”艺术管窥》，皆为编辑和读者所看好。

9. **捡芝麻**

撰写教学论文，要立足于“人弃我取”。在“小生意”中另辟蹊径。现在许多教育杂志特别欢迎“短、平、快”的文章，这就决定选题将会越来越小。因此，能撰写大块文章固然好，但很多情况下，作者面对的课题往往不是“西瓜”而是“芝麻”。若能为别人所不为，立足捡“芝麻”就能做成“大生意”。比如，数字往往给人以单调平淡、枯燥无味之感，但诗人将之巧妙地用进诗句中，诗歌便显得文辞生辉、情趣盎然。小学语文教材精选的几十首古诗，近半数用到了数字，其作用：一是组成夸张，二是合成比喻，三是形成对比，四是构成名句。有一作者独具慧眼，捡了“芝麻”，就古诗中的数字运用写就了一篇文章，使读者感到了古诗巧妙地运用数字所显示的独特的艺术魅力。

一线教师可以自主选择工作中的小问题，来进行切实的研究，让自己教学的过程，成为实施研究、寻找答案、产生研究策略的过程，这对于教师个人的成长都有促进作用。

10. **引争鸣**

在新一轮语文课程改革的每一个阶段，在发展的每一个节点上，面对一些敏感的问题，大家都展开了讨论，这样就免不了产生思想的碰撞、观点的交锋，众多的语文教育专业报刊相继推出“争鸣”专栏，受到人们的普遍关注和广泛参与。比如，一些名师为了凸显自己教学的与众不同，追求新意，特意在“语文”二字前面加上一个定语，诸多“××语文”的提法，是不是标新立异、故弄玄虚？这引发了两种不同观点的碰撞。有论者认为，诸多“××语文”的提法，是对语文定性的玄虚解读，一是主观臆断，二是以偏概全；有论者认为，诸多“××语文”的提法并不是标新立异，教学风格的丰富多彩是小学语文教学改革繁荣兴盛的重要标识之一，我们应当为之欢呼，给语文教学的实践以开放的空间，宽松的环境。

随着新课程改革的深入推进，各种问题的争鸣还将继续下去，比如，“不求甚解”是不是“语文之道”？“回归传统”是不是语文课的出路？“儿童读经”好不好？“先学后教”的策略是否适合于语文教学？语文教材该不该减少鲁迅的作品？莫言的作品该不该进入语文教材？……语文教育中对诸多问题的争论多源于语文教学的实际困惑，都是新观念在推广和实施过程中的必然现象。

一线教师从身边的教育实践中，自主选择有意义的问题，进行深度的研究，有利于教育的实践创新和理论创新。

四、如何使自己的“笔耕”亮点凸显，“组合拳”助你发力

问：你提出，语文教师要让写作成为自己的生存常态。请你讲一讲，有哪些途径可以让我们的教学写作多出成果，教学研究文章多出彩？

答：语文教师写作，应该是分内之事，也是应有的职业素养之一。语文教育专家吴非先生说过“语文教师更应重视写作的体验，把写作作为一种职业素养”。

一线教师要想搞教研，写点东西，经营好自己的“亮点”，就要善于打“组合拳”。结合多年的教学研究的体验，我给大家提几点意见，供参考。

1. 热切关注语文教育最前沿的理论成果

新课程改革时期，义务教育阶段的语文教育发生了深刻变革，新的思想，新的理念，新的策略层出不穷，尤其是《义务教育语文课程标准（2011 年版）》的颁布实施，全面开启了语文课程改革的新征程，标志着语文课程改革已经进入一个新阶段。一线教师阅读新课标，要特别关注一些关键词和新提法，里面包含的新的教育理念，应成为学习的要点。

2. 潜心研究语文界优师、名师的成长和发展规律，关注其具有个性特色的先锋理念和创新设计

在新一轮的语文课程改革的进程中，语文界培育了一批教改新锐，涌现出众多颇具影响力的教学流派。在小学语文教学研究领域取得了突出成果、受人们关注的名师大家和教坛宿将，有北京的窦桂梅、浙江的王崧舟、江苏的孙双金、重庆的刘云生、广东的陈金才……

走近名师，最重要的是学习他们的人品、学品、师品，这里要特别提到的是情满“三耕”（“舌耕”是上课，“目耕”是读书，“笔耕”是写作）的语文教育研究专家周一贯先生，他是“语文人”中的积极探索者，是不倦的思想者，也是不断收获的强者。他六十年间撰写了一千三百多篇教研专论，让人叹为观止，被称为“教育奇才”。就我们的阅读视野而言，当下的中国小语界，论著之丰、创意之多，恐怕没有人能超过周一贯先生。

3. **通晓语文教育类期刊，熟悉其办刊宗旨、栏目设置、用稿需求**

通晓语文教育类期刊非常重要，一方面从中可以了解当前语文教育的最新动态、教育科研的热点，另一方面可以借鉴优秀论文的视角、思路为我所用。

新课程改革催生了一批语文教育类期刊，从受众面的便捷性、专业性、权威性审视，值得关注的小学语文教育类期刊，有《语文教学通讯》（小学刊）、《教学月刊》（语文版）、《小学语文教师》、《小学教学参考》（语文版）、《小学教学》（语文版）、《小学教学研究》（语文版）、《小学教学设计》（语文版）、《教育研究与评论》（语文版）、《七彩语文》（教师论坛）、《小学语文教与学》、《小学语文》等。以上这些小学语文教育类期刊总能聚焦语文教育热点，紧跟变革步伐，以“理论前沿”“学科视点”“名师课堂”“教例品评”“教学探微”等栏目排兵布阵，为我们广大语文教师提供了最好的教学论文的写作与发表平台。

4. **潜心学习，勤于读书，努力将自己的学识修养与时代同步**

近年来，语文教师不想读书或读书少、知识贫血、文化视野狭窄，已是不争的事实。

读书在语文教师专业发展中的意义似乎人人懂得，但真正读书的人却不多。有人认为，语文教师只要读读教材，读读教学参考书和教辅资料，就可以对付教学工作了。这显然是一个误区。这种阅读的功利心态应该调整。

一个对事业有理想、有长远规划的语文教师，无一不酷爱读书。李吉林老师是情境教育的创始人，她认为，读书对一个语文教师来说应该是永无止境的。几十年来，她有计划地阅读中外文学巨匠的作品和古今中外的优秀诗篇。为了教研，她如饥似渴地学习教育学、心理学和美学，阅读了许多中外教育家的论著及国外教学的实验资料。通过读书，她不断地丰富自己，完善自己的知识结构，在教育教学领域里，始终是一名永不疲倦的开拓者。

大师的身上闪烁着异样的光彩，同时也体现出成功的共同元素，那就是潜心学习，勤于读书。

问：你经常给报刊投稿，请说一说刊物编辑部对文稿有哪些具体要求。

答：现在的语文教育期刊越来越规范，据我所知，编辑部除了对稿件的内容和字数提出要求，对文稿的格式也有要求。

格式要求：(1) 文题，20字以内，可带副题；(2) 姓名，可多人署名；(3) 单位全称，所在省、市，邮政编码；(4) 摘要，100—200字，左顶格；(5) 关键词，3—5个；(6) 正文，小标题3级以内，其中一级标题15字以内，左顶格单独占行，二、三级标题以1.1或1.1.1逐级编码；引文于结束处以阿拉伯数字加［］等编号样式进行编码，同出处引文采用相同序号，简短文献加括号直接标注于引文后；(7) 参考文献，左顶格排序，著录格式要求：①专著：作者. 书名［M］. 出版地：出版者，出版年；②期刊：作者. 题名［J］. 刊名，年，卷（期）：起止页码；③报纸：作者. 题名［N］. 报名，出版日期；(8) 尽量避免采用图表，的确需附图，不超过六幅，表格尽量采用“三线表”；(9) 作者简介，附于文章首页页脚，介绍内容仅限：姓名（出生年—　），性别，民族（“汉”省略），籍贯，职称学位，主要研究方向；(10) 第一作者详细通信地址、邮政编码和联系电话注于来稿首页顶部；(11) 投稿方式可以是word格式电子邮件，或者信函寄送文本，传真亦可；条件所限的确需手写者，字迹务求工整易识。

（本文选自《教学月刊》2014年第11期，作者单位：江苏镇江高等专科学校丹阳师范学院）

附录 3

基于教学设计寻找线上教学的支点

——以初中道德与法治课《法律保障生活》为例

李　逸

摘要：在新型冠状病毒肺炎疫情防控期间，全国各地中小学开展的“离校不离教、停课不停学”的线上教学实则是学校线下教学在网络上的延伸，并且复制了线下班级授课制的基本形态，从而衍生了技术环境下“输入—输出”的教学弊端。班级授课制下，克服线上教学“输入—输出”的教学困境，需要一线教师发挥教学的主导作用，立足教学设计，辨识疫情条件下线上教学与日常线下教学的差异，活用学生经验，实现代入学习；发挥教师个性魅力，实现深度学习；体现教学关怀，实现教育性学习。

关键词：线上教学；统编教材；初中道德与法治

受新冠肺炎疫情影响，2020 年，全国中小学学生大规模甚至几乎全员开展线上教学，这种情况在我国尚属首次。无论对于教师教学还是对于学生学习来说，它都是一种挑战。线上教学质量的提高既需要对学生进一步引导，也需要教师做进一步的研究。

教学，即教与学的互动过程。在形式上，教学过程外显为教师以教材为载体，通过课堂组织师生对话，联通教师、教材与学生；在内容上，教学过程内隐为教师以个人的认知经验（包括情感、态度、价值观）为基础，通过教学设计二次开发、组织教学内容，实现教师认知经验、教学内容与学生认识经验（包括情感、态度、价值观）的互动联通。无论是线下教学还是线上教学，教师、学生和教材（教学内容），都是教学过程的三要素，有效教学必须依赖教师科学的教学设计、有序的课堂组织，实现教师、教材与学生的有效联通。笔者以为，这便是教学过程中教师主导地位的表现。教师的主导作用，既对一线教师研究线上教学提出了要求，又提供了可能。

一、正确认识疫情条件下的线上教学

线上教学并不是一个新鲜事物，但是新冠肺炎疫情期间中小学开展的线上教学不等同于以慕课为代表的一般意义上的网络课程。前者强调普适性，是防疫停课的特殊时期对线下教育的代替，后者突出个性化，是对线下教育的补充。

“慕课是网络课程形态之一。所谓网络课程，是指运用数字化技术和大型数据库，将教师讲授知识的视频、学习内容、在线测试题以及其他课程资源压缩并存储在互联网云端的数字课程，也称为数字化课程、云课程等。……以慕课为典型代表的数字化课程，在传统教学中引发了颠覆性的变化，教室不再是讲堂，而是师生共同探讨问题、教师对学生进行个性化指导的场所”[1]，以慕课为代表的网络课程强调数字化与个性化，是对线下教育忽视个性发展的外围矫正和补充。

新冠肺炎疫情期间的线上教学基本上是在防疫导致开学延迟的“离校不离教、停课不停学”的创新举措，简单来说，就是把教学过程从线下的实体课堂搬到了虚拟的网络平台，“改线下上课为线上上课，改在校学习为居家学习”，其根本目的是“确保完成基本教育教学任务”。例如，浙江省教育厅明确要求：“线上教育教学活动要做到学校全覆盖、学科全覆盖……线上教学以班级为单位组织授课和双向互动，以录播课为主，采取‘录播+线上答疑’的形式。有条件的学校可以采用直播+线上答疑的形式。课后辅导可以采用点播或线上答疑形式。”

因此，新冠肺炎疫情期间开展的线上教学在形态上是网络课程，但教学的组织又等同于线下的班级授课。如何统一教学形态与教学组织，使二者相得益彰，实现线上教学的高质量发展，值得我们进一步思考。

二、线上教学与线下教学的差异

线上教学与线下教学既有共性，又有差异。认识线上、线下教学过程的差异，优化教学设计，是提高线上教学质量的前提和关键。

（一）教学交流机制的差异

“面对面”与“屏对屏”的交流机制的差异是当前线上教学与线下教学的最大差别。“教学活动中，没有师生共享的教学经验及成果就没有交往，就称不上是教学活动”[2]，在“面对面”的线下教学中，师生可以通过语言和肢体动作交流知识、经验、情感，在课堂文化的隐性的激励作用下，碰撞出思维的火花，改造教学设计，生成生本化的教学内容。

“屏对屏”的线上教学则不然，线上教学“重建学生与教师的关系，使他们之间不再需要互相适应并以此来决定学习的方式与内容。……原本应是‘复杂对话’的课程变成了项目间的对话，而不是真正的对话。当本该是交互式形态的课程仅仅提供文本或产品之时，教学也就沦为其所采用的工具了”[3]，线上教学阻断了师生的直接接触，限制了师生的实时交流，尤其是师生情感的相互感知，教学过程更多是教师的单向输出，学生的单向接受。线上教学仿佛延续了信息技术“输入—输出”的信息传递方式，教学演变成教师忠实执行教学设计、学生忠实接受教学设计的过程。

（二）教学内容和教学方式的差异

“面对面”“屏对屏”交流机制的差异要求线上教学的内容选择和教学方式不同于线下教学。

线下教学的教学内容是“博”与“精”的统一。相比于线上教学，线下教学的最大优势在于“反馈—修正”回路的畅通，教师可以根据学生的课堂直接表现，甚至源于课堂文化的经验性感知，实时调整教学内容与教学方式，并通过师生的课堂交流，实现教学内容由“博”到“精”的归纳，或者由“精”到“博”的演绎。这里的“统一”，是指师生共同完成教学内容由“精”到“博”或由“博”到“精”的生成过程。

线上教学的教学内容是“博”与“精”的共存，但不统一。这里的“博”指线上教学资源丰富，获取形式多样；这里的“精”指线上教学内容要精讲精练。由于线上教学的时空限制，师生难以“沉浸式”相互影响，加之线上教学的时间被缩短，线上教学必须集中攻坚，教学内容选择以“精”为先。教学方式以精讲精练为主，这些“精”的内容是学生课前课后充分利用广博的网络资源的“脚手架”。

（三）教学评价的差异

改革教学评价是线上教学发展的必然要求。目前，线上教学仍处在尝试探索阶段，对其成效和评价的研究还不多。教学是一个由量的积累到质的变化的过程，短暂的线上教学实践，其质量难以被真实评估。也正因为如此，线上教学要改变线下教学“百分制”、终结性评价的传统，注重过程性评价，通过教学设计实现教学评价的可视化、及时化。

三、探索适合线上教学的教学设计

“输入—输出”是线上教学的基本模式，即教师输入教学内容，学生接受输出，教学设计联结输入与输出。线下复杂对话的教学过程在线上演变为线性的信息传递过程，因此有人批评“在信息化语境中，教师固化为线上资源的组成部分，只能躲在‘冷冰冰’的屏幕后独自狂欢，失去了对学生的管教机会，也冷却了教育原有的温度，师生之间传统的生态圈被打破，教学过程的完整性被撕裂”[4]。确实，师生隔阂成为现阶段线上教学面临的最大困境。

一方面，教师教不好，即教师教学输入的一端出现问题。对于多数教师来说，线上教学是首次尝试，教学设计、课堂组织照搬线下教学，“教师单向讲授、学生简单问答”成为线上教学的主要模式，线上教学水土不服。另一方面，学生不好好学、学不好，即学生接受输出的一端出现问题。随着线上教学新鲜感的消失，学生在监管缺失的情况下，线上学习的积极性开始下降，两极分化日益严重。

因此，教师与学生成为改进线上教学的两个支点。输入的方式决定输出的效果，教师成为改进线上教学的关键。改进输入端的问题需要发挥教师的创造性，优化教学设计，在教学内容、课堂组织等方面符合线上教学的要求；改进输出端的问题也需要发挥教师的创造性，优化教学设计，在教学内容、课堂组织等方面吸引学生的注意力，激发学生持续学习的动机，变线下教学外在的教师监控为线上教学学生内在的驱动。因而，优化教学设计成为一线教师改进线上教学的可行路径。

下面以初中道德与法治《法律保障生活》一课为例，浅谈笔者对“基于教学设计寻找线上教学的支点”的思考。《法律保障生活》分“法律的特征”和“法律的作用”两部分。“法律的特征”从法律产生的角度重点阐述了法律的强制性和法律具有普遍约束力两个特点；“法律的作用”从社会和个人两个角度阐述了法律的规范和保护作用。教材条理清晰，重难点鲜明，在知识目标方面适合线上教学。同时，在能力目标和价值观目标方面，与疫情防控时期的社会局势相适应，法律教育正当其时。

（一）活用学生经验，实现代入学习

代入，指“玩家将自己投射为虚构作品里的角色的感觉，可以指玩家在虚构世界里的沉浸感和临场感，也可以指玩家对虚构作品中角色感情的体会，也就是

共情"[5]。本文用"代入"一词指代教师通过引入学生熟悉的经验（包括学习经验、生活经历、情感体验等），吸引学生的学习兴趣，使之有身临其境之感。

如果问在《法律保障生活》一课中，学生对什么内容最感兴趣？答案当然是学生认为新奇有趣的事件。防疫期间的众多实时新闻为笔者提供了丰富的教学资料。例如，"湖北省市场监管局后勤服务中心筹备组副组长朱某无端训斥医护人员被严肃处理"以及"湖北省司法厅原巡视员陈某一家三口感染新冠肺炎，拒不配合社区人员，执意居家隔离，目前省纪委监委已介入"，在万众一心全民抗疫的大背景下，类似的官僚主义现象最能激发血气方刚的初中学生的正义感，也最能吸引学生的注意，代入学习也就水到渠成了。

"你如何看待朱某、陈某的行为？请结合法律的特征，在留言板写下你的看法。"在检查学生课前预习的同时教师引导学生回答问题。（本课内容条理清楚，难度适中，适合通过导学案布置学生课前自学，这符合线上教学精讲精练的要求，以及"使学生在获取知识的同时，提升自主学习能力，提高自我管理能力"的精神。）

代入学习的实现要求教师在教学设计时优先考虑学生的身心发展特点，在此基础上，研究教材，组织教学内容，设计教学。

（二）发挥教师个性魅力，实现深度学习

深度学习是"在理解学习的基础上，学习者能够批判性地学习新的思想和知识，并将它们融入原有的认知结构中，能够在众多思想间进行联系，并能够将已有的知识迁移到新的情境中，做出决策和解决问题的学习"[6]。代入学习是线上教学的一个好的开始，教师需要进一步发挥创造力，结合自己的知识、经验、情感、态度、价值观等个性因素二次开发教材，创造性地解读教学内容，创造性地组织教学内容，创造性地设计教学内容，引发学生的积极思考，实现深度学习。深度学习的意义不仅在于促进学生对知识的理解运用、内化整合，还在于激活学生的思维活力，形成线上学习的内在驱动，让学生持续学习，弥补线上教学监控缺失的不足。

在《法律保障生活》的教学设计中，笔者结合学生居家学习的亲身体验，从罗尔斯的消极自由角度提出"不给社会添乱就是遵纪守法"的观点。"疫情防控时期，我不想戴口罩，违法吗？请从权利与义务的角度在留言板写下你的观点看法。"在此基础上，继续追问："特殊时期，不给社会添乱就是遵纪守法，你赞同这个观点吗？请在留言板上写下你的观点看法。”

线上教学时间紧、任务重，深度学习的内容不宜过多，所以笔者重点设计了上述三个问题，并以此作为主要内容贯穿课堂教学。

（三）体现教学关怀，实现教育性学习

关怀（关心）不仅是一种美德，还是一种关系，“关心意味着一种关系，它最基本的表现形式是两个人之间的一种连接或接触。两个人中，一方付出关心，另一方接受关心。要使这种关系成为一种关心关系，当事人双方都必须满足某些条件。无论是付出关心的一方还是接受关心的一方，任何一方出了问题，关心关系就会遭到破坏”。其中的“某些条件”就是关心者“认真去倾听他、观察他、感受他，愿意接收他传递的一切信息”，被关心者“接收、确认和反馈”[7]。

关怀理论在形式上与线上教学“输入—输出”相似，也在一定程度上解释了当下线上教学面临的问题。这启发我们，线上教学要建立教师与学生的“关心关系”。在教学设计时，教师不仅要考虑“教材写了什么”，还要认真“倾听、观察、感受、思考学生需要什么”（即“以人为本、以生为本”），尊重学生的主体性，考虑如何感受学生的“接受、确认和反馈”（即教学评价方式）。

根据国家对新型冠状病毒感染的肺炎疫情防控工作的部署，“决定在公共场所实施佩戴口罩的控制措施。该举措属于卫生防疫机构依据《中华人民共和国传染病防治法》规定提出的传染病防控措施。公众场合不按照规定佩戴口罩，相关的行政部门可以要求大家遵守相关规定佩戴口罩。如果拒绝配合，可依据我国治安管理处罚法给予行政处罚，采用暴力或威胁方法阻碍相关部门的工作人员执法的，会构成‘妨害公务罪’”。据此，笔者结合学生居家学习的经验，设计了“疫情防控时期，我不想戴口罩，违法吗?”的情境问题。

这一情境问题的教学设计，既符合课程标准“树立规则意识、法制观念，有公共精神，增强公民意识”[8]的要求，又契合学生学法、知法、守法、尊法的现实需要。此外，参照相关法律法规的规定，笔者从情境——在家还是在公共场所、提醒后是配合还是拒绝——对学生的认知进行了评价、反馈。

“活着的人永远比任何理论都重要”，学校教育的目的“应该是鼓励有能力，关心他人、懂得爱人，也值得别人爱的人的健康成长”。教学设计以人为本、以生为本，线上教学体现了人文关怀，让技术语境下“无教育的教学”的线上教学复归教育性教学、教育性学习。

教育是等待的艺术，教学研究也是如此。疫情背景下出现的特殊形式的线上教学有其优势与合理性，也有其弊端与不足，这是新事物发展的必然规律。发挥一线教师的能动性，从线上教学的直接执行者层面探索、积累线上教学的可行经验，或许是目前改进线上教学的不二法门。

参考文献

[1] 蔡宝来，张诗雅，杨伊．慕课与翻转课堂：概念、基本特征及设计策略[J]．教育研究，2015（11）：82-84.

[2] 叶澜．新编教育学教程[M]．上海：华东师范大学出版社，1993：264.

[3] 威廉·派纳，杨澄宇．课程，悠游于科技的边缘——威廉·派纳与杨澄宇关于课程和科技关系的对话[J]．华东师范大学学报，2017（11）：102-105.

[4] 丁一鑫，党子奇，李军靠．教育信息化环境中的学生线上沉默及其唤醒[J]．中国成人教育，2018（24）：79-84.

[5] 邵燕君．破壁书：网络文化关键词[M]．北京：生活·读书·新知三联书店，2018：381.

[6] 何玲，黎加厚．促进学生深度学习[J]．现代教学，2005（5）：29-30.

[7] 内尔·诺丁斯．学会关心——教育的另一种模式[M]．北京：教育科学出版社，2014.

[8] 中华人民共和国教育部．义务教育思想品德课程标准（2011年版）[S]．北京：北京师范大学出版社，2012：5.

（本文选自《中小学教材教学》2021年10期，作者系浙江宁波滨海国际合作学校初中道德与法治教师）

附录 4

现代文阅读试题命制的五种错误倾向

陈静俏[1]　魏小娜[2]

(1. 西南大学文学院，重庆 400715；2. 西南大学教师教育学院，重庆 400715)

摘要：规范命制现代文阅读试题是语文教师重要的基本功。通过对中小学一线教师命制的 1325 道现代文阅读试题的研究发现，现代文阅读试题的命制存在 5 种错误倾向：阅读能力水平层级含混，命题随意怪异；阅读命题策略欠缺，真实情境创设匮乏；客观题题干指向不明，客观性丢失；备选答案设置不合理，迷惑性欠缺；肆意解读阅读文章，阅读测评试题“失真”。

关键词：阅读测试；试题研究；命题误区

命制阅读试题是对命制者阅读理论素养和教学实践的全方位考量，科学命制现代文阅读试题是语文教师重要的基本功。本研究基于课题，特邀 11 位中小学一线教师参与研究统编教材现代文编制的阅读试题 1325 个，从中发现了命制现代文阅读试题的 5 种错误倾向。

一、阅读能力水平层级含混，命题随意怪异

阅读能力水平层级是阅读测评试题命制的重要理论基础，有助于命题准确测评读者在阅读文本过程中获取信息、整合信息、推论、鉴赏、评价的能力。从所研究的试题中可以看出，命制者对阅读能力水平层级的把握还有很多问题，导致命题随意怪异，莫名其妙。主要存在三个“分不清”：

一是无视阅读测评的“能力点”，导致命制的阅读题目完全没有考查的逻辑可依，找不到测评的阅读层级。且看某教师就《爬山虎》一文命制的试题：

“一阵风拂过，一墙的叶子就漾起波纹，好看得很。”推测风（　　）

A. 大

B. 小

C. 乱

D. 难说

考查能力：复杂推论

答案：B

命题老师考查学生从文本内容来推知文章隐性信息的能力，并将其定位为复杂推论。首先，复杂推论应该是建立在对文章内容的把握上，并从中挖掘相关的思想情感，而不是简单地对一句话中信息的推理。其次，考查丢弃对文章主题“爬山虎的脚”的理解，反而关注起毫不相关的“风”。这是一种典型的无视阅读测评能力点、为考而考的表现；也无法紧扣文本关键语句命制试题，导致命制的阅读试题不涉及文本阅读的要害。

二是误把“语文知识”当成“阅读能力”，导致命题测评能力的无效或低效。且看某教师就《太阳》一课命制的阅读试题：

填空：请为以下句子填上恰当的关联词。

A.__________太阳离地球太远了，__________看上去只有一个盘子那么大。

B. 太阳__________离我们很远很远，__________它和我们的关系非常密切。

C.__________没有太阳，地球上__________不会有植物，也不会有动物。

能力层级：聚焦信息

解析：此题检测的是学生运用关联词的能力

答案：A. 因为……所以…… B. 虽然……但是…… C. 如果……就……

聚焦信息要求从阅读内容提取关键信息，而关联词的运用是典型的对语文知识的考查。首先，命题者在命题时已意识到本题是在检测学生运用关联词的能力，却误将对知识的考查划入能力；其次，要求填入的关联词皆为文章原句，完全没有达到对关联词考查的意义，反而成了选择文章词语填空。这样出题偏离了考查语文能力的初衷。知识与能力的混淆导致考非所“考”，测试的结果也就完全不能说明相应能力的问题。

三是分不清阅读能力的各个层级，导致试题难易失调，无法准确测评特定级别的阅读能力水平。且看某教师就《纸船和风筝》一文命制的阅读试题：

故事中，吵架后，两个主人公一开始都不理对方，后来是______主动提出和好。

能力层级：整合信息

答案：松鼠

命题者将本题定位为考查整合信息的能力，但阅读原文第十自然段就可直接提取出相应信息。不需要学生从多段中总结概括，是一道典型的聚焦与定位信息的题型。本题的难度远低于老师自己定位的整合信息所需的难度，这也就是很多时候试卷区分度难以得到保证的关键原因之一。命题者在命题时就未能正确地定位试题难度，整套试卷的区分度自然难以得到保证。

“知识立意”从考查知识的角度出发来命题，重点立足于知识的储备量和学生的理解程度；“能力立意”从考查学生能力的角度出发来命题，着眼于实际问题的解决。[1] 知识是运用能力的前提，能力是知识在现实世界得以体现的载体，所以二者在语文阅读测试中都具有十分重要的意义。命题者做不到深入地理解二者，区分二者，也就谈不上命制考查范围广、考查深入且具有梯度性的题目。

二、阅读命题策略欠缺，真实情境创设匮乏

“设计和编定一道好的试题和一份好的试卷，要求命题者除了具有本学科的深厚知识外，还要有一定的命题技巧”[2]，也就是说，即便有了明确的阅读测评能力指向，还需借助阅读文本进行策略性的问题设计，才能命制出优质的试题。但受经验式，或者是套用式的命题习惯的影响，国内专门的阅读命题策略研究还很不足。从本研究所提取的样题中可以看出，目前阅读命题策略的问题主要表现在两点：

一是教师无法对各个阅读能力层级进行深入的解读和自我消化，形式上看似在考查相应的阅读能力，但是实质上还是停留在经验式的刻板命题，无法针对相应的阅读能力命制试题。且看某教师就《白鹭》一文出的阅读试题：

那雪白的蓑毛，那全身的流线型结构，那铁色的长喙，那青色的脚，增之一分则嫌（ ），减之一分则嫌（ ），素之一忽则嫌（ ），黛之一忽则嫌（ ）

括号内依次应填写的内容是：（　　）

A. 黑、白、长、短

B. 长、白、短、黑

C. 长、短、白、黑

D. 黑、短、白、长

能力层级：聚焦信息

答案：C

聚焦与定位信息要求学生能根据相应的问题，从阅读文章中找出问题的答案。

本题运用填字的方法来检测该能力固然可行，但是这样的命题方式显得过分呆板，且对学生阅读能力的提升作用不大。若将其修改为“文中使用排比句介绍白鹭形态的句子是（　　）”，此时聚焦信息的考查就落脚在了对排比句和白鹭形态的理解。这样的考查才算是抓住能力的关键点，才会是考有所得的阅读测试题。

二是试题的“真实情境”单一、枯燥，难以为学生阅读能力的发挥提供必要的场景。在命题中加入真实情境，是学生运用阅读能力解决问题的重要措施，但本研究中的试题很少为学生创设“真实情境”。且看某教师就《寒号鸟》一文出的阅读测试题：

寒号鸟对喜鹊的劝告，表现出的态度是（　　）

A. 轻蔑　厌恶

B. 感激　喜悦

C. 生气　不开心

D. 平静　理智

能力层级：复杂推论

答案：A

本文具有鲜明的教育意义，命题者完全可以将其与生活中的实际情况相联系，创造一个“真实情境”，教导学生如何在生活中听取他人的建议。然而本题却将文章信息以“填空”的形式出现，把一个原本可以在情境中进行的测评，降格为一个简单的信息填空。

三、客观题题干指向不明，客观性丢失

客观题凭借其准确、客观，不受环境及阅卷人等主观因素影响的优点，承担起阅读考试中考查学生求同思维、保证测试公平的重担。然而在本研究中我们发现，命题者在命制客观题时出于多种顾虑，题干采用过分“简洁”的方式呈现，不但没有起到保证试题质量的效果，反而出现题干意义指向不明、答案歧义的弊端。常见的指向不明情况有：

一是题干语句出现语病，学生对题干的把握出现偏差，甚至无法读懂题目，直接导致学生不能成功调用相应的知识和能力正确作答。

且看某教师就《夏天里的成长》命制的阅读试题：

对于夏天，你会有怎样不同的感受呢？你会围绕这个中心意思从哪些方面或

选取哪些事例来表达呢？

能力层级：创造运用

本题干中的中心意思可能是指文章中作者的中心意思，也可能是题干前半段提到的不同感受。不同的理解对本题的作答就会出现不同的情况。若将这个中心意思理解为“不同的感受”，那么就是在考查学生自己对夏天的感受，这样的考查是大而泛的。学生完全可以凭借自己的主观感受作答。若将“中心意思”理解为“作者的中心思想”，学生的作答必须要根据文章对作者的思想感情进行把握，这样就无法对学生的复杂推论能力进行考查。

二是题干用词不严谨，对题干的解读可出现多种不同的认识，且皆为正确。且看某教师就《繁星》一文命制的阅读试题：

“我”看到的星星从“光明无处不在”到“半明半昧”，恰当的原因是（ ）

A. 看的时间变了

B. 看的地点变了

C. 看的心情变了

D. 看的姿势变了

答案：C

题干中的要求是选择“恰当的”。那“恰当的”标准是什么，难以给出一个固定且服众的答案。“恰当的”本就属于模棱两可的词，学生可以主观地认为自己选择的就是“恰当的”。作为一道客观题，必须要做到答案是唯一的且具有说服力。显然本题答案不能达到这个标准，这就使得本题的考查完全脱离了对文章的理解，题目本身也毫无客观性而言。

三是题干缺少考查的必要成分，导致问题与答案之间的匹配度过高，当测试要求该试题答案固定且唯一时，出现了两个及以上答案皆合理的情况。且看某教师就《呼风唤雨的世纪》所命制的一道阅读试题：

“在新的世纪里，现代科学技术必将继续创造一个个奇迹，不断改善我们的生活。”对于“不断改善我们的生活”的说法，你的态度是（ ）

A. 乐观

B. 谨慎乐观

C. 悲观

D. 说不清楚

答案：B

本题作为一道选择题，选择 A、B、C 答案皆合理。题干缺少必要的成分，即缺少要求学生根据文章内容来提出自己的看法这一依据，导致问题与答案的匹配度过高，出现明明命制的试题为单选题，但多个选项都是正确的情况。客观题必须保证答案封闭且唯一，就本题来看，让学生脱离对文本的理解，随意地谈对问题的看法，学生答案肯定无法统一，学生选择不出命题者心目中的正确选项。

在阅读试题的客观题题干的命制中，以上情况出现的并不少。这种题目，没有明确的指向，忽视学生阅读所需的考查，只是在随意地曲解考查意图，“绑架”学生认知，毫无目的及公平性、客观性可言，不属于测试。

四、备选答案设置不合理，迷惑性欠缺

客观题作答一般是由命题者直接给出备选答案，考生对答案进行选择或者排序，因此答案的质量直接关乎该试题能否起到相应的考查效果。本研究发现，阅读试题的备选答案存在以下三个不足之处：

一是各备选项之间长度差异较大，学生根据自己长期答题积累的经验，往往会偏向于直接选择最长或者最短的答案，这也是目前测试中“三短一长选最长，三长一短选最短”等考试“口诀”由来的原因之一。且看某教师就《繁星》一课命制的阅读试题：

结合材料：“1927 年 1 月 15 日，为‘向西方找真理’，寻求救国救民道路，他乘邮船离沪赴法。在航行期间，巴金撰写了《海行杂记》38 则。《繁星》是其中的一篇游记。”理解“我觉得自己是一个小孩子，现在睡在母亲的怀里了”的意思是（　　）

A.“我”想母亲

B.“我”去国之际，对未来有种种设想，又有淡淡的乡愁，不由得回忆起童年来了

C.“我”在海上睡觉很舒服

D.“我”想回到童年

答案：B

本题目通过课外与课内的链接，考查学生对文章中重点语句的理解的出发点是很好的。但是败笔就在于正确答案与另外三个答案之间的长度差异太大，且四个选项之间表达的情感各有不同，学生能很简单直接地凭经验作答。本题考查学

生对文章理解的意义也就因为答案过于明显而不能实现，测试效果难以得到实现，此题也就失去了存在的价值。

二是各答案意义差异极大，或是与文章的思想、生活常理相背离的答案多次出现。一套试题中固然需要出现一些难度较小的试题来保证绝大多数学生能正确作答，但是这样的试题出现频率较高，会导致这套试题的绝对区分度难以得到保证，也称不上是一套合格的试题。且看某教师就《太阳》一文命制的阅读试题：

“太阳的温度很高，表面温度有五千多摄氏度，就是钢铁碰到它，也会变成气体”这句话（　　）（多选题）

A. 说明是真的做过钢铁碰太阳的实验

B. 只是一种假设

C. 钢铁碰到太阳真的会变成气体

D. 钢铁碰到太阳不会变成气体

答案：B、C

本题中 A、D 两个答案就属于明显与人们生活常理相背离的选项。学生完全不用基于对阅读材料本身的理解，只需要根据生活常理进行判断即可得出正确答案。试题的考查脱离了依托的材料，完全变身为对学生常识的考查。阅读考查摇身变为“科学考试”，阅读题到底应如何科学地设置答案的问题，值得重视。

三是前后题的答案之间存在提示作用，学生可根据不同的题间接推断出试题答案。这种情况就导致“找不到答案，就去其他相关题中找是否有相同的表达”这一应试技巧应运而生。且看某教师就《琥珀》一文出的阅读测试题中的两道试题：

请问，本文可以分为几个部分？（　　）

A. 3 个部分，分别是琥珀形成的时间、琥珀形成的经过、琥珀形成的结果。

B. 4 个部分，分别是故事发生的时间、推测琥珀形成的过程、琥珀被发现、琥珀的科学价值。

C. 3 个部分，分别是故事发生的时间、推测琥珀的形成过程、琥珀被发现。

D. 4 个部分，分别是故事发生的时间、推测琥珀形成的经过、琥珀成了化石、琥珀的科学价值。

答案：B

下列对 2—12 自然段的大意概括中，正确的是（　　）

A. 推测了化石形成的过程。

B. 推测了蜘蛛捕捉苍蝇的过程。

C. 推测了森林被海水淹没的过程。

D. 推测了琥珀的形成过程。

答案：D

上题的文章层次划分，对下题的概括大意，具有很明显的提示作用。学生在下题的提示下，可以确定 2—12 自然段是一部分。也可以在上题的提示下，推断出 2—12 自然段的大意。这样的前后提示，必将使两道题的迷惑项起不到该有的作用，存在价值也大大被削弱。

五、肆意解读文章，阅读测评“失真”

目前“深度解读”和“多元解读”不仅深刻影响着阅读课堂教学，也影响到阅读试题的命制。命题者一方面掘地三尺，深挖文本的各个角落，以命制出“出人意料”的、无法被猜测到的“新题目”；一方面对文本进行创意解读，尽量解读出新颖别致的观点，以命制出别出心裁的试题。这两种倾向最终走向肆意解读文本的极端，对阅读测试命题的危害体现为：命题“失真”——测评试题的解读距离正常读者的阅读思维相去甚远。

且看某教师就《一个豆荚里的五粒豆》命制的阅读测试题：

课文第 24 自然段的“此刻”一词，作者的用意在（　　）

A. 从一个自然段过渡到另一个自然段

B. 引导读者思考不同豌豆结局的原因

C. 几粒豌豆的事情是在同一时间发生的

D. 以上的说法都对

答案：B

“此刻”在文中表示时间的同步，意指豌豆在说话时小女孩也正注视着豌豆花，并没有起到引导读者思考不同豌豆结局的原因，所以上述所有备选项都不符合学生对文章内容的正确理解，是对文章内容的曲解。这种解读下的命题极可能导致学生阅读时思维的剑走偏锋，而“这种剑走偏锋对阅读教学的损害，其实不亚于‘标准答案’”[3]。

综上所述，通过研究 1325 道现代文阅读试题，可以发现规范命制现代文阅读试题十分必要，迫切需要中小学一线教师正视目前命题中的误区，认真学习阅读理论，真切研究阅读命题策略，慎重对待每一道阅读试题的命制。

参考文献

[1] 乐中保. 语文高考阅读测试内容研究 [D]. 上海师范大学，2009.

[2] 韦志成，倪文锦. 语文考试论 [M]. 广西教育出版社，1996.

[3] 钱梦龙. 一个哈姆雷特还是一千个哈姆雷特 [J]. 中学语文教学，2004 (10)：23-25.

（本文受中央高校基本科研业务费专项资金资助，项目编号 SWU1909219，选自《语文教学通讯》C 刊 2020 年 5 期）

附录5

单元教材中习作训练体系的常态构建

——基于语文要素的“单元习作微训练课程”实践

吴 勇

（江宁区教学研究室，南京 211000）

摘要：统编小学语文教科书中，相对“习作单元”的普通单元，能紧随教材的编排顺序，逻辑自洽地建构一个基于语文要素的完整“习作微训练系统”，使得单元教学读中有写，写中有读，读写充分融合，这是用好、用实、用优统编小学语文教科书的有益尝试，也是促进单元语文要素向学生语文素养转化的有效举措。

关键词：统编教材；语文要素；单元习作微训练

统编小学语文教科书中，从表达角度来看，构成每册教材的单元有两类：一类是以阅读为中心的普通读写单元，一类是以写作为中心的特殊读写单元。后者，又称之为“习作单元”。相对普通单元，“习作单元”中阅读与写作要素互为“因果”，彼此“附着”与“咬合”，因而习作训练点较多，段落和篇章训练前后关联，能体现一个清晰的写作训练层阶。而普通单元，阅读与习作的单元要素，关联性相对显弱，有的几乎呈“风马牛”之势。因此，普通单元里的习作训练常常局限在“习作”板块的教学中，这对该单元中潜在的诸多习作资源无异于暴殄天物。在基本的小学语文单元中，能逻辑自洽地建构一个基于语文要素的完整“习作微训练”系统，使得单元教学读中有写，写中有读，读写充分融合，这是用好、用实、用优统编小学语文教科书的有益尝试。

一、“单元习作微训练”的基本表征

“单元习作微训练”是植根于统编小学语文教材的“体内运行”，不需要另起炉灶“架桥搭梯”。它紧随单元教材的编排顺序，依照常态的语文课堂的教学节奏，靠船插篙，开展系列的习作训练。

1. **整体贯通**

“单元习作微训练”是以单元习作要素为统领展开的写作实践活动。首先精选本单元课文的相关语段，从言语形式的角度进行读写结合训练，生产写作知识，让习作要素“显性化”；其次，通过单元“习作”的板块教学，实现写作知识运用，从而让单元要素转化为写作技能、写作能力，甚至发展为写作素养。从“单元要素”的层面上看，“单元习作微训练”是一个封闭的整体系统，它体现着学生写作学习的基本过程和规律。在“单元习作微训练”中，每个训练项目都不是独立的存在，而是有着前后连贯、互为逻辑的前提，就像一串“糖葫芦”，每个写作训练点，就是“串”上一个节点，而这个“串”就是“单元要素”，在这个“糖葫芦”串上，我们可以清晰地洞察学生言语发展和生长的过程。

2. **要素聚焦**

“单元习作微训练”是一个整体系统，而系统的内核是“单元习作要素”。“百练不离其宗”，让习作训练具有靶向性，呈现层次性。在这个训练系统中，单元习作要素经历着这样的过程：知识提取——“根据需要对原有的素材进行提炼、加工、选择、取用”[1]。所谓的“需要”就是单元要素，“原有素材”就是单元课文，就是引导学生从语篇语境中发现与单元要素相关的言语现象和规律。知识激活——如果知识开发呈现的是静态的习作“要素”，那么用具体的写作知识去扫平学生在真实语篇任务中的障碍与困境，则是动态的习作“要素”。“要素”在具体语篇写作中的运行，可以让师生感受到“要素”存在与“要素”教学的“语力”价值。知识内化——紧扣要素的“模糊”与“无力”之处，进行深度的写作知识二度开发，让学生尝试进行补偿性习作练习，促使“要素”向内走，转化成言语习惯、言语智慧。由此可见，习作要素是“单元习作微训练”的灵魂所在，核心聚焦。

3. **上下关联**

统编小学语文教科书在教学内容上呈现出鲜明的阶梯性。以五年级“写人”的习作为例：上册第二单元提出“结合具体事例写出人物特点”，下册第四单元“尝试运用动作、语言、神态描写，表现人物的内心”，第五单元则是“运用描写人物的基本方法，具体表现一个人的特点”。不难发现，属于同一类的习作要素是随着年段的梯度不断攀升的。因此，作为单元内的“习作微训练”与单元外的同类“要素”之间应当保持着相应的关联度：一方面彼此边界清晰，单元

"习作微训练"不要重复前面单元已经达成和落实的要素目标，更不能随意扩充知识范畴，以拓展和提优的名义，肆意拔高本单元已经设定的要素目标，对后面单元的写作学习形成逾越；另一方面彼此要相互呼应，单元内的训练点构建，除了承接本单元中前期已经发生的习作训练之外，还要兼顾同类单元在之前已经发生过的写作学习，以此为基础拾级而上，生成新的习作提升点。

4. **微型针对**

邓彤博士曾经倡导："建构一种规模小、容量小、主题单纯、目标清晰、针对性强的微型写作课程十分必要并且迫切。微型写作课程不求面面俱到，而是聚焦核心困难，选择核心知识，解决要害问题。"[2] "单元习作微训练"的提出与此不谋而合，试图让面向整篇、教学容量大的"习作"在单元内进行有序、有节的点状任务切分，让曾经的模糊点、忽略点清晰起来，成为教学的落脚点、负重点，随着单元教学的进程逐步显现，逐层分解，逐一解决，用简单实现复杂，用有效累积高效。

5. **包容并蓄**

"单元习作微训练"常态运行的前提是高质量轻负担，应当在不增教学课时、不增学生课业负担的基础上推进，否则再好的课程构想，只会沦为泡影。"单元习作微训练"中的"微训练"总是置身于日常的"阅读教学""作前指导""作后讲评""语文园地"之中，附着在相应的学习活动之内，成为每个教学板块的一部分，成为实现各板块高质量学习的一种手段。教学正常发生，习作训练如影随形。因为"习作微训练"的存在，每个教学板块的设计会增加亮点，每个板块的教学成效鲜明呈现，更重要的是语文课程的"语用"特征，在此得到最丰富、最优质的诠释。

"单元习作微训练"是存在于单元内自行组织的"小世界"建构，这是实现单元学习资源与学习者需求的有机整合。同时，也是面向统编教材的整体编排，以微观视角来体现其"语言文字训练的系统性"，来实践其"语文能力发展的训练体系"[3]。

二、"单元习作微训练"的系统架构

"单元习作微训练"是以统编小学语文教科书单元教材编排结构为基础的，依山傍水，步步为营，逐渐形成了层阶分明的训练体系。在这个训练系统中，写作知识贯穿其中，经历着"生产—激活—运用—内化"的过程，使得相对于

"习作单元"的普通教材单元，也运行着扎扎实实的读写训练。

1. **基础的"铺垫性训练"**

每个单元的开篇常常安排精读和略读课文，扣住单元习作要素，就可以在这些精挑细选的课文中发现不少与此相关的段落、练习等。以五年级下册第二单元为例，单元习作要素是"写读后感"，那么在单元课文中，与要素相关的读写知识开发点就不少，例如：

《草船借箭》文后练习 3：读课文前，你对课文中的人物有什么了解？读课文后，你对哪些人物有了进一步的了解？你还想了解《三国演义》中的哪些故事？

《景阳冈》文后练习 4：对课文中的武松，人们有不同的评价。你有什么看法？说说你的理由。◇武松真勇敢，"明知山有虎，偏向虎山行"。◇武松很要面子，有些鲁莽，不听别人善意的劝告。

《红楼春趣》，"读后感"藏在题目"春趣"之中，"趣"的直接表达在课文中，间接表达藏在"阅读链接"之中。

针对习作要素，在本单元精读课文与略读课文中寻找与之高度匹配的关键段落、练习等，通过赏析、辨别、对比等阅读策略探究"怎样写"的表达秘密，初步提取出让习作要素落地的相关写作知识。接着借助新设置的语境，进行相似的片段读写结合训练，迁移运用新开发的写作知识，为单元"习作"训练的重难点化解做好铺垫。

2. **聚焦的"靶心性训练"**

单元"习作"是指向篇章练习的规定性习作任务，这是语文课程链条上的基本设定。学生面对"习作"并不是一无所知的"零起点"。"只需要对学生习作中的一二处关键困难提供必要的支持，就足以促进学生当下的写作学习"[4]，因为同种类型的习作训练在整套教材体系中，前后勾连，后面的练习可能是前面的拓展和补充，是前面几次训练的叠加与整合。以统编版"状物类习作"为例：

三年级下册习作 1《我的植物朋友》，单元要素：试着将观察到（看一看、摸一摸、闻一闻）的事物写清楚。

三年级下册习作 7《国宝大熊猫》，单元要素：初步学习整合信息，介绍一种事物。

四年级下册习作 4《我的动物朋友》，单元要素：写自己喜欢的动物，试着写出特点。

五年级上册习作1《我的心爱之物》，单元要素：写一种事物，表达自己的感情。

五年级上册习作5《介绍一种事物》，单元要素：用恰当的说明方法，把某一种事物介绍清楚。

纵观这五篇习作，“把一种事物写清楚”是共同的目标，但是每一篇都有重点着力的训练目标：《我的植物朋友》训练的是多感官观察，《国宝大熊猫》指向的是“整合信息”，《我的心爱之物》强调的是“表达自己的情感”，《介绍一种事物》关注点则在“用恰当的说明方法”。一次习作训练，学生总是站在已经获得的写作知识、写作技能的“基础面”上，去学习和挑战一个新的“突破点”，从而在新的写作学习中获得“刚性”写作力的提升。而这个“突破点”就是我们本次习作训练的“靶心”，也是“一课一教”的承载点。在“习作”的教学过程中，最关键、最主体的部分，就是“靶心性训练”，沿着学生语篇写作中最困难的局部段落，聚焦单元习作要素落实的关键靶向，坚持“教什么—练什么—评什么”教学流程，让“习作”教学攥紧“拳头”，“重拳”出击，使之成为写作新技能的提升课。

3. 生成的“补偿性训练”

在“习作”板块教学之后，在班级整体层面，单元习作要素的落实并不意味着精准到位，“症状”全无，常常会发生一系列的“意外”，特别是“老”问题在解决过程中会出现“新”问题，这就需要对原有的“靶心”训练进一步地校正与补偿，让潜在的新学情显山露水，促使写作知识开发向着更深层次“钻探”。譬如，五年级上册习作2《“漫画”老师》，单元习作要素是“结合具体事例写出人物特点”。在“靶心性训练”之后，教师始终瞄准学情，进行多层次的写作知识开发（见图），不断修正和弥补教学不足，让习作要素真正落地生根。

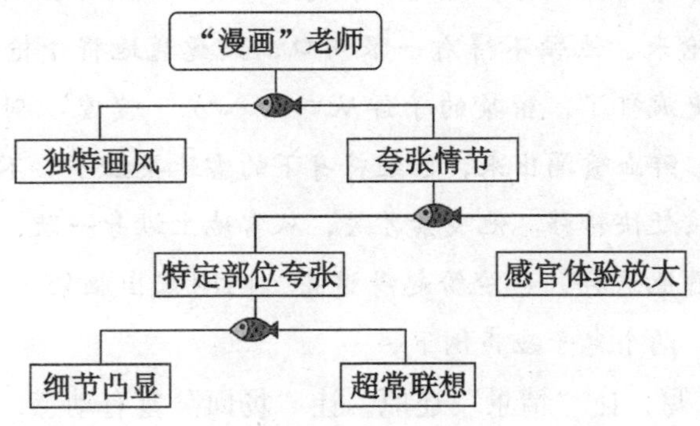

补偿性训练，其实就是一个精巧而结实的“教学补丁”，面对习作个体在整篇习作训练中表现出来的微观而鲜明的缺陷，不躲避，不遮掩，而是引领教学继续下沉，借助更下位、更适切、更精细的习作知识开发，为学生个体在语篇任务中呈现出来的技能盲区进行弥补，做到通过一次习作训练让不同能力层次的学生都能获得相应的提升。

4. 延展的“提升性训练”

统编版小学语文教材习作资源特别丰富，即使处在单元末端的“语文园地”中的“词句段运用”也为习作训练提供了素材。与此同时，面对一些特殊文体，还需要在单元“习作”板块教学的基础上，通过“语境”转换，进行“活化”训练，以此促进学生对该文体语篇写作技能的沉淀与内化。

譬如五年级上册第二单元的“语文园地”，要求“读句子，把成语的意思用具体的情景表现出来”，而本单元对“具体情景”定位为“漫画式写作”，这是一次极好的习作技能的巩固，可以借助教材中关于“奋不顾身”的情景描述，引导学生进行“漫画式”扩写：

教材版：

杨靖宇正在奋力还击敌人，右手腕突然受了伤，他就用左手继续向敌人射击。不多时，他的腹部又中一弹，鲜血直流。他咬紧牙关，猛然起身，连发两枪，击毙了两个日本鬼子。

漫画式扩写：

北风呼啸，大雪纷飞，一群日本鬼子正追击着杨靖宇。近了，近了，杨靖宇放慢脚步，拔出手枪，猛一转身，扣动扳机，子弹正中一名敌人的眉心。鬼子们猝不及防，吓得伏在雪地里，一阵密集的子弹雨朝杨靖宇飞过来。“噗”，一颗罪恶的子弹穿过厚厚的袖口打在他的右手腕上，鲜血顿时染红棉衣，一阵钻心的疼痛让他握不起枪来。他顾不得看一眼伤口，颤巍巍地将手枪移到左手继续射击。敌人的反扑更疯狂了，密集的子弹从四面八方“嗖嗖”射来。突然，他感觉腹部一阵剧痛，鲜血喷涌出来，已经将身下的雪地染红了。不行，不能待在这里束手就擒，应该赶快转移。他咬紧牙关，从雪地上纵身一跃，疼痛几乎让他直不起腰来。敌人看他这样，也纷纷起身追击，刚刚露出脑袋，“砰——砰——”杨靖宇的枪响了，两个鬼子应声倒下……

“漫画式”扩写，让“情景”还原，让“场面”富有动感，让文字描写成为一部生动鲜活的“连环画”和“短视频”。学生只有在不同的语境中，不断地运用新开发的写作知识，才能在单元习作的训练体系中，实现知识向能力及素养的转化。当然，除了“语文园地”，在“习作”板块教学之后，也可以进行“提升性训练”。在六年级下册第二单元的“写作品梗概”训练之后，还可安排“为作品设计海报”“为作品写书评”“为作品写剧本”等训练，让学生继续以熟悉的作品为“母本”，对接学生曾经的习作经历和经验，尝试文体转换，来进一步“深化”和“活化”本单元的写作知识学习，为单元教材增加“附加值”。

在“单元习作微训练”系统中，习作指导不能缺失，但也不能过高地评估习作指导的作用。只有质的“指导”，没有量的“训练”，学生熟练的写作技能和较高的写作素养是很难形成的。习作训练只有真实落“地”，细化到“点”，精准到“位”，步步夯实，训练的成效才会显而易见。

三、“单元习作微训练”的操作策略

“单元习作微训练”能够促进教师整体地解读单元的“言语密码”，引导他们“用好”教材；帮助教师获得单元的“操作指南”，引导他们“用足”教材；弥补学生单元读写的“技能短板”，引导他们“用实”教材。

1. 精读课文：寻找最对位的读写“结合点”

“读写结合”是语文教学的基本规律，也是阅读教学的常规样态。基于统编小学语文教材的“单元习作微训练”，对单元课文中的读写“结合点”选择，需要契合单元习作要素的意思，力求让读写“结合点”与单元习作要素最大可能地对位。

有些单元读写要素相对匹配，譬如六年级上册第一单元，“阅读时能从所读的内容想开去”“习作时发挥想象，把重点部分写得详细一些”。读写要素都有“想象”，本身就比较对位，对单元习作要素的知识化开发就相对容易。在单元阅读教学中，可以按照“想象”的单元内核，设计精准的读写结合训练点——结合《草原》中“迎客”的场景描写，联系生活进行想象：多年未见的外地亲人或朋友要来南京做客了，请设计一个有丰富画面的欢迎的场景。结合《丁香结》最后一段由“丁香结”引发人生思考的写法，选择一种熟悉并喜欢的事物展开想象：它对你的生活有什么启发？由这两种不同的“想象”视角来进行铺垫，对于习作《变形记》中的“想象”，就会变得容易和简单一些。

有些单元读写要素并不协调，譬如四年级下册第六单元：阅读——“学习怎样把握长文章的主要内容”，习作——“按一定顺序把事情的过程写清楚”。这就需要用教学智慧，在阅读和写作之间架设一个自然的衔接通道。长文章是由几个故事组成的，要把握“长文章”，就需要抓住“重点故事”的主要内容。在《小英雄雨来》中，重点故事就是“雨来救李大叔”。如何“把握”这部分内容？不妨用习作《我学会________》中“写前想一想”来进行导读（见图）。在训练过程中会逐渐发现“曲折性叙事”就是本单元最佳的读写“结合点”。长文章因为“曲折”才会长，学做某件事因为“曲折”才具体。写作有时真的可以促进学生的阅读，提高他们的阅读质量，提升他们的阅读效率。

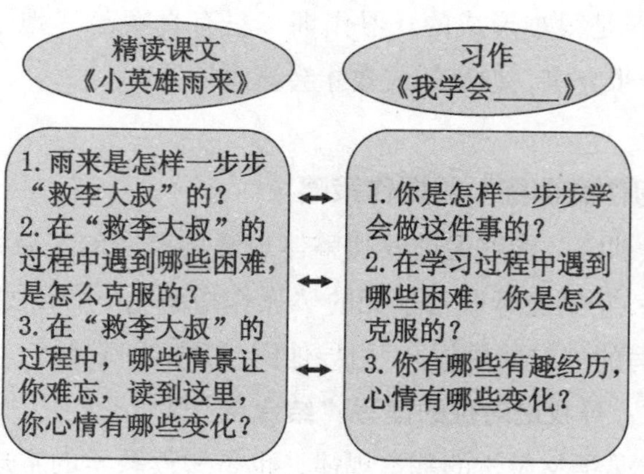

用“微写作”撬动单元的精读课文，用“微写作”铺垫的单元“习作”，学生的阅读学习与写作学习在此相遇，在此交会，在此融通。

2. 习作教学：锁定最缺位的技能“薄弱点”

写作是一种言语技能。学生在习作过程中，面对一个具体语篇的习作任务，并不是“从‘无’到‘有’的过程，而是一个从‘少’到‘多’，从‘不太好’到‘较好’，从‘不完善’到‘相对完善’的写作学习过程”[5]。对于语文教师，最稀缺的习作教学技能就是能敏锐而准确地捕捉班级集体性的“少”“不太好”“不完善”的技能“薄弱点”，生成教学的“重心”。好的习作教材总能锁定学生在此学段的比较普遍的技能“薄弱点”，以单元习作要素的形式预设在教材之中，使之成为本单元习作教学的“内核”。

首先，明确“薄弱点”。学生的“薄弱点”在正常情况下对应着单元习作要素，这正是教材的价值所在。确定“薄弱点”与三个要素有关，以五年级下册第五单元为例：一是单元习作要素，也就是本单元习作教学的理想诉求，也是任务语篇需要实现和成全的终极“样貌”。五年级下册习作 7 的单元习作要素是“收集资料，介绍一个地方”。二是单元“习作”板块的教学要求（提示），这是将单元习作要素具体化，为落实单元要素提供具体翔实的教学路径。五年级下册习作 7 的《中国的世界文化遗产》，教材为本次习作教学提供了“搜集资料—整理资料—撰写”的具体步骤与相关操作细节。三是班级基本学情，通过访谈、问卷及教师的教学经验，准确把握班级大多数学生在本次习作中会遇到的言语困境。在五年级下册习作 7 中，“整理资料”对五年级学生而言，应该是最难的一个环节。将这三个要素综合起来看，“整理资料”是完成本次语篇习作任务的关键所在，因为“整理资料”的经历就是选材与构思的过程，突破这个难点，本篇习作就会水到渠成。

其次，化解“薄弱点”。突破基于学情的“薄弱点”，需要扎根当下学生的言语结构，找到优化和改善的关键“变量”，也就是我们常说的开发“精准写作知识”，或者是设置“言语支架”。譬如五年级下册习作 7 中的“整理资料”，如果将其言语操作化、言语结构化，成为具体清楚的文字表达，这就需要生产出下位有针对性的写作知识或言语支架来。结合本单元“交流平台”中呈现的“景物独特魅力”的描写知识，形成了介绍“中国的世界文化遗产”的言语支架（见图）。在这样的支架引领下，学生能够精准地筛选资料，剔除资料，罗列资料，形成一个逻辑清晰的资料链条。按照这样的思维支架，有机链接相关资料，“中国的世界文化遗产”的介绍，基本就达到了内容具体清楚的标准。

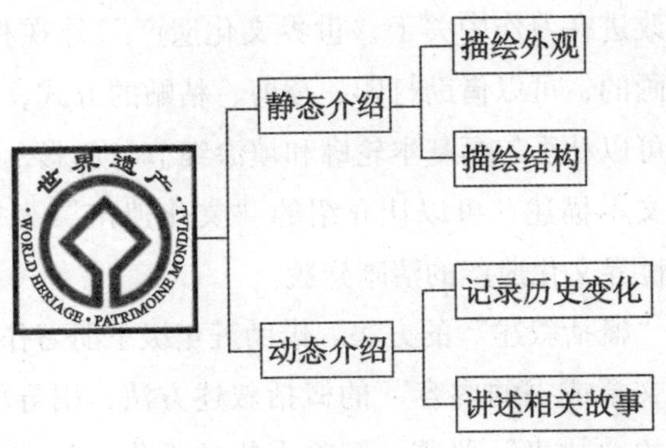

最后，关联“薄弱点”。一篇习作是一个完整的语篇，学生的言语“薄弱点”只是涉及其中的关键段落。所以，一次完整的“习作”板块的教学，需要经历“面向全篇—指向段落—回归全篇”的过程。教学的开端从整篇入手，教师引导学生搜集和选择最适合的习作素材，随之基于学情，确定学生在整篇习作中暴露出来的“薄弱点”，将指导“重心”落在体现本单元习作要素的重点段落上来。当本次习作“薄弱点”的言语障碍被突破之后，还应当回归全篇——还原和填充“局部”的上下左右应有的言语内容，让“局部”前有铺垫与交代，读者阅读不觉唐突；后有延续与补充，保证语篇叙述完整。

“习作”板块教学的最“硬核”环节，是指向“靶心”的重点段落微训练。一堂习作课应当直指学生的一个“薄弱点”，力求教针对，教深入，教透彻，这样，习作课才能上成学生最迫切需要的写作难题化解课。

3. 作后讲评：开掘更下位的言语“模糊点”

“作后讲评”其实质不在于“讲评”，只是将“讲评”作为基础学情，针对学生在习作中的真实言语表现，进行更加微观和精准的习作训练。相对于聚焦“靶心”的习作板块教学，“作后讲评”发生在学生完成语篇习作任务之后。这是针对学生在习作中无意显现出来的“非典型”的言语模糊现象，教师有意识进行的课程开发与习作技能训练。譬如，在五年级下册习作7《中国的世界文化遗产》的介绍中，学生在“描绘结构”和“讲述相关故事”的段落中，出现了言语“模糊”的现象，学生以为自己讲清楚了，可对读者而言，并没有形成鲜明的印象。笔者认为，可从以下两方面进行突破：

一方面导入“图文穿插”的描述方法。以略读课文《不可思议的金字塔》为习作示例，让学生感受图画与文字相遇所产生的图文并茂、相得益彰的表达效果。就此引导学生改进在习作中关于“世界文化遗产”外观和结构的介绍方法：如果有现成清晰图画的，可以借助打印、裁剪、粘贴的方式，插入文字旁边；如果没有现成图画，可以动手勾画基本轮廓和填涂细节与色彩，在此基础上进行文字描述。非连续性文本描述，可以让介绍的“文化遗产”变得直观鲜活，让读者身临其境地了解世界文化遗产的清晰样貌。

另一方面引入“概括叙述”的方法。借助五年级下册习作2《写读后感》中的“简单介绍一下文章或书的内容”的概括叙述方法，引导学生修改习作中与世界文化遗产相关的“故事”段落，删除人物的动作、神态、语言以及环境等细节描写，只保留故事的主干。其实这是对五年级上册习作3《缩写故事》的加强版训练。在“补偿性训练”中，让学生明白：在向别人介绍一种事物的过程中，即便有故事叙述，也要力求简洁明了，以免干扰读者对主体事物的认知与把握。

在习作讲评环节，敏锐而及时地实施“补偿性”微训练，其目的就是让单元习作要素根植于学生的语言实践，改善和优化习作个体的言语结构。与此同时，也加强了前后习作教学的关联，使得同类习作知识前后打通，循环调用。学生的习作技能不断增值与叠加，写作素养随之悄然生发。

4. 拓展提升：开辟有品位的潜力“增长点”

“提升性训练”的存在基础有二：一是将“语文园地”中的习作资源有序地纳入单元习作训练链中；二是围绕单元习作要素，设计高品质的“变式”训练，以促进单元要素的素养转化。正因为“提升性训练”的存在，可以在不增加学生学业负担的前提下，尽最大可能地将其写作学习的潜力激发出来，多频次地促进他们的“语力”增长。继续以五年级下册第七单元“语文园地”中的“下面的句子分别写出了景物的动、静之美，选择一个情景，照样子写一写”为例，具体探讨基于单元习作要素的提升性“微习作训练”设计。

读写要素对接。本单元阅读训练的要素是“动静结合写景”，习作训练要素为“搜集资料，介绍一个地方”。教学中，可以将原本教材上的“火车进站之后”的情景习作训练转换成“搜集春节前火车站候车大厅的视频或图片，从静态（候车）和动态（检票上车）两个方面描述当时的情景”，通过这样的巧妙“对接”，阅读要素与习作要素形成交会，就此打通。

语境功能切换。“语文园地”提供的练笔是基于“动静结合”的情景仿写，如果从“语境”角度看，就是一次文学性描绘，让读者欣赏与感受美好。而单元习作要素的“语境”功能是“介绍”，目的是让更多的人了解和知晓。提升性训练可以这样设计：请你当小记者，为“春节前的火车站候车大厅”写一篇新闻报道。从文学性“描绘”到实用性“介绍”，读写要素在此联合发力，创生出一次有目的、有品位、有动力的习作训练。

在单元整体的教学中，如果习作训练过于零散，即便训练频率较之以往在数量上有所增加，但学生的言语表达水平依然不会改观。“提升性训练”的设计，避免了习作训练的碎片化，让单元读写资源形成合力，让单元习作训练成为一个层次分明的系统的课程结构。

参考文献

［1］黄伟. 阅读教学中的语文知识提取、激活与内化［J］. 中学语文教学，2018（4）：8-12.

［2］［4］［5］邓彤. 微型化写作教学研究［M］. 上海：上海教育出版社，2018（9）：166，26，24，23.

［3］陈先云. 课程观引领下统编小学语文教科书能力体系的构建［J］. 课程·教材·教法，2019（3）：78-87.

（本文选自《语文教学通讯》C刊2020年6期）

附录 6

中小学教育类期刊名录

核心期刊名录

中文核心期刊由北京大学图书馆联合众多学术界权威专家鉴定，目前受到了学术界的广泛认同。下面是 2020 版中与中小学教研有关的教育类核心期刊目录。

一、综合类

《课程·教材·教法》、《教育研究与实验》、《教育科学研究》、《外国中小学教育》（改名为《比较教育学报》）、《上海教育科研》、《基础教育》、《中小学管理》、《天津师范大学》（基础教育版）、《中国考试》、《人民教育》

二、学科类

（一）政治

《思想政治课教学》、《中学政治教学参考》（高中教学）

（二）语文

《中学语文教学》、《语文建设》

（三）外语

《中小学英语教学与研究》、《中小学外语教学》（中学篇）

（四）历史

《历史教学》

（五）地理

《中学地理教学参考》

（六）数学

《数学教育学报》、《数学通报》

（七）物理

《物理教师》、《物理教学》

（八）化学

《化学教育》（中英文）、《化学教学》

（九）生物

《中学生物教学》（上半月、下半月）

其他期刊名录

一、综合类

（一）教育

《北京教育》、《上海教育》、《天津教育》、《江苏教育》、《广东教育》、《福建教育》、《四川教育》、《湖北教育》、《湖南教育》、《河南教育》、《广西教育》、《黑龙江教育》、《辽宁教育》、《吉林教育》、《河北教育》、《内蒙古教育》、《山西教育》、《陕西教育》、《江西教育》、《云南教育》

《今日教育》、《当代教育》、《新教育》、《当代教育与文化》、《现代中小学教育》、《当代教育理论与实践》、《教育参考》、《教育探索》、《教育观察》、《教育视界》、《中国校外教育》、《教育导刊》

（二）教研

《基础教育研究》、《基础教育论坛》、《基础教育参考》、《中学教研》、《中小学教学研究》、《中小学教材教学》、《中学课程资源》、《教育与考试》、《教学考试》、《考试与评价》、《考试研究》、《试题与研究教学论坛》

《教学与管理》、《现代教学》、《教学月刊》、《中小学教师培训》、《广东第二课堂》、《中小学课堂教学研究》、《中学课程辅导》、《中学教学参考》、《小学教学参考》、《小学教学》、《小学教学研究》、《小学教学设计》

《山东教育科研》、《江苏教育研究》、《上海课程教学研究》、《安徽教育科研》、《甘肃教育研究》

二、学科类

（一）德育与思政

《中国德育》、《中小学德育》、《思想政治教育研究》、《中学政史地》、《中学政治教学参考》

（二）语文

《语文教学通讯》、《语文学习》、《语文月刊》、《中学语文教学参考》、《语文教学之友》、《中学语文》、《语文教学与研究》、《小学语文教师》、《小学语文教学》、《语文世界》、《小学语文》、《七彩语文》（教师论坛）

（三）外语

《外语教学》、《英语学习》、《英语教师》、《中学生英语》、《基础外语教育》、《外语教育研究》、《山东外语教学》、《双语教育研究》

（四）历史

《中学政史地》、《中学历史教学》、《中学历史教学参考》

（五）地理

《地理教学》、《中学政史地》

（六）数学

《数学通讯》、《高中数理化》、《中学数学教学参考》、《中国数学教育》、《数学学习与研究》、《数理化学习》、《中学数学研究》、《数学教学》、《上海数学教学》、《小学数学教师》、《小学数学教育》、《中学数学杂志》、《中学数学月刊》、《高中数学教与学》、《初中数学教与学》、《福建中学数学》、《数学教学通讯》

（七）物理

《高中数理化》、《物理学报》、《中学物理教学参考》、《中国物理》、《物理》、《数理化学习》、《物理通报》、《物理化学学报》、《物理教师》、《物理之友》

（八）化学

《高中数理化》、《化学通报》（中英文版）、《化学世界》、《数理化学习》、《化学研究》、《化学研究与应用》、《物理化学学报》、《中学化学教学参考》

（九）生物

《生物学教学》、《中学生物教学》

（十）其他

《中小学音乐教育》、《青少年法治教育》

附录 7

办有品位的教研期刊

裴海安

从 2001 年到 2018 年，我主编《语文教学通讯》（小学刊，曾用名《中国小学语文教学论坛》）已满十八年了。十八年来，我的心中始终有一个强烈的愿望，那就是要办一份真正有品位的教研期刊。现在看来，我的这个愿望已经变成现实。

权威部门的评价为此提供了很好的佐证。近期由中国人民大学社会科学学术成果评价研究中心与中国人民大学书报资料中心联合研制的重大学术评价成果《复印报刊资料（2017）转载指数排名》已经发布。《语文教学通讯》继 2014 年、2015 年、2016 年之后，再次荣登“基础教育教学类期刊”（专业性期刊）综合指数排名榜榜首。“基础教育教学类期刊综合指数排名”的研制依据是人大复印报刊资料旗下的十二种基础教育教学类期刊 2017 年全文转载的论文数据。其中，专业性期刊涵盖了语文、数学、英语、物理、化学、生物、政治、历史、地理等多个学科。《语文教学通讯》因“转载数”最多、“综合指数”最高，再次摘得“专业性期刊综合指数排名第一名”的桂冠。据悉，已经连续发布了十八年的这项研究报告，一直受到全国学术期刊界、教学科研机构和广大人文社会科学工作者的高度关注和广泛重视，人大复印报刊资料的转载率（量），被学术界和期刊界视为人文社科领域客观公正、影响广泛的学术评价标准之一。《语文教学通讯》连续四年荣登人大复印报刊资料“基础教育教学类期刊”（专业性期刊）综合指数排名榜榜首，这是对《语文教学通讯》坚守学术品位、注重编辑质量、科学编辑策划、优化专业服务的最高褒奖，更是对《语文教学通讯》编辑团队的巨大鼓舞和极大鞭策。具体到《语文教学通讯》（小学刊），近几年来在中国人民大学复印报刊资料《小学语文教与学》的全文转载量排名中一直保持第一名。比如在 2016 年度和 2017 年度，中国人民大学复印报刊资料《小学语文教与学》共转载论文分别是 201 篇、192 篇，《语文教学通讯》（小学刊）分别被转载 22 篇、17 篇，分别占总量的 10.9%、8.85%，两年转载率（量）排名均为第一名。

也许有人并不了解《语文教学通讯》，它创刊于 1978 年，伴随着我国改革开放的步伐，一步步发展壮大为全国性语文专业品牌期刊。起初，《语文教学通讯》每月只有一期，面向中学语文教师；后来，每月变成两期，分别面向高中语文教师和初中语文教师；进入新世纪以后，每月变成了三期，读者扩大到小学语文教师；近几年，每月变成了四期，读者进一步扩大到高校研究语文教育教学的师生。由于《语文教学通讯》一直坚持学术品位，它被国家新闻出版广电总局认定为学术期刊。它还是中国教育学会中学语文教学专业委员会会刊，曾是中国教育学会小学语文教学专业委员会会刊，它是中国期刊方阵双效期刊、全国优秀语文期刊，多次入选全国中文核心期刊。2011 年，在国家新闻出版总署的出版产品质量检测中心、国家教育部的语言文字应用管理司等部门主办的“全国语文类报刊优秀编校质量评比”活动中，它以过硬的编校质量和雄厚的学术实力获得了本次评比最高奖。

如果有人要问，怎样才能办出有品位的教研期刊？我有几点体会，愿意和大家分享：

一、为了读者：坚持问题导向，问道名师专家

《语文教学通讯》（小学刊）的服务对象是全国小学语文教师。想小学语文教师之所想，急小学语文教师之所急，为小学语文教师释疑解惑，帮小学语文教师解决问题，是《语文教学通讯》（小学刊）义不容辞的责任和义务。基于这样的考量，我们将“坚持问题导向、问道名师专家”作为办好这份期刊的原则和策略。

每个时代都有每个时代的问题。作为语文教研学术期刊，我们始终坚持问题导向，把发现问题、分析问题、解决问题作为编辑工作的出发点和落脚点。在实际工作中，我们是怎么做的呢？坚持问题导向，一要抓事关小学语文教育全局的关键问题。比如，当《义务教育语文课程标准（2011 年版）》的实验稿和修订稿颁布后，我们及时组织相关专家、学者撰写文章，结合小学语文的教学实际，进行比较系统的辅导讲解，取得了非常好的效果。坚持问题导向，二要抓制约小学语文教育发展的重点问题。比如，小学语文教学中长期存在的文体意识比较淡漠、教学目标不够清晰、教学内容模棱两可等问题，严重制约着语文教学的效果，为此，我们组织了大量反思语文教学“教什么”的文章和专题研讨活动，从理论和实践两个层面进行探索和实验，以促进语文课程的科学化研究和专业化

重构。比如，我们分别刊登过“诗歌教学教什么”“童话教学教什么”“寓言教学教什么”“散文教学教什么”“文言文教学教什么”“说明文教学教什么”“说理文教学教什么”等系列研讨文章，聚焦语文教学的疑难问题，联合名师团队合力攻关。再比如，当修订后的《义务教育语文课程标准（2011 年版）》提出：要求小学高年级学生“阅读简单的非连续性文本，能从图文等组合材料中找出有价值的信息”后，针对广大小学语文教师感到茫然无助的情况，我们联合南京“攀·灯”名师工作室团队率先举办了“非连续文本阅读教学研讨活动”，并将研究文章和精彩课例及时发表出来，为全国小学语文教师落实课标要求、改进阅读教学，提供了有益的经验。坚持问题导向，三要抓广大小学语文教师反映的突出问题。比如：怎样提高语文教师钻研和运用教材的能力，怎样提高语文教师设计和组织教学活动的能力？怎样提高语文教师开展专项研究的能力？怎样提高语文教师撰写论文的能力？怎样提高语文教师开发课程资源的能力？等等。这些在语文教师的专业成长过程中必然会遇到的突出问题，需要我们这些语文教学的专业性杂志帮助解决。

那么，寻找什么样的作者，才能很好地帮助小学语文教师解决这些棘手的现实问题呢？经过反复讨论，我们认为，应该寻找这样的专家作者：既能把小学语文课上好，又能把语文教研课题做好，而且在全国中小学还有比较大的影响力。我们的理由是：这样的作者可以用自己成功的课堂实践现身说法，可以用自己的科研经验指导读者，可以用自己的成功故事去影响读者。我们最终邀请到全国著名特级教师余映潮老师为我们特别开设“问道”专栏，系统帮助小学语文教师解答日常教学教研中遇到的突出问题，从 2014 年 1 月开始到 2016 年 12 月结束，这个专栏坚持开设了三年，余老师为此撰写了三十篇文章。三年中，我们不断收到来自小学语文教师和小学语文教研员表示感谢和好评的短信和电话。有一次我到南京参加教研活动，碰到江苏当代教育家顾美云老师，她大加赞赏余映潮老师的这些文章，说这些文章对小学语文教师和教研员的帮助真是太大啦。

为让大家直观地了解这个栏目，现摘录三十篇文章目录如下：

1. 教材研究的“横向联系”法
2. 谈语文教师的“课文细读”
3. 什么样的课是好课
4. 教材处理的技巧

5. 养成提炼教学资源的习惯
6. 苦练教学设计的本领
7. 设计形式丰富的课堂实践活动
8. 板块式思路与主问题设计
9. 崇尚语文教学技艺
10. 做智慧的语文教师
11. 学会利用教材
12. 变教为学，综合训练
13. 深化对“语言学用”教学的研究
14. 注重学生的基本技能训练
15. 下大力气研究文学作品的教学
16. 苦练文言诗文的教学本领
17. 落实课堂微型写作活动的设计
18. 细化对写作指导的研究
19. 练一点文章写作的功夫
20. 在“专项研究”中提升专业水平
21. 营造字词学习的美好天地
22. 创新记叙文的课堂阅读教学
23. 说明文的教学研究奥妙无穷
24. 说说小学现代诗歌的教学
25. 了解一点议论文教学的基本知识
26. 拓宽小学写作教学研究的思路
27. 教材资源活用与实用的8种方法
28. 开发“段”的读写训练新形式
29. 小说阅读教学要有审美的味道
30. 在读书看报中积累教学资料

这些文章，言简意赅，生动活泼，分享智慧，传授诀窍，条分缕析，娓娓道来。有的小学语文教师激动地说，阅读余老师的这些文章，如沐春风，如饮佳酿，心悦诚服，慧心顿悟。

除此之外，我们在组稿、选稿、用稿的过程中，特别留意那些关注小学语文教学过程和小学语文教师专业成长过程中出现的大小问题，给相关文章的好作者、相关话题的好文章留足版面。

总之，坚持问题导向，问道名师专家，是我们《语文教学通讯》（小学刊）强化读者意识、优化服务功能、提升期刊品位的一点体会。

二、作为编者：坚守学术精神，提升学术素养

这些年来，我还有一点体会，那就是：期刊编者对期刊品位起着相当重要的作用。有什么样的编者，就会有什么样的期刊。期刊编者的胸襟、眼界、学识、品行相当程度上决定了期刊的品位和高度。优秀的期刊离不开优秀的编者，而优秀的编者若想造就优秀期刊，必须坚守学术精神，提升学术素养。

有人说，一本学术期刊，尤其是重要的学术期刊通常是某个学科甚至某个门类学科的一面旗帜，它的刊文范式、刊文水平、刊文取向，会在很大程度上影响一个学科的发展方向，而这直接取决于编者的办刊理念和选稿标准。我的体会是要提倡学者型编者办学术期刊，学者型编者编辑一本学术期刊，可以说在某种程度上就占据了一个学科的高地，拥有了一定的学术话语权。在这种情况下，如何选题，如何组稿，如何选文，学者型编者就起着关键作用。在选稿阅稿的时候，编者会接触到各种不同内容、不同类型、不同方向的文章，品鉴一篇文章的首要标准是什么？什么样的文章好，好在哪里？什么样的文章差，差在何处？什么样的论题有价值？什么样的论题无意义？怎样判断文章的选题？如何认识文章的结构？怎样理解作者的行文逻辑？这些都考验着编者的学术素养，如果没有良好的知识结构、精深的学术造诣和高度敏锐的学术判断力，是无法对上述问题做出精准决断的，结果只能人云亦云，更不用说追踪学科前沿、把握学术发展方向了。

记得复旦大学陈思和教授说过，学术期刊既要甘为交流平台，更要引领学术潮流。而学术期刊要引导学术方向，主编就不能只坐在编辑部里审稿子。我认为陈教授讲得很有道理。这些年来的编辑经验一再证明了这句话的正确性和重要性。

我觉得，作为编者，先要“走下去”。我们要主动走出编辑部，进课堂，搞调研，摸实情，接地气，走近读者，贴近教学，在丰富鲜活的教学实践中提高自己、丰富自己，让自己真正成为小学语文教师的“知心人”和“贴心人”，让自己真正成为小学语文教学的“内行人”和“明白人”。给我印象最深的一件事，

是我连续参加南京市“攀·灯”名师工作室团队的十二场教研活动。从 2012 年开始，他们每个学期举办一次联合教研活动，每次的活动主题虽然都不同，但每次的活动质量却都很高。这个团队的领衔名师潘文彬、金立义、杨树亚、李响、刘荃、史春妍、胡红都是江苏省特级教师，七位名师各自都有一个工作室，每个学期他们都会围绕一个研究主题分进合击，联合攻关，六年来他们几乎研讨过小学语文教学的所有重要课题。我很庆幸能够参与其中，参与始终，每次参会我都能从与会的袁浩、李亮、芮琼等专家和七位领衔名师及其团队老师们的身上学到不少知识和本领。这些年来，我不知道自己去过多少学校，参加过多少活动，听过多少堂课，和多少小学语文教师面对面地交流过。起初听课的时候，心里非常紧张，总怕老师们课后安排我评课。那时候，自己纯粹是个门外汉，根本看不明白这节课到底好在哪里、差在哪里。如果遇到双方辩课，更是一头雾水，莫衷一是，往往觉得公说公有理，婆说婆有理，自己难以决断。后来，课听得多了，胆子慢慢大了，感觉自己对一线教师和一线教学越来越了解了。看他们的教学设计，听他们的说课辩课，观他们的课堂实录，读他们的教学反思，我慢慢地找到了感觉，什么样的稿件能用，什么样的稿件不能用，很快就能做出决断，并能说出比较可信的理由。俗话说得好，实践出真知，坚持“走下去”，既是编者获得真知的必由之路，也是编者坚守学术精神的必然选择。

作为编者，不仅要“走下去”，而且要“学上来”。学术期刊要求编者不断进取，刻苦学习，勇于探索学术难题，不断更新知识结构，提升期刊学术品位。为此，学术期刊的编者应该走专业化和学者化的道路。换句话说，学术期刊的编者要努力“学上来”，从而把握和引领学术研究的方向。近年来，我应各地教研部门和学校的邀请做了一些学术讲座，受到与会教师的好评和鼓励。高兴之余，我非常感谢这些部门和学校为我提供的思考、研究和交流的机会，“逼”着我在连续准备各种讲座的过程中不断提高自己的学术素养和研究能力。粗略统计，仅 2017 年我所做的讲座题目就超过十个，比如：关于写作教学的《核心素养与写作教学》《我国小学写作教研的新进展》《谈谈我国小学写作课程的重建》《全景观察我国小学写作教研》《写作教学的新探索新收获》，关于阅读教学的《我国小学阅读教学研究的新进展》《小学语文分类教学的新动态》，关于教师专业成长的《你也能成为卓越教师》《从“教的专家”到“学的专家”》《小学教师如何写稿发稿》等。每次准备讲座的过程，都是一次专题学习和研究的过程，需要查阅大量的文献资料，需要反复进行修改和完善，尽管准备的过程非常痛苦，但是讲座结束后听到老师们的赞许就感到非常欣慰。就在这一次次的自我挑战的过程中，我感到自己的学术素养也随之得到了提升，自己对小学语文教学的学术研究也更加理性和自觉。

三、高端作者：会聚小语论坛，引领小语教研

没有一流的作者群，就不可能办出一流的学术期刊。丰富优质的稿源是学术期刊发展的根本条件，它能使学术期刊的发展充满生机活力。四十年来，《语文教学通讯》非常注重发现、培养和团结一大批一流的作者。改革开放以来，我国中小学语文教学领域绝大多数杰出的语文名师都在《语文教学通讯》上发表过他们的文章。

我做过一个统计，从 2000 年 1 月到 2018 年 6 月，《语文教学通讯》（小学刊）向全国读者重点推介过的“封面人物”有两百多位。

这些“封面人物”中有一百多位是享誉全国的老中青三代小学语文名师。其中，有斯霞、袁瑢、霍懋征、李吉林、丁有宽、于永正、支玉恒、靳家彦、贾志敏、张化万等老一辈小学语文教育专家，有王崧舟、窦桂梅、孙双金、薛法根、李卫东、吉春亚、曹永鸣、方利民、薛瑞萍、张学伟、张敬义、张康桥、祝禧、严杏、武凤霞、张云鹰、潘文彬、刘红、周益民、王小毅、何夏寿、董耀红、王玲湘、金立义等中生代小学语文名师，有张祖庆、管建刚、吴勇、何捷、蒋军晶、虞大明、肖绍国、林春曹、朱萍、周婷、刘军、刘发建、钟传祎、郭学萍、高子阳、杨树亚、周雨明、孟纪军、罗才军、林乐珍、李斌、瞿涛、董琼、梁艳等新生代小学语文名师。

这些“封面人物”中有近五十位是各省市区的小学语文教研员。像周一贯、白金声、黄亢美、张立军、李家栋、张咏梅、刘晓军、黄国才、崔云宏、熊生贵、赵志祥、盛新凤、孙建锋、王文丽、吴琳、罗良建、肖俊宇、陈小平、张敬义、董晓宇、王爱华、马建民、谈永康、宋道晔、景洪春、张晨瑛、李庄、程慧萍、陈曦、史春妍、瞿涛、鱼利民等，这些小学语文教研员至今还活跃在全国各地的语文教研活动中。

这些“封面人物”中还有五十多位享誉全国的高级专家。有的是在基础教育界享有盛誉的高级专家，比如成尚荣、余文森、朱自强、张华、李政涛、吴永

军、肖川、方卫平、梅子涵等先生；有的是在语文教育研究方面颇有建树的高级专家，比如倪文锦、方智范、王荣生、朱作仁、田本娜、杨再隋、吴立岗、潘新和、李白坚、戴宝云、吴忠豪、汪潮、黄伟等先生；有的是在语文教学研究方面做出突出成绩的年轻专家，比如郑桂华、董蓓菲、欧阳芬、施茂枝、夏家发、周子房、荣维东、朱建军、李冲锋、李重、鲍道宏、童志斌、邓彤、胡根林、于龙、丁炜、叶丽新、叶黎明、魏小娜、陈隆升等教授。

这些“封面人物”和其他数以百计的专家、学者、优秀作者构成了《语文教学通讯》（小学刊）的“智库”，确保了《语文教学通讯》（小学刊）的学术品位。为了充分发挥这些“智库”的作用，我们开设小学语文教学高峰“论坛”，让他们对基层教研发挥权威引领的作用。

我们开设的高峰“论坛”主要包括六个栏目：卷首、人物、讲座、访谈、述评、论语。

“卷首”是每期必有的栏目。在每期杂志最醒目的位置，发表什么样的文章，发表什么人写的文章，十分重要。这些年来，我们坚持邀请在国内有影响力的语文教育专家和全国著名的特级教师撰写卷首短文，这些文章或引领教研方向，或针砭教研时弊，或褒奖教研新风，或述说教育思考，言简意赅，释疑解惑，发人深思，催人奋进。一百多位语文教育专家或语文名师，为本刊写过卷首。有的专家还写过卷首系列，比如华中师范大学教授杨再隋先生写的“语文教学思虑系列”:《面向大时代》《思想的高度》《文化的厚度》《情感的温度》，高屋建瓴，指点迷津，体现了本刊卷首“小文章大智慧”的特质。

“人物”是每期必设的栏目。一般用二三百字简要介绍“人物”的教研成果和各种荣誉，为小学语文教师树立了学习的标杆和榜样；精选一篇七八千字的学术文章，给小学语文教师讲述他们最新的研究成果；或者刊登“人物”非常精彩的课堂实录和专家点评，让小学语文教师通过文字感受名师的教学智慧和教学魅力。无论是理性思考，还是成功课例，对一线教师来说，都是一种指引、一种启迪、一种影响。

“讲座”也是我们的常设栏目。十八年来我们先后邀约近百位国内语文教学方面的顶尖专家、学者、名师为此栏目撰写稿件，与广大读者分享他们的最新智慧。条分缕析的剖析，高屋建瓴的解说，宏观开阔的视野，深邃透彻的分析，常常会“迷倒”无数的小学语文教研工作者。就拿最近我们邀请到的语文教育专家戴正兴先生来说，为了配合我们隆重纪念改革开放四十周年的活动，他专门撰写了两篇长文力作：《〈语文教学大纲〉的颁布实施拉开了语文课改的帷幕——（1978—1997）语文课改20年综述》《〈语文课程标准〉的颁行，开启语文课改新征程——（1998—2018）语文课改20年综述》，对改革开放四十年来我国语文教学的课程改革进行了很好的梳理和评述，是小学语文教师了解我国四十年来语文教育发展历史、展望未来语文教学改革的重要研究文献。

至于“访谈”，是另一种特别的“论坛”。它直面当前的教学动态和教研难题，请专家、学者、名师现身说法，开良方，献良策，指点迷津，引领方向。比如，针对小学写作教学存在的问题，结合小学写作教学取得的经验，围绕小学写作教学未来的走向等问题，我先后对十几位高校学者、中语名师、小语名师，进行了深度访谈。这些文章发表之后，得到了不少小学语文教师的点赞。

“述评”体现了本刊注重评论性的特色。这些年来，我们特意邀请一些有思想有见地的研究专家撰写述评文章，为广大小学语文教师的教改探索和教学研究提供理论支撑。比如，西南大学荣维东教授撰写的《20世纪上半叶我国作文课程内容考察》《新中国建国以来作文课程内容发展审议》等文章，从历史的维度对我国作文教学的课程内容进行了系统考察和客观评议，并呼唤建立我国科学有序、系统高效的中小学写作课程内容体系。类似这样的述评，本刊数不胜数。我们认为，只要常读这些有思想的好文章，小学语文教师的理论素养就一定能够得到提升。除了邀约高校专家外，我们非常注重从小学语文教研的“田间地头”寻找接地气的名师专家，比如全国著名特级教师、语文教育专家周一贯先生，从2007年开始，我们请周先生每年年末盘点年内发表在本刊的重要文章，并撰写一篇八九千字的“年度述评”，十一年来，从未间断，许多老读者告诉我们：“快到年底的时候，就盼着早些看到周先生的‘年度回眸’。”这已成为他们的阅读习惯。是啊，我们的编者又何尝不是呢？每年到了编辑第12期的时候，大家都会盼着早些读到周先生的年度述评。

“论语”是专为有思想、有创意的青年名师准备的栏目。许多新颖的想法、新锐的做法、新奇的实验、新异的主张，在这个栏目中都得以呈现和展示。这个栏目的存在，给看似严谨的学术期刊注入了灵动和灵气，给这个教研和学术平台带来了生机和活力，也为小学语文教师的教研增添了许多趣味和色彩。

站在新时代的起点上，我们怎样才能再接再厉，把《语文教学通讯》办得更有品位、更受欢迎呢？这是摆在我们面前的一份必答卷。我们要深入调查研究，坚持问题导向，坚守学术精神，团结优秀作者，丰富自身学养，按照出版规律，提升期刊品质。我们愿意在自己平凡的岗位上，继续勤奋努力，为我国的小学语文教育事业奉献自己的心血和汗水。

（本文选自《创造未来——纪念语文报社建社四十周年》，山西教育出版社 2018 年 8 月出版）

附录 8

答读者提出的九个问题

问题 1："封面人物"是《语文教学通讯》（小学刊）的固定栏目，从创刊到现在每期都会推出一位封面人物，特殊情况下还会同期推出四五位。许多语文教育工作者也以能成为封面人物而感到自豪和荣幸，请问什么样的人才有资格入选你们的封面人物，这些年来你们推出了多少位封面人物，他们发挥了什么作用？

裴海安：一直以来，我们在遴选封面人物时主要坚持以下两个标准：

一是在省（直辖市、自治区）内外有较大影响的小学语文名师，优先选择教研成果丰富、教学水平高超的特级教师。

二是在国内语文教育界、文学界较有影响的专家、学者、作家，优先选择国内重点师范院校中长期关注并研究小学语文教育教学的专家、学者。

据统计，从 2000 年第 1 期到 2020 年第 12 期，《语文教学通讯》（小学刊）向全国读者重点推介过的封面人物共 232 位。

这些封面人物中有一百多位是享誉全国的老中青小学语文名师。其中，有斯霞、袁瑢、霍懋征、李吉林、丁有宽、于永正、支玉恒、靳家彦、贾志敏、张化万等老一辈小学语文教育专家，有王崧舟、窦桂梅、孙双金、薛法根、李卫东、吉春亚、曹永鸣、方利民、薛瑞萍、张学伟、张敬义、张康桥、祝禧、赵志祥、严杏、武凤霞、张云鹰、潘文彬、刘红、周益民、王小毅、何夏寿、董耀红、王玲湘、金立义、罗树庚、张祖庆、管建刚、吴勇、何捷、蒋军晶、虞大明、肖绍国、林春曹、朱萍、周婷、刘军、刘发建、钟传祎、郭学萍、高子阳、杨树亚、周雨明、孟纪军、罗才军、林乐珍、李斌、瞿涛、董琼、梁艳、景洪春、曾扬明、李海容、唐婉、季科平、梁昌辉、周璐、曾海玲、叶燕芬、王林波、孙美蓉、刘荃、吴建英等新时代小学语文名师。

这些封面人物中有五十多位是各省市区的小学语文教研员。包括周一贯、白金声、黄亢美、张立军、李家栋、张咏梅、刘晓军、黄国才、崔云宏、熊生贵、赵志祥、盛新凤、孙建锋、王文丽、吴琳、罗良建、肖俊宇、陈小平、张敬义、董晓宇、王爱华、马建民、谈永康、宋道晔、景洪春、张晨瑛、李庄、程慧萍、陈曦、史春妍、瞿涛、鱼利民、曹爱卫、黄建军、唐静、汪燕宏等，这些小学语文教研员至今还活跃在全国各地的语文教研活动中。

这些封面人物中还有五十多位享誉全国的高级专家。有的是在基础教育界享有盛誉的高级专家，比如成尚荣、余文森、朱自强、张华、李政涛、吴永军、肖川、方卫平、梅子涵等先生；有的是在语文教育研究方面颇有建树的高级专家，比如倪文锦、方智范、王荣生、朱作仁、田本娜、杨再隋、吴立岗、潘新和、李白坚、戴宝云、吴忠豪、汪潮、黄伟等先生；有的是在语文教学研究方面做出突出成绩的中青年专家，比如郑桂华、董蓓菲、欧阳芬、施茂枝、夏家发、周子房、荣维东、朱建军、李冲锋、李重、鲍道宏、童志斌、邓彤、胡根林、于龙、丁炜、叶丽新、叶黎明、魏小娜、陈隆升、王宗海、孙世梅、桑志军、王从华、张心科、谭旭东、崔嵘等教授。

这些封面人物和其他数以百计的专家、学者、优秀作者构成了《语文教学通讯》（小学刊）的“智库”，确保了《语文教学通讯》（小学刊）的学术品位。为了充分发挥这些“智库”的作用，我们开设小学语文教学高峰“论坛”，让他们对基层教研发挥权威引领作用。

问题 2：“卷首”是《语文教学通讯》（小学刊）的固定栏目，为何要设置这个栏目，栏目对稿件有什么要求、由哪些人撰写，您印象最深的“卷首”作者是谁？

裴海安：“卷首”的确是本刊的固定栏目。从 2000 年创刊到现在，每期都有这个栏目。只不过栏目的名称一开始叫“本期首页”，后来改为“卷首语”，再后来为了保持全刊栏目名称均为两个字的特色，就干脆改成“卷首”。

对于期刊而言，卷首就是一期杂志的首篇文章。它的位置和作用是显而易见的。打个比方来说，“卷首”作者就是第一位出场亮相的“角儿”，这个“角儿”是否出彩，对整场戏关系重大。第一位出场的，要镇得住场子，稳得住观众，留得住票友。没有过硬的本领，谁也不敢、不能、不会第一个去“冒险”。同样，“卷首”在每期杂志最醒目的位置，发表什么样的文章，发表什么人写的文章，对这期杂志来说，关系也很重大。

其实，最难写的就是“卷首”文章。一要篇幅短小，千字为宜，言简文约；二要意蕴深厚，言之有物，言之成理；三要专业引领，指点迷津，指明方向。

“卷首”作者虽然地位、身份、学养、专业、能力、文风各异，但所写文章几乎篇篇精彩。这些年来，我们坚持邀请在国内有影响力的语文教育专家和全国著名特级教师撰写卷首短文，这些文章或引领教研方向、或针砭教研时弊、或褒奖教研新风、或述说教育思考，言简意赅，释疑解惑，发人深思，催人奋进。

从创刊到现在共有一百多位语文教育专家或语文名师为本刊写过“卷首”。其中有当代人民教育家于漪，有《语文报》创始人陶本一先生，有一批致力于语文教育研究的高校学者倪文锦、杨再隋、潘新和、王光龙、曹明海、肖川、李政涛、吴忠豪、朱自强等，有在全国享有盛誉的基础教育专家成尚荣、陆志平等，有在全国小语界声名远播的贾志敏、于永正、王有声、张光璎、陈树民、袁浩、沈大安、窦桂梅、王崧舟、孙双金、薛法根、潘文彬等特级教师，还有少量有思想、有文采、有经验的中青年优秀语文教育工作者。

在这么多作者中，给我留下最深印象的是华中师范大学教授杨再隋先生。

据统计，从 2001 年到 2020 年，杨教授共给本刊撰写了二十一篇“卷首”：

1.《走向内心》(2001. 6)

2.《呼唤个性》(2002. 10)

3.《时代呼唤名师》(2003. 7—8)

4.《亲历实践》(2003. 10)

5.《课如其人》(2009. 5)

6.《语文教学的理性回归》(2010. 2)

7.《读懂儿童》(2013. 4)

8.《重学岂能轻教》(2015. 3)

9.《倾听童心》(2016. 4)

10.《面向大时代》(2016. 11)

11.《思想的高度》(2016. 12)

12.《文化的厚度》(2017. 1)

13.《情感的温度》(2017. 2)

14.《面向新时代的语文教育》(2018. 1)

15.《呼唤课堂文化》(2018. 3)

16.《走近课堂文化》(2018. 4)

17.《亲近课堂文化》(2018. 5)

18.《让语文植根于心灵》(2019.1)

19.《让阅读融于生活》(2019.2)

20.《儿童语文　重在育人》(2020.4)

21.《作文是学生心灵的明镜》(2020.7—8)

这些“卷首”，高屋建瓴，指点迷津，文章虽小，智慧却大，令人百读不厌。

此外，成尚荣、潘新和等先生的“卷首”也给我留下了深刻的印象。这些学界翘楚的千字短文，使人茅塞顿开、醍醐灌顶、豁然开朗，让人常读常新。

问题 3：“访谈”是《语文教学通讯》(小学刊)的特色栏目。这个栏目最早开设于哪一年，为什么要开设这个栏目？发表“访谈”文章最多的又是哪一年，是出于什么样的考量？

裴海安：的确，“访谈”栏目是本刊的一个特色栏目，也是一个非常设栏目。这个栏目最早开设于 2005 年第 2 期，源自我们对当代教育家霍懋征老师的专访。2004 年 12 月 29 日上午，我和编辑杨伟，在华中师范大学杨再隋教授的引领下，专程到霍懋征老师家中采访。霍老师热情地接待了我们，回答了我们提出的几个问题，并给本刊题词“小语论坛，培育小语名师的摇篮”。中午，霍老师还坚持做东，在她家楼下的一个饭馆请杨教授和我们用餐。当晚，我非常激动，就在北京入住的宾馆一气呵成撰写了一篇“访谈”文章，题为《把爱献给教育的人——近访当代教育家霍懋征老师》，同期还配发了杨再隋教授撰写的长文《一代师表霍懋征》。此后，我们偶尔也选发一些“访谈”文章。比如，2011 年 9 期刊登徐州市教研员刘春对苏教版小学语文教材主编张庆先生的访谈《追寻小学语文教育的根》，2012 年 3 期刊登江苏师范大学教授魏本亚与徐州市教研员刘春对特级教师于永正先生的访谈《一生不变的追求：做学生喜欢的教师》，2014 年 1 期发表上海师范大学博士高晶对王荣生教授的访谈《阅读教学研究的新进展》等。

本刊发表“访谈”文章最多的是 2018 年，我们共发表了九篇系列访谈文章：

1.《“写真”还须“求善”“尚美”：“后作文时代”的追求》(访谈周一贯，2018.3)

2.《关于小学读与写的关系》(访谈汪潮，2018.4)

3.《儿童写作需要全程指导》(访谈何捷，2018.5)

4.《小学写作教学的序列和模式》(访谈施茂枝，2018.6)

5.《中小学写作教学内容标准》(访谈荣维东，2018.7—8)

6.《小学生作文中的“好词好句”》(访谈魏小娜，2018. 9)

7.《小学语文“读写教学”内容体系的探索和实践》(访谈张赛琴，2018. 10)

8.《让“教”看得见，让“写”摸得着》(访谈吴勇，2018. 11)

9.《关于小学生习作能力培养》(访谈张晨瑛，2018. 12)

其实，为期刊做“访谈”类栏目，是一件出力不讨好的事情。与开办“论坛”类栏目相比，它的难点在于选题难、选人难、对话难、成文难。“论坛”类栏目只需要研究作者的背景和特长，然后由合适的作者独立撰写稿件即可，而“访谈”类栏目不仅要研究作者，还要研究自己，思考谈话双方共同适合的访谈话题、对话节奏、成文要求等。有时候，期刊的常设栏目可以“守株待兔”，根本用不着主动约稿，而“访谈”类栏目却必须付出若干倍的心血，寻找访谈对象，谋划访谈话题，彼此反复沟通，最后形成文字。如果不下定决心，这样的栏目做上几期也会难以为继。

要做“访谈”栏目，首先面临的问题就是：谈什么？

《语文教学通讯》是一本面向语文教师的专业性学术期刊，四十多年来，它为广大语文教师提供了及时而周到的专业引领和实践支撑，一直是广大语文教师的好向导、好帮手、好朋友。尤其是在阅读教学领域，这些年发表了难以计数的优质教研文章，为全国中小学语文教学做出了重要贡献。但是，我们发现：和全国许多同类期刊一样，多年来我们在写作教学领域的教研成果反映得还不够充分，而写作教学是语文教学中非常重要的一个方面，理应得到充分重视。为此，我决定从“访谈”栏目开始，彻底改变这种状况。于是，我精心设计了本刊2018年的“访谈”计划，全年“访谈”话题全部为写作教学，旨在展示写作教研成果、引领写作教学研究、推进写作课堂改革。

明确了“谈什么”，接下来的问题就是“和谁谈”。

新世纪以来，我国关注中小学写作教学研究的高校学者和中小学语文名师越来越多。尤其是重点师范院校培养了一大批专攻语文学科的博士，为我国中小学写作教学的研究提供了高素质的人才。这些研究者，大多具有扎实的理论基础、丰富的教学实践、开阔的国际视野，他们的加盟把我国中小学写作教学的研究水平提高到了一个新的高度。我们欣喜地看到，每年都有很多具有学术价值的写作教学论著出版面世。专业人才的涌现，专业论著的出版，专业文章的发表，为我们开好写作教学的“访谈”栏目，提供了充足的访谈资源。从年初到现在，我先后向二十多位高校学者和中小学名师发出邀请，到目前为止，已经完成“访谈”的有十六位，其余几位由于种种原因需延后完成“访谈”。这十六位受访者中，有六位高校学者，他们是上海师范大学李白坚教授，西南大学荣维东教授和魏小娜教授，杭州外国语学院汪潮教授，集美大学施茂枝教授，上海师范大学丁炜副教授；有四位中学语文名师，他们是湖北特级教师余映潮老师，上海特级教师邓彤老师，江苏特级教师郭家海老师，广东特级教师王爱娣老师；还有六位小学语文名师，他们是浙江特级教师周一贯老师，江苏特级教师吴勇老师，福建语文名师何捷老师，广东特级教师钟传祎老师，江苏特级教师张赛琴老师，浙江特级教师张晨瑛老师。这些受访者，每一位都是我国中小学写作教学研究和实践的先行者。通过和他们对话，我在写作教学研究领域学到了很多东西。对我而言，“访谈”的全程也是我自己学习和提升的过程。

搞清楚“谈什么”“和谁谈”之后，就面临“怎么谈”的问题。

我选定的访谈嘉宾全部在外地，一种办法是请访谈嘉宾到太原来面谈，语文报社具备所有的拍摄条件，但是因此产生的费用将很大，这个办法不可取；一种办法是我去受邀嘉宾的当地进行访谈，这种办法费用也很大，也不可取；最后，我们还是利用现代科技手段进行远程交谈，完成访谈任务。为了高标准完成一次访谈，我们通过微信反复沟通，商量访谈的子话题、访谈的详略点、访谈的框架结构、访谈的语气风格等，待到最后成文，往往还要反复斟酌、仔细推敲，直到对话双方都很满意为止。记得与荣维东教授的访谈，先后修改过六次之多；与李白坚先生的访谈，前两次的访谈不尽如人意，我们又重新商量，进行了第三次。其余的访谈，也较少有一次性圆满完成的。

“访谈”栏目开设后，得到了广大读者的广泛好评。随后在《语文教学通讯》（小学刊）微信公众号和《中小学写作教学》微信公众号上陆续推送了部分文章，获得众多读者的喜爱和点赞。他们纷纷建言，希望能将这些“访谈”文章结集出版，以便他们查阅、学习、借鉴。有的名师工作室提出，要组织工作室全体成员，认真学习，转变观念，提升写作教研能力，加快写作教学改革，为此，我利用暑假休息的日子，精心编辑了《写作教学的秘妙——十六位名师教你上好写作课》书稿，并感谢广大读者的鼓励和建议，同时感谢在百忙之中接受“访谈”的十六位学者、名师。

当我把编写本书的想法向德高望重的倪文锦先生汇报后，得到了倪先生的热情肯定，并欣然答应为本书作序。本书已于 2019 年 10 月由华东师范大学出版社出版。

问题 4：好多同类杂志并没有开设“综述”栏目，《语文教学通讯》（小学刊）为什么多年坚持开设“综述”栏目，这个栏目的主要作者和作品有哪些？

裴海安：“综述”是指就某一时间内，作者针对某一专题，对大量原始研究论文中的数据、资料和主要观点进行归纳整理、分析提炼而写成的论文。综述属三次文献，专题性强，涉及范围较小，具有一定的深度和时间性，能反映出这一专题的历史背景、研究现状和发展趋势，具有较高的情报学价值。阅读综述，可在较短时间内了解该专题的最新研究动态，可以了解若干篇有关该专题的原始研究论文。国内外大多数学术期刊都辟有“综述”栏目。综述类文章，具有下面几个特点：

综合性。综述要纵横交错，既要进行纵向研究，反映当前课题的进展；又要进行横向比较，找出各自的共性与差异。只有如此，文章才会占有大量素材，经过综合分析、归纳整理、消化鉴别，使材料更精练、更明确、更有层次和更有逻辑，进而把握本专题发展规律和预测发展趋势。

评述性。是指比较专门、全面、深入、系统地论述某一方面的问题，对所综述的内容进行综合、分析、评价，反映作者的观点和见解，并与综述的内容构成整体。

先进性。综述要搜集最新资料，获取最新内容，将最新的学科信息和科研动向及时传递给读者。

综述类文章很难写。一篇综述的质量如何，很大程度上取决于作者对本专题相关的最新文献的掌握程度。如果没有做好文献检索和阅读工作，就去撰写综述，是不可能写出高水平综述的。正是由于这样，一般作者不愿意写综述类文章，一般杂志也不愿意开设“综述”栏目。

本刊起初的名称是《中国小学语文教学论坛》，既然是“论坛”就必须突出杂志的评论性、理论性、指导性，所以在设计杂志版块栏目时，我们很注重评论的特色。“综述”这个栏目就是其中之一，它较好地体现了本刊注重评论的特殊性。

这些年来，我们特意邀请一些有思想有见地的研究专家撰写述评文章，为广大小学语文教师的教改探索和教学研究提供理论支撑。比如，西南大学荣维东教授撰写的《20 世纪上半叶我国作文课程内容考察》《新中国建国以来作文课程内容发展审议》等文章，从历史的维度对我国的作文教学课程内容进行了系统考察和客观评议，并呼唤建立我国科学有序、系统高效的中小学写作课程内容体系。类似这样的述评本刊数不胜数。比如，江苏师范大学魏本亚教授与王相副教授合写的《小学语文教学目标的70年探索》（2019.12），扬州大学徐林祥教授和马磊副教授合写的《新中国小学语文教育70年：回顾与展望》（2019.9—10），丹阳师范学院缪旭芳教授写的《作文教学改革40年回眸与展望》（2018.9—10）等。只要常读这些有思想的好文章，小学语文教师的理论素养一定能够得到提升。

除了邀约高校专家、学者外，我们非常注意从小学语文教研的“田间地头”寻找接地气的名师、专家，比如全国著名特级教师、语文教育专家周一贯先生，从2007年开始，我们请周先生每年末盘点年内发表在本刊的重要文章，并撰写一篇八九千字的“年度述评”，十三年来，从未间断。许多老读者告诉我们，快到年底的时候，就盼着早些看到周先生的“年度回眸”，这已成为他们的阅读习惯。是啊，我们编者又何尝不是呢？每年到了编辑第12期的时候，大家都会盼着早些读到周先生的年末综述。

周一贯先生在为本刊创刊二十周年的纪念文章《读过写过二十载》中写道：

折服于《语文教学通讯》对《小语论坛》初衷的坚守，也敬佩于她融通百家的胸怀，也许正是因为这些才成就了她的龙虎际会、云汉苍黄。此处虽以高举小学语文教学研究为旗帜，但关爱、支持她的人群却来自中国语文界的四面八方，不仅有小学教师，还有中学语文教师、大学教授、语文专家、文化学者……可谓俊彦接踵，名师荟萃。即使在青年教师后生新秀的络绎中也不乏殊才。这就萌生了我的一个奢望：如果每年能将这满满的锦绣，综述成一篇报道，也许是不错的选择。于是2007年岁末，我斗胆试写了一篇《2007：〈小语论坛〉的风云聚会》，此文在主编裴海安同志的大力支持下，经责任编辑师国俊同志的审编面世。文章虽然写得并不好，但因深得大众所需而获得不少好评。由此一发不可收拾，从每期的认真读刊到年终的成文，遂成定局。《2008〈小语论坛〉8大热词，精彩“小语教坛”》《“论坛”风采——2009〈语文教学通讯〉年度述评》《2010：对〈通讯〉领航小语教改的年度报告》《2011，“论”在教改前沿的〈通讯〉》《2012，年终概观〈通讯〉的“话题”战略》《2013，话说〈通讯〉的新锐品格》《“学导”：2014〈通讯〉的年度记忆》《2015，“互联网+”时代擂响的小语鼓点》《2016，“十三五”元年语文课改新发展景观》《2017，〈语文教学通讯〉的“通新”之路》《2018，剑指“深度学习”的〈语文教学通讯〉》，到《2019“统编教材年”的〈通讯〉响应》。已发的十三篇评刊的文稿，综述的是刊物的一年风采，反映的是全国的课改风云，抒发的则是在下读刊学习的心得体会。在时间的长河里，十三年也许只是一瞬，但在个人的写作记录上要如此坚守，确实也配得上“真情不易”一词了。

除周一贯先生外，还有一位与周先生同龄的戴正兴先生也为本刊撰写了多篇高质量的综述性文章。比如，从 2014 年开始，他每年撰写一篇一万多字的关于全国小学语文教学研究方面的综述文章：

《新理念　新视角　新策略——2014 年小学语文教育研究动态述评》(2014. 12)

《理论导引　策略践行——2015 年〈语文教学通讯〉C 刊年终述评》(2015. 12)

《2016 年小学语文教学研究年度述评》(2016. 12)

《回望：2017 年语文教学研究的新特点、新进展》(2018. 1)

《迈进新时代　寻求新突破——2018 年语文教学研究年度述评》(2019. 1)

《殷鉴历史，展望未来——2019 年小学语文教学研究重点聚焦》(2020. 1)

这些年度述评与周先生的年度述评不同。周先生的年度述评是专门综述本刊发表的文章，戴先生的年度述评（除 2015 年外）涉及的是全国二十多家主流报刊上发表的相关文章。应该说，戴先生的综述视野更加开阔，周先生的综述焦点更加集中。两位先生一年一度的综述文章，已经成为《语文教学通讯》（小学刊）立足自身、观照全局的一道美丽风景。

在改革开放迎来四十周年的节点，戴先生又撰写了两篇万字长文，一篇综述 1978—1998 年改革开放前二十年的小学语文教研概况，一篇综述 1998—2018 年改革开放后二十年里全国小学语文教学研究的总体情况。这两篇文章，先后发表在本刊 2018 年第 3 期和第 4 期上，具体为：

《〈语文教学大纲〉的颁布实施拉开了语文课改的帷幕》(2018. 3)

《〈语文课程标准〉的颁行，开启语文课改新征程》(2018. 4)

这两篇文章，为广大小学语文教育工作者了解改革开放四十年来我国小学语文教学改革和发展，提供了前沿性、文献性的指导。

最后，我想强调的是，语文教师不仅要养成爱读综述性文章的习惯，还要学会撰写综述性文章。在撰写综述性文章的过程中，能提高站位、分清类别、找到规律、开阔视野、学会研究、学会表述。个人觉得，学写综述是快速提升专业水平的一条捷径。这就是周先生和戴先生两位前辈为我们教书治学提供的智慧启迪之一。

问题 5：《语文教学通讯》（小学刊）一直非常重视发表评课方面的文章，这是为什么？你们刊登过哪些评课类文章，它们对提升刊物的实用性有什么作用？

裴海安：进入新世纪以来，随着新课程的推进，人们越来越重视学校教育的主阵地“课堂”了。“聚焦课堂”“关注课堂”“决战课堂”“改变课堂”等提法不绝于耳。无论是教育研究者，还是教育实施者和教育管理者，逐渐达成一个共识：没有课堂教学行为的变革，就没有新课程的真正实现。课堂是检验课程改革成效的试金石。课堂教学行为的变革涉及课堂教学的五种常见的行为：备课、上课、说课、听课、评课。这五种课堂教学行为是老师们几乎天天都要做的“功课”。老师们要推进新课程，就必须转变自己的这五种课堂教学行为。正是基于这样的考量，本刊在“课堂”大板块里开设了“备课”“上课”“说课”“听课”“评课”五个栏目，及时发表老师们在课堂教学行为变革中的最新成果。其中，“备课”选发一些新颖、简约、有用的教学设计，“上课”选发一些有创意、有价值的课堂实录，“说课”邀请语文名师对各类教学内容进行示范性说课，“听课”选用一线教师的听课随想和听课札记，“评课”则是精选有观摩研究价值的课例进行客观、科学、专业的点评。此外，我们还开设“诊课”栏目，选取存在问题的课堂片段或课堂病象进行诊断，并给出治疗课堂病症的“良方”。其实，“诊课”也是“评课”的一种，只不过“诊课”除了对“课堂”的问题进行评析外，还要提出解决问题的办法，而一般性的“评课”不需要提出改进办法。

在小学语文教研活动中，听课、评课是最为普遍的形式，深入、细致、专业的评课，对于执教者和听课教师来说都会有很大的帮助，尤其是对于入职不久的年轻教师。听而不评，犹如学而不思、食而不化。但是，评什么，拿啥评，如何评，其中的学问非常大。对于教研员来说，听课、评课是必不可少的日常工作，也是搞好教研的看家本领。在经年累月的听课、评课中，丰富着成功经验，积累着失败教训，提高着业务水平。优秀的教研员非常善于撰写评课文章，他们乐于将自己听过的好课、评过的好课和广大同行分享。还有好多语文名师，他们经常上公开课、听公开课，有的还邀请专家、学者或名师同行评价自己的公开课，他们对公开课的观察和评价，对一线语文教师的专业发展也很有帮助。既然一线教师有强烈的阅读评课类文章的需求，又有充裕的作者资源和稿件资源，作为专门服务于小学语文教育工作者和小学语文教学的期刊，我们有什么理由不开设好“评课”栏目呢？

事实上，多年来我们非常重视评课类文章的选用。一般情况下，我们几乎每期都会安排一两篇关于评课的稿件。而在特殊情况下，我们还会编辑关于评课的专辑。至于评课类文章的分类，大致可以分为两类：一类是别人评名师的课；一类是名师评别人的课。

第一类：评名师的课。新世纪以来，随着新课程的推进，新课标的颁布，新教材的使用，新课堂的变革，小学语文名师像雨后春笋般涌现出来。一大批老中青小学语文名师活跃在全国各地大大小小、林林总总的小学语文教研活动平台上。这些不同年代、不同风格、不同样式的公开课，为参加活动的一线教师打开了眼界、树立了样板、提供了范式、引领了方向、变革了理念，起到了专家指路、名师领路、众师跟进、群起效仿的作用。当然，也不能否认，在个别名师的课上也出现了多多少少的“败笔”“瑕疵”。作为小学语文教师的“贴心朋友”，作为小学语文教学的“得力助手”，《语文教学通讯》（小学刊）有义务、有责任将全国各地小学语文教研活动中具有研究价值、借鉴意义的名师好课推介给广大一线教师，并让他们聆听到语文教育专家或资深小语名师对这些名师好课的评价观点。这些年来，我们在这方面做了大量工作，相继发表了几十篇评名师优课的文章。要目如下：

评于永正老师的阅读课《杨氏之子》（李兴举，2006.10）

评靳家彦老师的阅读课《陶罐与铁罐》（李碟兰，2004.1）

评贾志敏老师的阅读课《推敲》（肖培东，2018.9）

评支玉恒老师的阅读课《匆匆》（张光璎，2005.5）

评张化万老师的习作课《学写场景》（蒋军晶，2017.12）

评黄亢美老师的识字课《“人”字家族》（黄桂香，2015.10）

评窦桂梅老师的阅读课《朋友》（丁筱青等，2003.9）、《珍珠鸟》（史金霞，2007.3）

评王崧舟老师的阅读课《普罗米修斯》（林志芳，2010.7—8）、《湖心亭看雪》（林志芳，2018.6）、《爸爸的花儿落了》（林志芳，2019.2）、《城南旧事》（王小庆，2020.1），评禅意作文课《花开自在》（黄吉鸿，2018.10）

评孙双金老师的阅读课《幸福人的衬衣》（吴静，2011.7—8）、《敕勒歌》（杨书闻，2019.5）

评薛法根老师的阅读课《猴子种果树》（高林生，2013.10）、《九色鹿》（韦健，2014.12）

评盛新凤老师的阅读课《蒙娜丽莎之约》（居文进，2015.1）

评周益民老师的阅读课《一起寻找圣诞老人》（冷玉斌，2015.6）、《夸父逐日》（宋飞，2016.12）

评管建刚老师的指向写作课《水》（高子阳，2015.4），家常作文讲评课（樊小园，2015.4）

评吴勇老师的习作课《台标设计展评会》（倪潜梅，2015.7—8）、《我的动物朋友》（徐俊，2017.12）

评张祖庆老师的阅读课《穷人》（周一贯，2015.10），班级读书会《罗伯特的三次报复行动》（丁素芳，2017.11）

评李斌老师的习作课《请你支招》（王小毅，2015.7—8）、《囧事》（刘小波，2017.7—8）

评刘仁增老师的阅读课《巨人的花园》（黄国才，2011.7—8）

评张学伟老师的阅读课《蚌埠相争》（崔云宏，2015.7—8）

评罗树庚老师的习作课《撕纸悟人生》（王雷英，2011.12）

评何夏寿老师的童话习作课《新龟兔赛跑》（周一贯，2015.7—8），阅读课《古诗三首》（周一贯，2019.1）

评虞大明老师的阅读课《麦哨》（陈宝铝，2014.12）

评何捷老师的习作课《“难写”的作文怎么写》（刘仁增，2012.7—8）

评钟传祎老师的习作课《神奇的水母》（武宏钧，2017.5）

评肖绍国老师的诗画作文课《用文字画画》（周一贯，2016.11），阅读课《香菱学诗》（周一贯，2018.5）

评罗才军老师的习作课《“描绘一种痛”》（王存，2020.5）

评何莹娟老师的阅读课《伯牙绝弦》（梁桂珍，2018.3）

评汪燕宏老师的阅读课《月迹》（蔡红燕，2019.12）

评王自文老师的阅读课《古诗两首》（王崧舟，2010.10）

评吉春亚老师的阅读课《临死前的严监生》（熊生贵，2010. 7—8）

评季科平老师的共读交流会《窗边的小豆豆》（周一贯，2016.5）

第二类：名师评的课。评课不是一件简单的事，而是一件复杂的、专业的事。一线教师要学会评课，必须向专家和名师学习。一般来说，专家的理论水平比较高，视野开阔，思维深邃，相对超脱，对于一线教师在理论研究、理性思考、理论素养等方面的提升很有帮助。名师的实践能力比较高，经验丰富，很接地气，观察入微，针对性强，对于一线教师在实际操作、具体策略、细节优化等方面的提升很有帮助。下面为大家呈现两种不同的名师“评课”：

一是语文专家的评课。我从本刊近年来的“评课”栏目里为大家选录了十八位教授点评的二十多堂课的文章目录，供大家查阅。

倪文锦教授评深圳百仕达功能性写作教学（2020.1）

杨再隋教授评董琮老师的阅读课《只有一个地球》（2004.9）、评杜朝晖老师的阅读课《卖火柴的小女孩》（2016.9）、评季科平老师的阅读课《伯牙绝弦》（2018.11）

王尚文教授评彭峰老师的阅读课《宋庆龄故居的樟树》（2016.6）

陆志平先生评刘红老师的阅读课《滴水穿石的启示》（2012.5）

成尚荣先生评张祖庆老师的习作课《给地球新生儿的一封信》（2013.9）、评孙传文老师的阅读课《冬阳·童年·骆驼队》（2017.2）、评朱燕芬老师的阅读课《柳韵》（2017.6）

潘新和教授评孙双金老师的阅读课《开天辟地》（2018.1）

吴忠豪教授评罗才军老师的阅读课《文言文三则》（2017.9）

黄伟教授评宋运来老师的习作课《苍蝇和蚊子》（2017.10）

潘庆玉教授评彭才华老师的阅读课《陶罐和铁罐》（2016.1）

郑桂华教授评任为新教授的习作课《外貌描写》（2017.3）

汪潮教授评鲍海淞老师的习作课《一波三折来写事》（2017.2）

李政涛教授评陈秀娟老师的阅读课《渔歌子》（2017.6）

朱建军教授评钟传祎老师的习作课《某某的自述》（2015.6）

叶黎明教授评何捷老师的习作课《“情节！情节”故事创编》（2015.11）

丰向日教授评侯秉臣老师的阅读课《七颗钻石》（2015.3）、《新型玻璃》（2015.7—8）

林志芳教授评张幼琴老师的识字课《识字7》（2016.10）、阅读课《雪》（2019.10）

王宗海教授评潘文彬老师的阅读课《宋庆龄故居的樟树》（2017.6）

施茂枝教授评武凤霞老师的阅读课《月球之谜》（2010.11）

二是语文名师的评课。我从本刊近年来的“评课”栏目里为大家选录了四十位教授点评的五十多堂课的文章目录，供大家查阅。

周一贯老师评肖绍国老师的阅读课《冬阳·童年·骆驼队》（2010.9）、彭

才华的习作课《反复的力量》（2017.7—8）、洪永海的习作课打油诗《五官争功》（2019.3）

张光璎老师评何捷老师的习作课《我爱写童话》（2015.7—8）

于永正老师评钟静老师的阅读课《富饶的西沙群岛》（2007.3）、赵志祥老师的阅读课《一分钟》（2007.9）

支玉恒老师评安计芳老师的习作课《学写儿童诗》（2005.11）

张化万老师评葛永滕老师的习作课《杭白菊，我能为你做什么》（2006.12）

沈大安老师评肖绍国老师的阅读课《我的伯父鲁迅先生》（2005.10）、蒋军晶老师的阅读课《“凤辣子”初见林黛玉》（2010.2）

钱正权老师评薛法根老师的阅读课《和时间赛跑》（2011.5）、潘文彬老师的阅读课《钱学森》（2011.3）

王崧舟老师评张化万老师的习作课《我发现……》（2016.6）、邱俊老师的阅读课《腊八粥》（2017.10）、唐雪梅老师的阅读课《元日》（2019.11）

孙双金老师评陈跃红老师的阅读课《桂花雨》（2007.10）、崔兴君老师的阅读课《清平乐·村居》（2010.2）、景洪春老师的创意课《大的故事》（2018.11）

薛法根老师评王树华老师的阅读课《开天辟地》（2015.12）、钱娟老师的阅读课《姥姥的剪纸》（2017.1）、时守礼老师的阅读课《莫高窟》（2017.12）

潘文彬老师评陈旭兴老师的阅读课《总也倒不了的老屋》（2019.10）

管建刚老师评钟大海老师的阅读课《秦兵马俑》（2015.4）、倪建斌老师的习作课《〈这就是我〉作后指导》

商德远老师评苏静老师的阅读课《自然之道》（2010.12）

宋道晔老师评袁娜老师的习作课《抓住植物特点　表达内心情感》

孙建锋老师评李青霖老师的阅读课《天净沙·秋》（2015.12）

周益民老师评王树华老师的阅读课《将相和》（2016.11）

盛新凤老师评吴妮娜老师的阅读课《童年的水墨画》（2019.6）

钟传祎老师评杨春锋老师的习作课《学写介绍“世界遗产”导游词》（2017.1）

杨树亚老师评芮琼老师的阅读课《杨氏之子》（2015.5）

黄国才老师评张幼琴老师的阅读课《活化石》（2015.12）、刘冰老师的阅读课《冬阳·童年·骆驼队》（2016.3）

罗昆霞老师评陈德兵老师的阅读课《曹操借箭》（2018.5）

王小毅老师评宋可耕老师的阅读课《为人民服务》(2017.4)

罗良建老师评张赛琴老师的习作课《集体中秋节》(2014.11)、李海容老师的阅读课《群文阅读课》(2018.9)

刘荣华老师评曹爱卫老师的阅读课《咕咚》(2017.6)

崔志刚老师评于红花老师的习作课《品茶》(2018.5)、张淑英的阅读课《草房子》(2019.4)

何捷老师评曹爱卫老师的阅读课《我的幸运一天》(2015.10)

郭昶老师评邬贤波老师的习作课《漫画的启示》(2020.6)

陈曦老师评陈玮老师的综合活动课《校园活动我策划》(2020.6)

宋运来老师评季锋老师的习作课《谈公平》(2015.7—8)

丁雪飞老师评王蕾老师的阅读课《放飞蜻蜓》(2015.4)

朱瑛老师评石银红老师的习作课《苏教版四上习作6》(2016.10)

周雨明老师评顾晓梅老师的阅读课《观书有感》(2016.6)

曾扬明老师评许彦达老师的阅读课《一件运动衫》(2018.4)

汪燕宏老师评陈群老师的阅读课《扁鹊治病》(2018.6)、吴旭莹老师的阅读课《秋天的雨》(2018.10)

唐静老师评高扬老师的习作课《描绘一种痛》(2020.5)

李祖文老师评李斌老师的习作课《这片土地是神圣的》(2019.3)

喻德琴老师评杨富秀老师的阅读课《冬日·童年·骆驼队》(2019.3)

曹爱卫老师评李秀群老师的阅读课《我变成了一棵树》(2020.6)

除了上面零星散发在日常期刊中的评课类文章，我们还偶尔在专辑中集中刊发评课类文章。比如，2020 年 7—8 期本刊推出的《统编教材上册习作教学优课录评》专辑，就精选了五十多位活跃在全国各地的小学习作教学和教研方面的小语名师和语文专家联袂完成的优课录评，内容涵盖统编小学语文教材三至六年级上册全部单元习作的说课、上课和评课。下面是专辑目录摘要：

三年级上册习作优课录评

猜猜他是谁/李维勇　张晨瑛

写日记/宋非　刘红

我来编童话/钱菲　贾卉

续写故事/黄莺　何捷

我们眼中的缤纷世界/商德远　张锡科

这儿真美/刘晓蓓　王剑宜

我有一个想法/李斌　吴勇

那次玩得真高兴/李晓艳　周子房

四年级上册习作优课录评

推荐一个好地方/徐明珠　董琼

小小“动物园”/王林波　李斩棘

写观察日记/邢頔　王剑宜

我和________过一天/周碧艳　周步新

生活万花筒/熊茉莉　周子房

记一次游戏/沈明刚　喻德琴

写信/宋玲　孙美蓉

我的心儿怦怦跳/柯珂　何必钻

五年级上册习作优课录评

我的心爱之物/时珠平　潘文彬

“漫画”老师/吴勇　梁俊

缩写故事/林威　何捷

二十年后的家乡/王红燕　沈小玲

介绍一种事物/毛煦静　景洪春

我想对您说/王健　刘荃

________即景/罗树庚　项扬舫

推荐一本书/沈晓华　傅登顺

六年级上册习作优课录评

变形记/郭学萍　谢先军

多彩的活动/卞国湘　李吉银

________让生活更美好/王霞光　孙美蓉

笔尖流出的故事/俞捷　汪燕宏

围绕中心意思写/温涛　王林波

学写倡议书/周龙芬　谢永龙

我的拿手好戏/吴勇　彭峰

有你，真好/潘文彬　朱萍

总之，“评课”栏目是本刊“课堂”板块中的一个重要栏目、特色栏目、常设栏目，对于体现本刊的实用性、权威性、引领性，起到了不可替代的重要作用。

问题6：帮助青年教师专业成长是教育教学类刊物应尽的义务，作为面向小学语文教育工作者的《语文教学通讯》（小学刊）在助力小学语文青年教师快速成长方面做了哪些努力？请以一个栏目为例加以说明。

裴海安：从创刊之日起，我们就坚持这样的办刊目的：及时发布国内外小学语文教学的重要信息，全面反映我国小学语文教学改革的最新研究成果，传播先进的语文教育思想，展示丰富的语文教学方法，推介富有价值的新教材新成果，关注小学语文教学评价改革的新进展、新探索，为广大小学语文教师的专业提升提供必要的服务。无论是本刊起初设立板块栏目，如语文纵横谈、教改冲击波、教材面面观、教法自由谈、读写大视野、考试新干线、继续教育站、海外新动态、文苑阅览室、论坛服务网，还是后来本刊创新开设的各种板块栏目，其实都是紧紧围绕如何提升小学语文教师的专业素养和教学水平而开设的。在这些栏目中，有的栏目是间接服务于青年教师专业成长的，有的栏目是直接服务于青年教师专业成长的。其中，“问道”栏目就是直接为青年教师的专业发展而开设的。下面，我就以“问道”栏目为例谈谈本刊是如何为青年教师的专业发展做出努力的。

关于“问道”栏目，相信大家并不陌生。2015 年 10 月，北京卫视就创办了一个高端跨界访谈类节目，就叫“问道”；2015 年 12 月，河北电视台也创办了一个人文财经类节目，也叫“问道”；再后来，2018 年《人民日报》客户端，也创设了一个“问道”栏目。其实，新闻出版广电行业里叫“问道”的栏目还应该有不少。本刊的“问道”栏目开始于 2014 年 1 期，比上面几家媒体创办得都要早一些，而且本刊的“问道”自有本刊特别的内涵和特别的追求。

查一下词典，我们可以得知：“问道”有三个意思，一是请教道理、道术，二是问路，三是询问。本刊开设“问道”栏目，取其前两个含义。一是向名师专家请教为师之道，怎样成为一名合格的小学语文教师，进而怎样成为一名优秀的乃至卓越的小学语文名师；二是请名师专家支招，如何通过阅读系列指导文章，逐渐夯实语文教育专业基础，不断提高语文教学水平，走上一条自学自修的专业发展之路。教育教学类期刊无法替代教育研究部门对青年教师的培训，只能在力所能及的范围内提供可能的帮助。

事实上，要想开好“问道”这样的栏目非常不容易。从遴选作者来说，能写好一篇关于名师成长经验的作者很多，但是，写来写去就会重复，读者失去阅读兴趣。光讲成功经验、光讲名师故事不行，还得讲为师之道；光讲成功课例、光讲成功技巧不行，还得讲教学之道。这就要求“问道”的作者，最好是“顶天立地”的名师、专家，既要“顶天”（上接教育理论和政策法规等），又要“立地”（下接教学一线实际）。经过一段时间的选择，我们发现余映潮老师是“问道”栏目的最佳作者人选。从设计话题来说，“问道”栏目的稿件，不能东一榔头，西一棒槌，需要总体设计一个系列，余映潮老师先设计了一年写稿计划，每年十篇，从语文教材、语文课堂、语文教学、语文教师等几个方面设计话题，很受读者喜爱。接着，又按照每年十个话题的规划做了两年。

从 2014 年 1 月开始到 2016 年 12 月结束，这个专栏坚持开设了三年，余老师为此撰写了三十篇文章。三年中，我们不断收到来自小学语文教师和小学语文教研员表示感谢和好评的短信和电话。有一次我到南京参加教研活动，碰到江苏当代教育家顾美云老师，她大加赞赏余映潮老师的这些文章，说这些文章对小学语文教师和教研员的帮助真是太大啦。

在广大小学语文教师专业发展的道路上，我们一直在默默相伴，我们一直在悄悄努力。

问题 7：我们注意到《语文教学通讯》（小学刊）发表了不少有关域外语文教育的文章，你们为什么要长期坚持发表这样的文章？

裴海安：这个问题提得很好。我从 2001 年接手这本刊物后，就比较重视选发一些介绍域外语文教学方面的文章或者对中外语文教育进行比较的文章。据不完全统计，2002 年 1 月至 2020 年 6 月，本刊共发表了近九十篇研究域外语文教育教学的文章。尤其是 2016 年之后，几乎每期都有一篇这样的文章面世。具体篇目请大家参阅下面的附录：《语文教学通讯》（小学刊）发表的域外语文教育研究文章总览。

那么，我们为什么要长期坚持发表有关域外语文教育研究的文章呢？如果用一句话来回答这个问题，那就是为了让广大小学语文教育工作者开阔视野、增长见识、放大格局、提高专业素养、强化教学能力，最终走向成功。

俗话说得好，高度决定视野，视野决定格局，格局决定结局。这句话用在刊物策划和教师修养上都很妥帖。对于刊物来说，价值取向、栏目设置、作者选择、文稿要求、出版效应等，都和这句话息息相关。对于教师来说，职业规划、目标设定、实施路径、最终结果等，也和这句话不无关系。

先说，高度决定视野。

无论是王之涣的"欲穷千里目，更上一层楼"，还是王安石的"不畏浮云遮望眼，只缘身在最高层"，讲的都是"站得高才能望得远"的道理。为了让广大小学语文教育工作者也能够"站得高""看得远"，我们重点邀请在国外语文教育研究和海外华语教育研究方面成果丰硕的高校学者撰写此类文章，请他们站在教育理论和比较研究的学理高度，客观地介绍海外语文教育教学的实际情况，科学评析海外语文教育教学的成败得失。这样，不知不觉中，读者便具有了小学语文教育教学的全球观、国际观、大局观。从物理世界看，教师关注小学语文教育教学的视野便由小到大、由窄到宽、由低到高了，许多一线老师的专业视野不再囿于当地和国内的小语教研，而是把目光逐渐扫向海外、国外。

此类文章的作者，集中在高校教师教育学院或文学院，他们最了解域外的语文教育教学，研究成果很多，有的还出版有这方面的专著。

比如，云南师范大学教授张承明，长期研究中外语文教育比较研究、中外基础教育课程改革等研究。她的著作《中外语文教育比较研究》就是一部开创性的学术著作，开辟了学科教育研究的一个全新的领域。作者以厚实的理论建构体系，从文化学角度探讨语文素质教育、语文课程与教材改革、语文德育与民主化教学、语文教改新思路等前沿性的重大课题，用教育国际化观念透视我国目前语文教育改革与发展的热点、难点问题，提出了语文创新教育的一系列科学对策与可行性构想，其理论框架、思维角度、探索视野无不表现出开拓性与创造精神，既具有基础理论研究的重要学术价值，又具有语文教育实践的重要价值，在国内居领先水平。

比如，上海师范大学教授吴忠豪，长期从事小学语文教学研究。他的著作《外国小学语文教学研究》，对英国、法国、美国、俄罗斯、日本、新加坡等关于母语教育规律的认识，以及母语课程的实践（如课程设置形态、教学目标、教材编写、教学过程、教学方法等），进行了比较科学的研究，材料翔实，史论结合，填补了我国小学语文教学论在国际比较研究方面的空白。他山之石，可以攻玉。中外小学母语课程存在着诸多差异。这些差异不仅仅反映在教材、教法等教学论层面上，更多的是表现在课程形态、课程取向、课程目标等课程论层面上。而我国语文教学长期不能走出困境的关键问题，可能更多地要从课程论方面寻找原因，因此这些差异更应引起中国语文学界的高度关注。

再如，西南大学教授荣维东在美国做访问学者期间，广泛搜集美国语文教育教学方面的各种一手资料，回国后带着一众弟子翻译、推介、评价、研究，在短短数年间写出几十篇高质量的学术论文。在 2015 年 12 月至 2020 年 6 月期间，光在本刊就发表了二十四篇关于美国语文教育教学的研究文章。此外，还有教育部基础教育课程教材发展中心课程处处长、教育学博士、研究员付宜红，华东师范大学的吕春丽、张志刚、董蓓菲等教授，也在本刊发表了论文。本刊发表的近九十篇这方面的文章，其作者绝大多数是长期研究国内外小学语文教育教学的高校学者。这些学者站得高，看得远，想得深，为广大一线教师和教研员跳出国内看小学语文提供了丰富的“读本”，为他们对中外小学语文进行对比研究提供了新鲜的“素材”，给他们借鉴域外语文教育教学的成功经验提供了多样化选择。一句话，正是由于这些学养深厚的专家、学者站得高，才使得广大小学语文教育工作者的专业视野更加开阔。

再说，视野决定格局。

许多人都听说过这个故事：一个人看到三个工人在砌墙，问他们在做什么，第一个人生气地说：“没看到我在砌墙？”第二个人说：“我们在盖一栋高楼。”第三个人说：“我们在建造城市。”若干年过去，第一个人还是工人，第二个人变成了建造师，第三个人成了老板。不知道这个故事是真是假，但是它完美地说出了“格局”是什么，以及“格局”的重要性。想要成大事，要有大格局。

俗话说得好，心有多大，舞台就有多大。内心世界各有不同，心胸越宽广，眼界就越大。无论一份刊物，还是一名教师，发展空间的大小，与其视野有关，与其格局有关。

对于刊物而言，要想取得成功，由一份默默无闻的普通杂志，发展为本领域的主流媒体，需要编辑具有开放的心态、宽广的胸怀和不凡的见识。无数事例证明，刊物不能封闭保守、守株待兔，应该开门办刊、延揽高手。“武大郎开店”，见不得高个儿，刊物迟早会“关门歇业”。刊物主编和编辑应该主动寻找业内的一流作者，组织一流的稿件，用一流的研究成果和先进的研究方法，帮助读者提高学术站位、拓宽专业视野、引领专业研究、推动教学改革。二十年来，本刊由一个小学语文教研的弱小“新兵”，逐步变成专业领域的领军“主媒”，其演进之路，恰好是这一说法的最好印证。

对于教师来说，要想脱颖而出，从一名普通的合格教师，成长为有影响的卓越教师，同样需要具有开放的心态、宽广的胸怀和不凡的见识。而这一切，除了人生的阅历外，最重要的就是阅读，包括阅读专业杂志。在阅读中，在和旁人、前人的文字交流中，增长见闻、增长体验、增长智慧，扩大心胸、扩大雅量、扩大格局。教师要想成功，先要提高阅读品位，常读高人大作，常与高人交流，才会较快地成就自己。

最后，格局决定结局。

对于我们办刊物的人来说，并不一定能把刊物办成国内数一数二的名刊大刊，但是，我们要有决心把刊物的某个栏目、某期专辑、某项活动，办成全国最好的栏目、专辑、活动。积小胜为大胜，积小成为大成，慢慢地将杂志办成业内不可或缺的主流媒体。这样想了，这样做了，日复一日，年复一年，虽然不一定会大获成功，但也会在自己坚守的领域内建功立业，青史留名。

一个人的格局大了，未来的路才能宽！小学语文教育教学领域里也有许许多多的大事需要我们去做。比如，作文教学就是困扰大家的“老大难”问题，只要你下决心用毕生精力攻克这个难关，你就是一位了不起的语文教师，就是一位值得赞佩的成功人士！我在许多地方的讲座里讲到周一贯、管建刚、吴勇等语文名师的励志故事，这些老师在“起跑线”上都没有任何优势，但是他们无一例外地在事业上获得了常人难以企及的成功。“一个人、一辈子、做好一件事”，这是周一贯先生给后学老师的期许，也是他自己为师治学的心得。周先生是这样说的，更是这样做的。管建刚、吴勇和周先生一样，做了，还在做。在他们的身后，还有络绎不绝的跟进者接着做。站位高了，视野开了，格局大了，目标定了，咬定青山不放松，久久为功，终会成功。

总之，为了让广大小学语文教育工作者开阔视野、增长见识、放大格局、提高专业素养、强化教学能力，最终走向成功，我们才“开眼看世界”，一直坚持选发域外语文教育方面的文章。

附：

《语文教学通讯》（小学刊）发表的域外语文教育研究文章总览

（2000 年 1 期—2020 年 6 期）

《对美国初等教育的观察和思考》（2002. 1）

《日本学生表达能力下降》（管克江，2002. 1）

《中美小学生作文比较》（吕春丽，2002. 2）

《意大利改革中小学学制》（艾辅仁，2002. 2）

《美国教育为什么有后劲》（詹华如，2002. 2）

《英国小学的“一小时增负”》（2002. 2）

《中美语文教材比较分析》（吕春丽　张志刚，2002. 4）

《一分为二地看中美小学语文教育》（明正英，2002. 4）

《从一则教学案例看美国小学母语教育》（吕春丽，2002. 6）

《日本小学生注重实用能力的培养》（王立波，2002. 6）

《华语地区课程标准中关于课外阅读的论述之比较》（徐冬梅，2002. 10）

《从听说到口语交际——二十世纪五十年代至今口语交际教育的发展》（张志刚　吕春丽，2002. 10）

《美国小学阅读教学中的“小型课”》（吴忠豪，2002. 12）

《他山之石，可以攻玉——法国小学母语的综合性学习》（吕春丽　张志刚，2002. 12）

《中美阅读教材教师教学用书比较》（肖静芬，2003. 5）

《美国的小学英语教学》（吴忠豪，2003. 10）

《台湾小学国语教科书特色管窥》（徐冰鸥，2003. 10）

《日本小学语文教育带给我们的启示》（付宜红，2004. 1）

《中美小学阅读教学比较研究》（张承明，2004. 1）

《中澳语言教学的对比思考》（汪阳合，2004. 10）

《英美国家个别化教学及启示》（侯海涛，2004. 10）

《美国母语教学中的合作学习》（董蓓菲，2004. 11）

《中英语文课程性质引发的思考》（张承明，2004. 11）

《中日听说教学比较研究》（张承明，2005. 2）

《美国马洲小学语文综合性学习课例评析》（王艺，2005. 4）

《香港新世纪语文课程的解读与思考》（莫淑仪，2005. 4）

《从一则寓言教学看中外母语教育》（顾娇妮，2005.11）

《美国阅读教学中的合作学习及其启示》（任辉，2005.12）

《德国母语教学中的合作学习》（董蓓菲，2005.12）

《美国小学生怎样写作文》（王爱娣，2006.12）

《点击中外作文命题的差异》（张永虎，2006.12）

《关于 PIRLS 的阅读测试题型译介》（顾娇妮　方明生，2006.1）

《课程标准中一个不可或缺的要素——以美国母语〈写作内容标准〉为例》（董蓓菲，2007.4）

《日本母语教育的特色探微》（孙芳　马爱莲，2007.11）

《美国作文教学 ABC》（杜红梅，2008.3）

《“教孩子”与“教语文”》（张蓉，2008.4）

《美国，我们教育的鉴镜》（潘文彬，2009.1）

《分解与整合：美国全命题作文训练的启示》（张承明，2009.3）

《他们这样上作文——看香港老师教学生写作文》（杨裕海，2009.11）

《美国课堂里的相互教学》（董蓓菲，2010.12）

《操作性、科学性、示范性：美国写作教材的特色》（叶黎明　林婷婷，2011.1）

《打开那一扇阅读之门》（陈之华，2012.10）

《美国小学记叙文写作的训练重点》（王爱娣，2014.5）

《美国小学议论文写作的训练重点》（王爱娣，2014.11）

《台湾地区课程标准中的“作文”》（林文宝，2014.12）

《台湾地区作文教学研究与事件（一）》（2015.1）

《台湾地区作文教学研究与事件（二）》（2015.2）

《美国“非连续性文本”的读写实践及启示》（魏小娜，2015.1）

《国外有效作文命题研究及其启示》（荣维东，2015.12）

《国外小学语文教材编撰趋势》（荣维东　刘义民，2016.1）

《中美写作课程标准之比较：取向、思路和层次》（叶黎明，2016.7—8）

《美国 NAEP（2011）写作评价体系框架及其启示》（荣维东　杜鹃，2016.7—8）

《美国小学母语教材“非连续性文本”的编撰特点与启示》（刘晓荷　魏小娜，2016.10）

《美国写作教材的编写理念与特色——以美国加州写作教材为例》（荣维东，

2016.11）

《丰富关于“写作”的基本知识——来自国外母语课程标准的信息》（叶丽新，2017.1）

《培养竞争力，从培养跨学科写作能力开始——美国跨学科写作案例的启示》（沈奕辰　崔嵘，2017.5）

《走向专业化的写作教学——美国英语教师协会颁布的〈写作教学专业知识〉译介》（荣天竞，2017.7—8）

《生态写作及其教学——〈自然话语：走向生态写作〉译介》（刘红敏，2017.7—8）

《国外小学写作教学研究的几个新议题》（张书玲　荣维东，2017.9）

《美国〈各州共同核心标准（英语）〉概述》（王烨　荣维东，2017.10）

《美国〈各州共同核心标准〉之阅读部分评析》（李丽　荣维东，2017.11）

《制定写作内容标准　培养真实写作能力》（陈茜　荣维东，2017.12）

《英国母语教育中的广泛阅读对我国的启示》（王飞霞，2018.1）

《国外“生成性阅读支架教学”译介》（游晓岚，2018.2）

《中美母语教材写作内容的对比分析》（李凤林　荣维东，2018.3）

《美国加州写作教材〈作者的选择〉的特点与启示》（冷丽　荣维东，2018.4）

《美国六年级记叙文写作教材初探》（王玥　荣维东，2018.5）

《〈作者的选择〉中的“描述性写作”研究》（李梦玉　荣维东，2018.6）

《美国小学母语教材中的说服性写作》（荣维东　李莉萍，2018.9）

《美国小学阅读中的摘要或概括策略的教学》（徐紫燕　荣维东，2018.10）

《美国 Treasures 教材的编撰特点分析》（陈舒艳　荣维东，2018.11）

《中美小学语文教材童话类选文比较》（陈羽丰　荣维东，2018.12）

《PISA2018 阅读素养框架对我国阅读教学的启示》（陈磊　荣维东，2019.1）

《美国均衡轮转识字教学模式评价》（梁国锋　荣维东，2019.2）

《美国加州母语教材中的自叙文写作》（何佳穗　荣维东，2019.4）

《澳大利亚说服性写作评价框架浅析》（陈磊　荣维东，2019.5）

《统编版和美国 Treasures 教材中的“语言建构与运用”》（杜宇婷，2019.6）

《美国写作策略知识教学对我国的启示》（何俊　荣维东，2019.7—8）

《中美写作教学三大差异的思考与实践》（何捷，2019.7—8）
《小学生文体意识培养的美国经验》（慕君　李山英，2019.9）
《美国小学写作研究的三个维度》（户洋　荣维东，2019.9）
《中美小学母语教材中阅读力培养比较》（岑佳怿　荣维东，2019.10）
《从实用性的角度看 Wonders 教材》（柯娜娜，2019.11）
《PISA2018 试题阅读样题的命制及启示》（岑佳怿，2019.12）
《美国小学说明文写作的训练重点及篇章写作指导实践》（王爱娣，2019.12）
《美国中小学说明文写作教学与评价的理论基础与课堂实践》（王爱娣，2020.1）
《国际视野下的写作课程标准》（陈磊　荣维东，2020.4）
《“写我所读”，国外整本书阅读中读写结合的理论与实践》（崔嵘，2020.6）

问题 8：“专辑”是以某一特定内容为中心编辑而成的刊物，二十年来，《语文教学通讯》（小学刊）出过多少专辑？它们有什么特点，为什么要出专辑呢？

裴海安：这个问题问得好。我先回答我们为什么要出专辑，然后再回答我们出了多少专辑、这些专辑有什么特点。

一、为什么要出专辑。从期刊属性来看，期刊又名杂志，顾名思义，期刊的特点是“杂”，体现为内容多样，形式新颖。但是，期刊也应该偶尔“专而不杂”，给读者提供“陌生化”体验。同时，由于期刊姓“杂”，往往难以“专”“深”，对某一焦点的冲击就“火力不够”，有时只能“蜻蜓点水”“走马观花”，就会让读者尤其是行家感到“意犹未尽”“隔靴搔痒”，所以，期刊不能一味求“杂”，偶尔还需要改改口味，“专”味十足。

从编者角度来看，好的专辑还是提升期刊品质、博得读者点赞的有效手段。如果某家期刊长期坚持出版某种专辑，就有可能成为这种期刊的“招牌菜”，甚至变成它的“压轴戏”，让刊物的“食客”“戏迷”们欲罢不能，流连忘返，把“悦”读刊物专辑变成一种“嗜好”“偏爱”。有位读者当面和我说过，他就是因为特别喜爱本刊的暑期合刊，才年年续订本刊。可见，出好专辑是办好刊物的一个好办法。

从读者角度来看，如果能遇到“久旱逢甘霖”“雪中喜得炭”的情形，那是再好不过的事了。编辑所要做的，就是要敏锐地发现读者的需求，“急读者之所急、忧读者之所忧”，千方百计，想方设法，组织全国名师、专家，集中力量，攻坚克难，及时拿出解决难题的具体办法，让广大一线教师想清楚、教明白。而专辑正是期刊为广大读者提供这种帮助的最佳载体。

总之，出版专辑是期刊为集中解决某个中心问题或展示某方面重要内容而一改常态的出版形式，出好专辑对于提升期刊美誉度、提高刊物的社会效益和经济效益均有益处。这就是我们出版专辑的主要理由。

二、出了多少专辑、它们有什么特点。据统计，本刊从 2000 年创刊到 2020 年第 8 期，共出了三十三个专辑，其中有面向学生的十五个专辑，都是历届“语文报杯”全国小学生作文大赛辅导专辑，还有十八个面向小学语文教师的专辑。需要说明的是，这些专辑都属于正常刊期之内的正刊，不是正常刊期之外的增刊，严格讲这些专辑基本上是每年第 7 期和第 8 期的合刊。

下面是历年来我们给小学语文教师编辑出版的专辑：

《小学语文新理念教学设计专辑》(2002. 7—8)

《小学语文新理念教学设计专辑》(2003. 7—8)

《小学作文教学创新设计精华》(2004. 7—8)

《走进新课堂——秋季小学语文备课指南》(2005. 7—8)

《四大名师教学艺术研究专辑》(2006. 7—8)

《作文教学：名师示范与创新设计专辑》(2007. 7—8)

《名师这样教语文》(2008. 7—8)

《古诗文怎么教》(2010. 7—8)

《新课标儿童习作教研专辑》(2012. 7—8)

《课本习作教学指南》(2013. 7—8)

《小学语文单元整体教学设计》(2014. 7—8)

《习作教学的策略与探索》(2015. 7—8)

《关注写作课程建设与写作教学策略》(2016. 7—8)

《基于核心素养的小学写作教学》(2017. 7—8)

《写话与习作教学设计专辑》(2018. 7—8)

《统编教材上册小学习作教学设计》(2019. 7—8)

《统编教材下册小学习作教学设计》(2020. 2)

《统编教材上册习作教学优课录评》(2020. 7—8)

这些专辑起码有下面几个特点：

一、注重名师引领。本刊一向重视加持名师、培养名师，同时，也一直注意发挥名师的示范引领作用。这些专辑，几乎期期都能看到老中青小语名师的精彩文章。比如，2020 年最新出版的《统编教材上册习作教学优课录评》，就精选了三十多位小语名师的习作优课和三十多位专家的点评文字。再如，2008 年 7—8 期《名师这样教语文》专辑，就是基于当时广大小学语文教师对于新的课程改革、新的课程标准、新的课堂教学感到困惑、无所适从的情况，邀请了全国二三十位特级教师现身说法，示范引领。我们一方面请他们谈备课、上课、说课、听课、评课，另一方面展示他们如何备课、上课、说课、听课、评课，让广大小学语文教师通过纸上培训，感悟名师先进的教育理念，体验名师高超的教学艺术，像名师那样备课、上课、说课、听课、评课。

特别让我引以为自豪的是 2006 年 7—8 期的《四大名师教学艺术研究专辑》。下面是我为这个专辑撰写的推介语，如今重温这些话语，我仍然激动不已。

倾听——走进“名师会客厅”，打开“名师老照片”，聆听四位名师讲述动人的教育往事，感受他们的教育智慧和职业精神，在“名师访谈”现场，四位名师深情回首来时的路，道不尽探索之苦、成功之乐，说不完爱的教育、梦的追求。

欣赏——这里有我们精心选编的“名师新课”，从他们的简约设计和备课说法中，您可以感受到新课标精神在老教师身上的成功践行。这里有他们精彩课堂的“经典回放”，欣赏这些脍炙人口的“名师名作”，如何能不由衷地感佩这些令人赞叹的“大家手笔”？

领悟——名师成功的奥秘在哪里？他们不同的思想和风格是什么？看看“名师自述”，想想个中追求；通过“专家视点”，看得通通透透；快进入“学术报告厅”，听周一贯先生对四位名师的综合论述和精彩评析。

提高——编辑本合刊的目的，就是“抢救”四位名师的教育思想，总结他们的教学艺术，让其教学思想得到传承，让其教学艺术得以发扬，从而提高青年教师的教学水平。四位名师的“课堂实录”，是他们帮助后辈快速成长的生动写照。

二、注重写作教学。小学写作教学及其研究一直都是小学语文教学的薄弱领域。我刚刚接手这份杂志的时候，关于小学作文教学的稿件凤毛麟角，优质稿件更是微乎其微。有时候，一期稿件里竟然没有一篇高质量的写作教研稿件。不过，这种情形是普遍存在的，我发现同类期刊也很少发表作文教学类文章。我想，写作教学起码是语文教学的“半边天”啊！搞不好写作教学，还怎么能搞好语文教学？所以，我下定决心要从本刊做起，改变学校不重视写作教学、同类期刊不重视发表写作教研成果的状况。我决定彻底改变“守株待兔”、被动等稿的工作状态，主动征集、定向邀约优秀作者撰写作文教学稿件，同时，加大写作教学稿件的发表空间，逐步形成写作教研稿件与阅读教研稿件“平起平坐”的版面分配格局。经过几年的不断努力，作文教学的优质稿件越来越多，作文教学的优秀课例越来越多，作文名师也像雨后春笋般涌现出来。为了加大对小学写作教学教研的支持力度，我们决定除了保障常态化正刊的写作教研稿件数量外，还应用好每年 7—8 期暑假合刊这个平台，进一步加强小学写作教学的实践与理论研究。我们分别于 2004 年、2007 年、2012 年、2013 年、2015—2020 年，出了十一个关于写作教学方面的专辑，足见我们对写作教学的重视。

三、力求实用好用。这十八个专辑里有十七个专辑都是当年 7—8 期暑期合刊，只有一期（2020. 2）是寒假特刊。因为出版时间的缘故，每年暑期合刊的内容，一般都是围绕秋季教材内容设计的；而寒假特刊的内容，自然是围绕春季教材内容设计的。除了 2006 年的《四大名师教学艺术研究专辑》外，其他专辑基本上都是紧扣秋季或春季的教材教学而精心准备内容的。对于一线语文教师来说，这当然是非常实用的。

说到好用，那就更是本刊追求的特色了。比如，统编教材全面覆盖后，广大小学语文教师在如何读懂统编教材、用好统编教材、教好学生作文方面，仍然困惑多多、困难重重，我们及时组织全国的语文教学专家和写作教学名师编写了《统编教材上册小学习作教学设计》（2019. 7—8）和《统编教材下册小学习作教学设计》（2020. 2）两个专辑，既从理论上指导一线教师全面准确地理解统编教材有关写作的编排理念和编排特点，又从实践上为一线教师备好写作课提供了全面细致周详的教学设计和配套课件。两个专辑基本上达到了“拿来就能用”“用了会说好”的预期效果。不仅这样，我们在提供备好习作课的基础上，还提供了说好习作课、上好习作课、评好习作课的成功范例——《统编教材上册习作教学优课录评》（2020. 7—8），为广大一线教师提供了读懂教材、用好教材、教好作文的“一站式”优质服务。

限于篇幅，专辑特点就谈到这里。

问题 9：活动策划越来越被各类报刊所看重，通过举办活动与刊物进行良性互动，刊物可以拓展市场，密切联系读者，提高刊物知名度，扩大刊物影响力。

《语文教学通讯》（小学刊）创办以来举办过哪些活动，其中影响力最大的活动是什么？

裴海安：的确，举办活动对于提升刊物的知名度、美誉度，乃至提高刊物的社会效益和经济效益都有益处，所以，本刊从创刊开始，到今年为止，几乎年年都要举办一两项活动，而且我们举办的活动基本上都很成功。根据活动对象，这些活动可以分为两大类。一类是面向全国小学语文教师的活动，一类是面向全国小学生的活动。

一、面向全国小学语文教师的活动。这类活动，又可以分成三小类：

1. 面向全国小学语文教师的征文活动。2001—2014 年，每年我们举办一次中国小学语文教学论文大赛；2006—2014 年，每年我们举办一次中国小学语文教学设计大赛；2015—2016 年，每年我们举办一次中国小学语文教研征文大赛；2003—2005 年，我们连续三年举办全国小学作文教学创新设计大赛。这些征文活动，由于种种原因，参与人数虽然不多，但是，活动的意义却不容低估。后来，在小学语文主流刊物上发表文章较多的作者，大多参加过我们举办的上述征文活动。事实上，在全国性征文活动中获奖，对于激发一线教师写作热情、保持教研热情、促进专业发展，注入的是强大的正能量。

2. 面向全国小学语文教师的评选活动。2007 年 11 月，本刊与中华语文网联合举办的“2007 年中国小语年度人物”评选活动正式启动，得到了广大读者的积极响应，在短短的一个月时间里，我们收到了一千多封举荐信，向评委会推荐候选人二百多人。经编辑部审核、专家组评议，评委会确定了三十位候选人。2008 年 1 月，评选结果揭晓，窦桂梅、王崧舟、孙双金、薛法根、刘云生、熊生贵、董耀红、陈金才、吴琳、陈建先十位教师荣获“2007 中国小语年度人物”称号。本次活动首开中国语文教育年度人物评选的先河，具有划时代的历史意义。

3. 面向全国小学语文教师的写作教学比赛。为了交流习作教学经验，宣传习作教学名师，推出习作教学新秀，探索习作教改路径，2008 年至 2015 年，本刊与中国语文报刊协会、语文世界杂志社、小学教学编辑部联合，成功举办过五届“媒体看课”全国小学作文教学擂台赛（2008 年在顺德，2010 年在邯郸，2012 年在盐城，2013 年在常熟，2015 年在句容）。活动规模和活动影响越来越大。其中第二届和第五届活动由本刊具体承办。为了让大家如临其境般体验这项赛事的精彩，下面请大家随着办刊记者的报道，真切感受一下“媒体看课：2015 年中国习作教学擂台赛”的精彩赛况。

全国50个名师工作室联袂参与
媒体看课：2015中国习作教学擂台赛
在江苏句容拉开帷幕

本刊10月30日讯　期盼已久的媒体看课：2015中国习作教学擂台赛，10月30日下午在江苏句容市华阳实验小学顺利开幕。来自全国13个省、直辖市、自治区的50个名师工作室的成员和全国各地的600多位小学语文教师，参加了开幕式，观摩了管建刚读写结合示范课堂，分享了这位提出“写作教学革命”“阅读教学革命”的新生代领军名师的智慧报告，聆听了上海师范大学吴忠豪教授题为《国际视野下的作文教学改革》的精彩讲座。

当天晚上，60多位由各名师工作室选派的习作教学说课比赛选手，不顾旅途疲劳，分4组参加了规范而激烈的说课比赛。据了解，担任此次说课比赛评委的主要是参加此次活动的名师工作室领衔人，还有媒体主编，评委会主任由扬州大学教授、博士生导师徐林祥先生担任。这次的参赛选手，大多来自教育发达省市的名师工作室，说课水平普遍较高，竞争程度十分激烈。现场评委和观赛教师不时发出欣赏的赞叹声。

下面是今天下午和晚上的现场图片报道（略）

我想明天的现场赛课，一定会非常激烈紧张！好期待啊。

双英攻擂同场竞技　一决高下异彩纷呈
媒体看课：2015中国习作教学擂台赛
在江苏句容决出胜负

本刊10月31日讯　真正的现场作文教学擂台赛，今天在句容市华阳实验小学大报告厅里激烈展开，600多位来自全国各地的小学语文教师目睹了两场高水平的现场对决，不少观摩赛课的代表大呼过瘾。

上午是中年级习作教学的现场对决。比赛题目和要求是：苏教版四年级上册习作2《我的长处》，要求参赛者紧扣课本要求展开习作辅导，要体现习作辅导的全过程，既有写前辅导，又有写中辅导，还有作后评价，教学时间60分钟。8时许，首先出场挑战的是东道主华阳实验小学的青年名师程明，一位沉稳、机敏的帅男，占尽了地利与人和两个优势，他能凭借自身的功力和超强的人气，一举击败该段擂主吗？与会的代表们充满期待。据了解，擂台攻防成败的判断标准就是看参赛者的最终得分。评委会主任由上海师范大学吴忠豪教授担任，评委人数众多，由7位名师评委、3位媒体评委、7位教师评委和3位学生评委组成。根据比赛规则，如果挑战者的最后得分超过了擂主，则挑战成功，守擂失败；否则，意味着守擂成功，挑战失败。赛前，记者采访参赛教师，无论是久经沙场的擂主，还是崭露头角的挑战者，都说压力很大。众多专家现场观摩，几百同行全程观赛，师生评委当场打分，谁来参赛都会感到莫大的压力。比赛现场弥漫着一种特有的紧张气氛。第二位出场的是来自重庆市人和街小学的青年名师骆应华，他一出场就透出重庆人的率直、儒雅和聪慧。他能克服学生陌生、异地赛课、教材不同等不利因素挑战成功吗？观赛的许多代表，都在替他担忧。只见他不慌不忙、自然幽默，层层推进教学目标，缓缓打开学生思路，完成习作片段，感知习作优劣。两位挑战者的课博得了观课教师的广泛好评，会务 QQ 群里不时发来点赞的话语。有的老师说，第一节课内容真实、教风朴实，第二节课非常新颖、很接地气。最激动人心的时刻就要出现了，所有在场的人都把期待的目光投向守擂者何捷，一位年纪轻轻就声名远播的作文名师。这位全国新作文写作联盟的盟主还未出场，就让人心跳加速，不由得想起金庸大师的一句话“倚天屠龙，谁与争锋”。据了解，他的课新颖、有趣、科学，基于学情，目标明确，路径清晰，应变自如。你看，他启发儿童从“认识特长”开始，进一步了解“属于自己的特长”有哪些。又以范文引路，让儿童明确“真正的特长”是什么，最后认真诚恳地书写特长，和读者分享自己的独特之处。在学生习作的全过程，他都在悉心陪伴。尤其是对孩子在课堂上练习写作的片段进行评价和指导，淋漓尽致地体现了他的功力和水平。这节课具有突出的写作教学“进行时”的特色，是研究全程写作指导不可多得的一个范例。

下午是高年级习作教学现场对决。比赛题目和要求是：选择 3—5 分钟的微电影（内容可以自选），作为习作素材、话题或引子，辅导六年级的学生习作；要体现习作辅导的全过程，既有写前辅导，又有写中辅导，还有作后评价；时间也是 60 分钟。第一位出场的是本届现场赛课参赛者中唯一的女性，来自商丘市民主路第二小学，曾经荣获河南省小学语文优质课一等奖。第二位出场的是成都市电子科技大学附属小学的青年名师刘学平，他曾多次荣获省市课堂教学大赛的特等奖和一等奖。他们将要挑战的擂主是谁呢？是杭州市下城区教师教育学院副院长、特级教师、中央电视台教育 2 频道“东方名家”特约讲师、北京大学远程培训特聘讲师、“浙派名师”学科导师张祖庆。近年来，张祖庆在微电影与创意写作的课程研发方面取得了丰硕的成果。他认为，优秀的微电影，往往用最短小的篇幅，浓缩最精华的东西。可谓“麻雀虽小，五脏俱全”。将第一流的微电影推荐给更多儿童，适度拓展他们观看动画片的领域，借此提升儿童阅读动漫的品位，这本身就是一件极有意义的事。而当微电影遇上微写作，借助儿童喜闻乐见的动画，设计富有情趣的写作任务，以游戏的方式，消解儿童对写作的恐惧，提升他们的表达技能，这更是微电影写作课的价值所在。下午的三节课，各具特色，各有千秋，效果各异，很有观摩和研究价值。高年级写作教学的命题意图，旨在引导写作教学关心艺术、走向生活、注意综合，旨在唤起中小学写作教学的自觉对接、科学对接、有效对接。

今天令人难忘的，还有六位学生的真心点评，真的是童言无忌，精彩开怀；几位名师评委、同行评委的点评，也都精准到位，给人启迪；特别是现场赛课的评委会主任、上海师范大学吴忠豪教授的总评，更是高屋建瓴、精辟深刻、评价精准，他结合本届现场赛课，从学理层面指出当前小学写作教学存在的问题、根源，指出习作教学的正确走向，尤其是他指出的留给学生的习作时间普遍短少、过分重视表达方法、比较缺乏语言积累等问题，发人深省，令人警醒。

活动结束前，扬州大学的博士生导师徐林祥教授还对本届擂台赛中的说课比赛进行了全面精辟的总评，使代表们对说课和说课比赛的理性认识和成功经验，提高到了一个新水平。

下面是今天的现场图片报道（略）

明天的主题论坛，想必更加精彩！期待您的关注。

三名博士主题演讲　众位名师现场交流　写作教学的理论盛宴
媒体看课：2015 中国习作教学擂台赛
在江苏句容完美收官

本刊 11 月 1 日讯　随着江苏省语文教研员李亮博士高端大气又很接地气的主旨报告的结束，“媒体看课：2015 中国习作教学擂台赛”之主题论坛画上了一个圆满句号。在全场代表的热烈掌声中，江苏特级教师、主持人李响庄严宣布：本届擂台大赛圆满结束。

如果说前两天的活动内容主要是展示和检阅习作教学的课堂实践，那么今天上午的主题论坛则是习作教学的理论盛宴。没有理论的正确指引，教学实践难以取得大的进步。长期在写作教学“黑暗”中摸索的语文老师，迫切需要写作理论的“光亮”，所以，活动组委会特意邀请了目前活跃在写作教研领域的三位博士专家前来演讲，邀请部分名师工作室的领衔人登台进行深入交流，加上三位具有基层教研经验的名师主持人的妙言慧语，整场主题论坛慧光四射，现场代表受益匪浅。

今天上午的首场主题论坛，围绕“写作教学的内容选择”进行，担任主持的是江苏省特级教师吴勇老师，这位“童化作文”的倡导者近年来又把目光聚焦在“作文教学精准知识”的建构上，而且在本刊发表了好几篇很有分量的重磅文章。让他来担任这个主题的论坛主持，真是再合适不过了。风尘仆仆从南京上元小学赶来主持的吴勇老师，果然不负众望。他以惯有的幽默风趣和智慧语言，开启了这场“黄金70分钟”的主题盛典。演讲嘉宾是上海师范大学语文和课程论博士、浙江大学教育学院博士后、杭州师范大学副教授叶黎明，这些年来她潜心研究语文教学，尤其是对写作教学的研究更是走在了全国中小学写作教学研究的前列，出版了诸如《写作教学内容新论》等重要著作。能和这位既有丰富的一线教学经验又有扎实的教学理论的博士专家，面对面深入探讨写作教学内容，让几位一线的小学语文名师倍感压力又深感兴奋。

第二场主题论坛由“本位语文”的倡导者、江苏省特级教师陈建先主持，演讲嘉宾是上海师范大学教育学院副院长丁炜博士，她的演讲主题是《写作学本的特质与构成》。第三场主题论坛由“三味语文”的倡导者、成都市教研员罗良建老师主持，演讲嘉宾是北京大学语文教育研究所特聘研究员、上海市黄浦教育学院特级教师邓彤博士，他的演讲主题是《习作评价的目的标准和策略》。

三位博士的演讲，众位名师的妙语，博得了现场代表的阵阵掌声。

北京名师刘长明、四川名师骆志菊、江苏名师高子阳、内蒙古名师崔旭虹、广东名师钟传祎参加了第一场主题沙龙；上海名师朱萍、江苏名师潘文彬、天津名师曹媛、江苏名师金立义参加了第二场主题沙龙；天津名师王晓龙、河南名师张贵民、四川名师周晓玲、江苏名师巫新秋参加了第三场主题沙龙。

从三场主题论坛的主题设置来看，体现出层层递进的内在联系：中小学写作教学首先要解决的是“教什么”和“学什么”的问题，接下来就是“用何教”和“用何学”的问题，最后还有“评什么”和“如何评”的问题。三场论坛，高见迭出，精彩纷呈，惊喜连连。（本刊记者王婕　江苏句容报道）

二、面向全国小学生的征文活动。“语文报杯”全国中小学生作文大赛（主题征文活动）系国内中小学生作文大赛（主题征文活动）中的权威品牌活动。这项活动，起初由共青团中央少年部、共青团中央学校部，后改由共青团中央青年发展部，与中国语文报刊协会、《语文报》、《语文教学通讯》联合举办，目前已成功举办了二十二届，参赛学生逾千万，产生了广泛而深远的社会影响，并得到了国内许多高水平大学的高度关注和众多中小学生的积极参与。

本刊是从 2005 年第八届开始承办“语文报杯”全国小学生作文大赛的，到 2019 年承办第二十二届“语文报杯”全国中小学生主题征文活动，已经连续承办了十五届面向全国小学生的重要活动。这项赛事，主办单位权威众多，参与学生数以万计，参评稿件普遍优秀，参与学生遍及全国各地，持续时间前后十五年，评选结果公开公正，得到了社会各界的肯定和参与师生的普遍好评。

让我念念不忘的是，十五年来每年需为作文大赛或主题征文确定三个主题。这些主题的确定，需要考虑几个因素：一是三个主题中必须有一个主题与“语文报杯”全国中学生作文大赛（主题征文）的主题保持一致；二是考虑到小学生与中学生认识能力和写作能力的差异，必须专门为小学生另外确定两个易于动笔、乐于表达的主题；三是所有主题都必须符合社会主义核心价值观等要求。下面是十五年来历届征文主题一览表，供大家参考。需要说明的是，由于各种原因，后面的征文主题有少数几个与前面的主题重复。据统计，十五年来的征文主题共约四十个。

“语文报杯”全国小学生作文大赛（主题征文活动）历届主题一览表

时间	界别	主题	时间	界别	主题
2005—2006	第八届	亲情　成长　梦想	2006—2007	第九届	荣辱　书香　感动
2007—2008	第十届	和谐　爱心　诚信	2008—2009	第十一届	梦想　希望　温暖
2009—2010	第十二届	责任　信心　友情	2010—2011	第十三届	生命　幸福　未来
2011—2012	第十四届	文明　快乐　发现	2012—2013	第十五届	奋进　分享　风景
2013—2014	第十六届	追求　悦读　心愿	2014—2015	第十七届	友善　慧学　家园
2015—2016	第十八届	爱心　记忆　勇气	2016—2017	第十九届	盼望　奇妙　伙伴
2017—2018	第二十届	路　家园　智慧	2018—2019	第二十一届	自信　未来　美好
2019—2020	第二十二届	向往　美丽　朋友			

（本文选自《点亮梦想——百位名师和我们的故事》，山西教育出版社 2020 年 12 月出版）

后　记

从担任杂志主编以来，我经常应邀到全国各地中小学作讲座，而讲座的内容不少是关于教研论文的写作与发表方面的。不过，由于受讲座时长的限制，每次讲座的内容只能就教研论文的某个方面讲深讲透，无法就教研论文的写作与发表做全面而又细致的交流。于是，就有不少听过讲座的老师建议我将教研论文的全部讲座整理成书出版，以方便更多的中小学教师撰写和发表教研论文。起初，我并没有接受这样的建议，因为我知道要想写好这样的书很不容易。后来，提出类似建议的人越来越多，我才慢慢下定决心来做这件事情。

我是从去年 12 月初开始写作本书的。当时我给自己定了一个写作计划，要用三个月的时间完成本书的写作。我打算全书围绕教研论文的写作与发表安排十个系列讲座，按照三个月的写作进度，每个讲座的写作时间大约是七到十天。后来这个计划完成得非常顺利，今年 3 月 1 日我如期把全部书稿交到了责任编辑手里。回想那段日子，的确非常辛苦。除了陪家人过年的那几天，其余的时间我基本上是在办公室度过的。在那段日子里，我认真阅读了几十本关于论文写作方面的中外论著，重新建构了自己关于教研论文写作方面的讲座内容；同时，我也认真阅读了不少关于期刊编辑方面的专业论著，深度思考了教师在教研论文发表方面的相关问题。在完成书稿的过程中，我经常有一种幻觉，好像我的面前始终围坐着不少中小学教师朋友，他们急切地提出一个又一个的问题希望得到我的回答：我写什么论文好呢？这个选题我怎么才能写好呢？这篇论文我写得怎么样呢？怎样投稿才会被选中呢？编辑的选稿标准是什么呢？编辑想要哪方面的稿件呢？等等。这些问题困扰着我，同时也引导着我，让我进行理性思考，激励我努力交出一份让老师们满意的“答卷”。

书稿完成后，我把部分讲座和全书概要发给几位专家和名师审阅，得到了他们的热情肯定和大力推荐，他们评价本书的话语详见本书封底。在此，我要对他们——西南大学的荣维东教授、杭州师范大学的王崧舟教授、中国浦东干部学院的李冲锋副教授、湖北特级教师余映潮老师、江苏特级教师薛法根老师、江苏特级教师管建刚老师，表示衷心的感谢！

我还要感谢西南大学的魏小娜教授、江苏丹阳师范学院的戴正兴先生、浙江宁波名师李逸老师、江苏特级教师管建刚老师、江苏特级教师吴勇老师，他们同意将自己的文章作为样例附录于本书中，他们的精彩例文给我的讲座增色不少，也使我的讲座更加扎实。

同时，我还要感谢对本书的内容和形式提出宝贵意见的诸位同事，他们是语文报社前任社长兼总编辑蔡智敏，现任社长刘远、总编辑任彦钧、副社长兼副总编辑姜联众、副社长曾先、副社长邓静、副书记岳菲花、社长助理王睿、总编辑助理贾文浒、《语文教学通讯》（高中刊）主编王建锋、总编室主任杜丹、设计中心主任张建喜、《语文报》（青春阅读版）主编路静文、《语文教学通讯》（小学刊）副主编师国俊、《语文报》（小学版）首席编辑张小秀、设计中心美术编辑狄泰英等。

最后，我要特别感谢山西教育出版社李飞社长、刘立平总编辑和刘晓露责任编辑，以及参与本书的所有工作人员，正是由于他们的大力支持和精心编辑、校对、制作，才使本书得以又快又好地出版。

裴海安

2022 年 6 月 17 日